普通高等院校汽车工程类系列教材

汽车检测诊断技术
（第3版）

于非非　凌永成　主编
张初旭　牛文学　王海军　参编

清华大学出版社
北京

内 容 简 介

本书共分 10 章,全面、系统地阐述了作为汽车检测诊断工程师应具备的基础知识和基本技能。在简要介绍汽车检测基础知识、汽车检测站之后,着重阐述发动机、底盘以及整车性能的检测方法。对于近年来日益受到重视,且相关法规日益严苛的汽车排气污染物、汽车噪声等环保性能检测也作了充分的介绍。

本书可作为普通高等院校汽车类专业教材,也可作为高等工程专科学校、高等职业技术学院以及职业培训学校的汽车运用、汽车服务、汽车维修类专业教材,还可作为广大汽车工程技术人员和汽车维修人员的参考用书。

版权所有,侵权必究。举报: 010-62782989,beiqinquan@tup.tsinghua.edu.cn。

图书在版编目(CIP)数据

汽车检测诊断技术 / 于非非,凌永成主编;张初旭,牛文学,王海军参编. -- 3 版. -- 北京:清华大学出版社,2024.8. -- (普通高等院校汽车工程类系列教材).
ISBN 978-7-302-66836-7

Ⅰ.U472.9

中国国家版本馆 CIP 数据核字第 2024DF3980 号

责任编辑:冯 昕
封面设计:傅瑞学
责任校对:赵丽敏
责任印制:杨 艳

出版发行:清华大学出版社
    网 址: https://www.tup.com.cn,https://www.wqxuetang.com
    地 址: 北京清华大学学研大厦 A 座 邮 编: 100084
    社 总 机: 010-83470000 邮 购: 010-62786544
    投稿与读者服务: 010-62776969, c-service@tup.tsinghua.edu.cn
    质量反馈: 010-62772015, zhiliang@tup.tsinghua.edu.cn
印 装 者: 三河市少明印务有限公司
经 销: 全国新华书店
开 本: 185mm×260mm 印 张: 17.5 字 数: 423 千字
版 次: 2009 年 8 月第 1 版 2024 年 8 月第 3 版 印 次: 2024 年 8 月第 1 次印刷
定 价: 56.00 元

产品编号: 104934-01

前言

  教材是教学之本,是教学质量稳步提高的基本保障。教材内容必须与时俱进,紧跟技术发展的步伐,反映工程技术领域的新结构、新工艺、新特点和新趋势。

  为适应工程教育认证和新工科建设的需要,并结合近年来广大读者的反馈意见,我们组织力量对本书第 2 版进行了全面的修订。

  本书共分 10 章,全面、系统地阐述了作为汽车检测诊断工程师应具备的基础知识和基本技能。在简要介绍汽车检测基础知识、汽车检测站之后,着重阐述发动机、底盘以及整车性能的检测方法。对于近年来日益受到重视,且相关法规日益严苛的汽车排气污染物、汽车噪声等环保性能检测也作了充分的介绍。

  本书可作为普通高等院校汽车类专业教材,也可作为高等工程专科学校、高等职业技术学院以及职业培训学校的汽车运用、汽车服务、汽车维修类专业教材,还可作为广大汽车工程技术人员和汽车维修人员的参考用书。

  本书条理清晰,层次分明,语言简练,图文并茂,重点突出,详略得当,简化了冗长的理论分析,强化了汽车检测实用技术的介绍,教材内容的取舍以充分满足汽车检测诊断工程师知识结构的要求为出发点,注重强化标准意识(全面采用以 GB 38900—2020、GB 3847—2018、GB 18285—2018、GB 7258—2017 为代表的最新国家标准)和工程意识,特别注重理论与实践的紧密结合,内容具有极强的针对性和实用性,旨在开阔学生的专业知识视野,切实培养和提高学生的技术应用能力,是一本具有鲜明特色的实用规划教材。

  本书是按照 48 学时编写的。各学校在选用本书作为教材时,可根据自己的教学大纲适当增减学时。

  本书由沈阳大学于非非、凌永成主编。其中,第 1 章由西南林业大学王海军编写,第 2、3 章由内蒙古农业大学牛文学编写,第 4、5 章由辽宁开放大学张初旭编写,第 6、7、8、9 章由沈阳大学于非非编写,第 10 章由沈阳大学凌永成编写。

  上海工程技术大学王岩松教授作为主审,对全书进行了认真的审阅,并提出了许多宝贵意见,对书稿质量的提升贡献颇多,在此深表谢忱!

  在书稿写作过程中,还参考、借鉴了许多国内外公开出版和发表的文献,在此一并致谢!

  由于编者水平有限,书中难免存在不足或疏漏之处,恳请广大读者批评指正,以便再版时修订。

  为方便选用本书作为教材的任课教师授课,编者还制作了与本书配套的电子课件。有需要的教师可登录清华大学出版社官网图书详情页面获取。

编 者

2024 年 5 月

目 录

第1章 汽车检测诊断概论 ··· 1

1.1 汽车检测诊断概述 ··· 1
   1.1.1 汽车检测诊断技术及其体系 ··· 1
   1.1.2 汽车检测诊断技术的作用 ··· 2
1.2 汽车检测诊断技术发展概况 ··· 2
   1.2.1 国外汽车检测诊断技术发展概况 ··· 3
   1.2.2 我国汽车检测诊断技术发展概况 ··· 4
   1.2.3 我国汽车检测诊断技术展望 ··· 4
1.3 汽车故障及汽车技术状况 ··· 5
   1.3.1 汽车故障 ··· 5
   1.3.2 汽车技术状况 ··· 7
1.4 汽车诊断参数及其标准 ··· 8
   1.4.1 汽车诊断参数 ··· 8
   1.4.2 汽车诊断参数标准 ··· 11
1.5 汽车诊断周期 ··· 12
   1.5.1 最佳诊断周期 ··· 13
   1.5.2 最佳诊断周期的确定 ··· 13
1.6 汽车检测分类与诊断方法 ··· 14
   1.6.1 汽车检测分类 ··· 14
   1.6.2 汽车诊断基本方法 ··· 15
复习思考题 ··· 16

第2章 汽车检测站 ··· 17

2.1 汽车检测站的任务与类型 ··· 17
   2.1.1 汽车检测站的任务 ··· 17
   2.1.2 汽车检测站的类型 ··· 17
2.2 汽车综合检测站的组成及检测内容 ··· 19
   2.2.1 综合检测站的组成 ··· 19
   2.2.2 综合检测站的检测内容 ··· 22
2.3 汽车检测线的工位设置及布局 ··· 24

2.3.1 工位设置及布局的基本要求 ································ 24
2.3.2 工位设置及布局的基本方法 ································ 24
2.3.3 工位设置及布局的典型方案 ································ 24
2.4 汽车检测站的计算机控制系统与联网控制 ······················ 28
2.4.1 汽车检测站的计算机控制系统 ································ 28
2.4.2 汽车检测站的联网控制 ································ 30
2.5 检验依据与检验流程 ································ 31
2.5.1 检验依据 ································ 31
2.5.2 检验流程 ································ 33
2.5.3 检验项目 ································ 33
2.5.4 合格证的发放 ································ 37
复习思考题 ································ 38

第3章 汽车外观与整车参数检测 ································ 39

3.1 汽车外观检测 ································ 39
3.1.1 汽车外观检测的必要性 ································ 39
3.1.2 汽车外观检测方法 ································ 39
3.1.3 整车外观检测项目 ································ 40
3.2 整车参数检测 ································ 42
3.2.1 结构参数检测 ································ 42
3.2.2 质量参数检测 ································ 43
3.2.3 通过性参数检测 ································ 44
3.2.4 稳定性参数检测 ································ 45
复习思考题 ································ 46

第4章 发动机技术状况检测诊断 ································ 47

4.1 发动机功率检测 ································ 47
4.1.1 概述 ································ 47
4.1.2 无负荷测功原理 ································ 48
4.1.3 无负荷测功仪及其使用方法 ································ 49
4.1.4 各缸功率均衡性检测 ································ 51
4.1.5 发动机综合检测仪 ································ 52
4.2 气缸密封性的检测诊断 ································ 53
4.2.1 气缸压缩压力的检测诊断 ································ 53
4.2.2 气缸漏气量的检测诊断 ································ 56
4.2.3 曲轴箱窜气量的检测 ································ 58
4.2.4 进气歧管真空度的检测诊断 ································ 60
4.3 点火系的检测诊断 ································ 63
4.3.1 点火波形的检测 ································ 63

  4.3.2 点火正时的检测 ·· 72
  4.3.3 点火系常见故障的诊断 ·· 75
 4.4 燃油供给系的检测诊断 ·· 79
  4.4.1 电喷汽油机燃油供给系的检测 ································ 80
  4.4.2 电喷汽油机燃油供给系的诊断 ································ 85
 4.5 润滑系的检测诊断 ·· 88
  4.5.1 润滑系的检测 ·· 88
  4.5.2 润滑系常见故障的诊断 ·· 90
 4.6 冷却系的检测诊断 ·· 92
  4.6.1 冷却系的检测 ·· 92
  4.6.2 冷却系常见故障的诊断 ·· 93
 4.7 发动机异响的检测诊断 ·· 95
  4.7.1 发动机异响特性分析 ·· 95
  4.7.2 发动机异响故障的经验诊断 ·································· 96
  4.7.3 发动机异响故障的仪器诊断 ·································· 99
 复习思考题 ·· 101

第 5 章　底盘技术状况检测 ·· 102

 5.1 传动系技术状况检测 ·· 102
  5.1.1 汽车传动系机械效率 ·· 102
  5.1.2 传动系技术要求 ··· 102
  5.1.3 离合器打滑检测 ··· 103
  5.1.4 传动系游动角度检测 ·· 104
 5.2 转向系技术状况检测 ·· 107
  5.2.1 转向系技术要求 ··· 107
  5.2.2 转向盘转矩、转角检测 ·· 107
  5.2.3 最小转弯直径检测 ··· 109
 5.3 行驶系技术状况检测 ·· 110
  5.3.1 车轮技术要求 ·· 110
  5.3.2 车轮平衡机与车轮不平衡量检测 ·························· 111
  5.3.3 悬架特性技术要求 ··· 119
  5.3.4 悬架特性试验台与悬架特性检测 ·························· 119
 复习思考题 ·· 128

第 6 章　汽车车轮定位检测 ·· 129

 6.1 车轮定位参数 ·· 129
  6.1.1 前轮定位 ··· 129
  6.1.2 后轮定位 ··· 132
  6.1.3 车轮定位检测 ·· 133

  6.1.4 车轮定位调整 ·· 134
  6.1.5 何时进行车轮定位检测 ·· 134
 6.2 汽车车轮侧滑检测 ··· 135
  6.2.1 车轮侧滑的产生原因 ·· 135
  6.2.2 汽车前轮侧滑量对汽车使用性能的影响 ···································· 135
  6.2.3 汽车车轮侧滑试验台的检测原理 ·· 135
  6.2.4 侧滑的检测标准 ·· 138
  6.2.5 双滑板式汽车车轮侧滑试验台的结构 ······································ 138
  6.2.6 侧滑试验台的使用和维护 ··· 140
 6.3 汽车四轮定位检测 ··· 141
  6.3.1 车轮定位仪发展概况 ·· 141
  6.3.2 前轮定位仪 ·· 142
  6.3.3 四轮定位仪 ·· 143
 复习思考题 ··· 155

第 7 章 整车技术状况检测 ·· 156

 7.1 底盘测功机 ··· 156
  7.1.1 底盘测功机的功能和分类 ··· 156
  7.1.2 底盘测功机的工作原理 ·· 158
  7.1.3 底盘测功机的结构 ··· 159
 7.2 汽车动力性检测 ·· 168
  7.2.1 汽车动力性评价指标 ·· 168
  7.2.2 在用汽车动力性检测方法 ··· 169
  7.2.3 在用汽车动力性检测结果判定 ··· 173
 7.3 汽车燃料经济性检测 ·· 174
  7.3.1 油耗仪的种类和工作原理 ··· 174
  7.3.2 汽车燃料经济性试验方法 ··· 176
 7.4 汽车制动性能检测 ··· 178
  7.4.1 汽车制动试验台的结构与原理 ··· 179
  7.4.2 制动性能检测与评价 ·· 184
 复习思考题 ··· 190

第 8 章 汽车仪表照明系统检测 ·· 191

 8.1 车速表检测 ··· 191
  8.1.1 概述 ·· 191
  8.1.2 车速表检测原理 ·· 192
  8.1.3 车速表试验台 ·· 192
  8.1.4 车速表检测方法 ·· 194
  8.1.5 车速表检测分析 ·· 195

8.2 汽车前照灯检测 ·· 196
 8.2.1 前照灯评价指标 ·· 196
 8.2.2 前照灯检测标准 ·· 198
 8.2.3 前照灯检测原理 ·· 202
 8.2.4 前照灯检测仪 ··· 203
 8.2.5 前照灯检测方法 ·· 206
复习思考题 ·· 207

第9章 汽车排气污染物检测 ··· 208

9.1 汽车排气污染物 ·· 208
9.2 汽车排气污染物检测技术 ··· 209
 9.2.1 排气成分分析 ··· 209
 9.2.2 排气烟度测量 ··· 214
 9.2.3 排气颗粒物测量 ·· 220
9.3 汽油车排气污染物检测 ··· 222
 9.3.1 汽油车环保检验概述 ·· 222
 9.3.2 汽油车双怠速法检测 ·· 227
 9.3.3 汽油车稳态工况法检测 ·· 230
 9.3.4 汽油车OBD检测 ·· 233
9.4 柴油车排气污染物检测 ··· 237
 9.4.1 柴油车环保检测概述 ·· 237
 9.4.2 柴油车自由加速法检测 ·· 241
 9.4.3 柴油车加载减速法检测 ·· 242
 9.4.4 柴油车OBD检测 ·· 245
复习思考题 ·· 247

第10章 汽车噪声检测 ··· 248

10.1 汽车噪声及其评价指标 ·· 248
 10.1.1 汽车噪声 ··· 248
 10.1.2 汽车噪声评价指标 ·· 249
10.2 汽车噪声检测仪器 ··· 251
 10.2.1 声级计 ··· 251
 10.2.2 频率分析仪 ·· 253
10.3 汽车噪声检测方法 ··· 255
 10.3.1 车外噪声检测方法 ·· 255
 10.3.2 车内噪声检测方法 ·· 260
 10.3.3 汽车喇叭声级检测方法 ··· 265
10.4 汽车噪声检测标准 ··· 265
 10.4.1 车外噪声标准 ·· 265

10.4.2　车内噪声标准 …………………………………………………………… 267
　　10.4.3　汽车喇叭检测标准 ………………………………………………………… 267
　复习思考题 …………………………………………………………………………… 267

参考文献 ……………………………………………………………………………… 268

第 1 章 汽车检测诊断概论

🔹 **教学提示**：汽车检测诊断技术是汽车检测技术和汽车故障诊断技术的统称。熟练掌握和正确运用汽车检测诊断技术，对保持良好的车辆技术状况、确保行车安全具有重要意义。

🔹 **教学要求**：本章主要介绍汽车检测诊断技术的作用、分类和方法，重点内容是汽车检测诊断方法。要求学生了解汽车检测诊断技术的发展趋势，熟悉汽车技术状况的变化规律，掌握汽车检测诊断技术的作用和汽车检测诊断方法。

1.1 汽车检测诊断概述

1.1.1 汽车检测诊断技术及其体系

汽车检测(vehicle inspection and test)是指确定汽车技术状况或工作能力的检查；汽车诊断(vehicle diagnosis)是指为确定汽车技术状况或查明汽车故障部位、原因所进行检查、分析和判断的过程。

汽车检测诊断技术是汽车检测技术和汽车故障诊断技术的统称。它是研究汽车检测方法、检测原理、诊断理论以及汽车不解体(或仅卸下个别小件)条件下的检测手段，以确定汽车技术状况及其故障的一门技术。

汽车检测诊断技术是检测诊断理论与方法的一种工程实现，包括检测设备的研制、诊断参数的制定、汽车故障的诊断和汽车技术状况的预测等多方面的内容。汽车检测诊断技术是一门涉及机械学、电子学、控制理论、可靠性理论、测试和汽车运用技术等方面的综合性应用技术，它以检测技术为基础，以诊断为目的，通过对汽车性能参数或工作能力的检测，依靠人工智能科学地确定汽车的技术状态，识别和判断故障，甚至预测故障，为汽车继续运行或进厂维修提供可靠的依据。

随着汽车技术的飞速发展、高新技术的广泛运用以及汽车电子化程度的不断提高，汽车检测诊断技术本身所包含的知识、侧重的内容、涉及的范围、利用的设备以及采取的方法均会发生很大变化，具有科学、高效、省力、准确的显著特点。

从目前应用的情况看，汽车检测诊断技术贯穿于汽车运用、汽车维护、汽车修理以及交通安全和环境保护等各个领域，并发挥着越来越重要的作用。

1.1.2 汽车检测诊断技术的作用

汽车在使用过程中,其技术状况变差、出现故障是不可避免的。如果能够利用汽车检测诊断技术,对汽车的运行状态作出判断,及时发现故障并采取相应对策,则可以提高汽车的可靠性,避免恶性事故的发生。同时,可充分发挥汽车的效能,减少维修费用,获得更大的经济效益。汽车检测诊断技术的作用主要表现在以下几个方面。

1. 汽车检测诊断技术是实施汽车维修制度的重要保证

我国现行的汽车维修制度属于计划预防维修制度,车辆的维修必须贯彻预防为主、定期检测、强制维护、视情修理的原则。这种维修制度是根据车辆检测诊断和鉴定的结果,对车辆进行视情处理,施以不同的作业范围,这样可以减少不必要的拆卸,避免盲目维修或失修现象发生,能最大限度地发挥零件的使用潜力,大大提高汽车的可靠性和使用经济效益。由此可见,汽车检测诊断技术,是检查、鉴定车辆技术状况和维修质量的重要手段,是促进维修技术发展,实现视情修理的重要保证。

2. 汽车检测诊断技术是提高维修效率、监督维修质量的重要措施

随着汽车结构的日益复杂化,汽车检测诊断技术的地位越来越重要。没有检测诊断技术,车辆的故障就不能迅速排除,车辆的技术状况就不能迅速恢复;没有检测诊断技术,车辆的维修质量也不能得到有效的监督。因此,汽车检测诊断技术在汽车技术保障中处于十分关键的地位,它是提高维修效率、保证维修质量的重要措施。

3. 汽车检测诊断技术是确保行车安全的重要手段

随着汽车保有量的增加,汽车交通事故造成人身伤亡的现象十分严重,现已构成不可忽视的社会问题。面对日益严峻的交通形势,采用现代汽车检测诊断技术,利用先进的检测仪器,能对机动车辆加强安全技术检测,对汽车的技术状况作出准确的诊断,找出隐患及时排除,发现问题及时维修,确保汽车的行车安全。

1.2 汽车检测诊断技术发展概况

汽车检测诊断技术是现代化生产发展的产物,它是随着汽车技术的不断完善化、多功能化和自动化而发展起来的。

随着汽车技术的发展,汽车的结构越来越复杂,电子化程度越来越高,因而对汽车故障的诊断、排除的难度也就越来越大,人们对检测不断提出新的要求,刺激着汽车检测诊断技术向前发展。同时,发展了的汽车检测诊断技术,不仅减少了维修汽车所需的劳动量,提高了汽车维修的经济效益,而且能对汽车产品质量或维修质量作出客观评价,为汽车技术或维修技术的合理改进提供基础数据,促进汽车工业和汽车维修业的发展。

汽车检测诊断技术随着汽车技术的发展不断提出新的要求,以适应汽车维修市场的需要。其发展远景是自动寻找故障和实现诊断,提高检测的准确程度并以最小的劳动消耗实现最高的可靠性。

1.2.1 国外汽车检测诊断技术发展概况

汽车诊断技术在工业发达国家早已受到重视,早在20世纪中叶,就形成了以故障诊断和性能调试为主的单项检测技术。进入20世纪60年代后,检测诊断技术获得了较大发展,出现了简易的汽车检测站。随着汽车工业的发展以及电子系统的广泛应用,传统的手摸、耳听,拆拆装装地进行故障诊断的方法已难以适应新的要求。

为此,发达国家的汽车公司及机械维修设备制造厂借鉴20世纪60年代在航天、军工方面首先发展起来的机器故障诊断技术,积极开发汽车诊断系统。20世纪70年代开发出了车外诊断专用设备,能对特定车辆进行多项目的检测,其汽车诊断技术已发展成为检测控制自动化、数据采集自动化、数据处理自动化、检测结果打印自动化的综合检测技术。

自发动机电子控制装置普遍使用后,汽车电控系统的故障诊断已逐渐向随车诊断转变。1977年,在美国通用公司的一款乘用车上采用了发动机点火控制的随车诊断装置,它具有自动诊断功能,能检测发动机冷却液温度、电路故障和电压下降情况。一旦有异常,微处理器就进行故障软控制,并出现"检查点火装置"字样,该检测是通过微处理器程序系统进行的,并具有储存和数据检测功能。以此为开端,福特、日产、丰田等公司陆续开发了具有自诊断功能的随车诊断装置(也称车载自诊断系统)。

20世纪80年代,发达国家的随车诊断已成为汽车电气故障诊断的主流,不少乘用车具有故障自诊断功能,有的随车诊断系统还可根据其显示器的指令进行操作,来获取故障信息。而此时的车外诊断专用设备更具有诊断复杂故障的能力,具有汽车专家诊断系统,这种专家诊断系统就是模拟熟练的汽车诊断专家思维的计算机程序,它将汽车专家的知识移植于诊断方法之中。一些发达国家的汽车检测诊断新技术已达到了广泛应用的阶段,在交通安全、环境保护、节约能源、降低运输成本等方面带来了明显的社会效益和经济效益。

20世纪90年代,汽车自诊断技术飞速发展。车载诊断系统(on-board diagnosis, OBD)自问世以来得到了不断的改进和完善,相继出现了OBD-Ⅰ和OBD-Ⅱ。早期的OBD,是世界各个汽车制造厂商独立自行设计的,各个车型之间无法共用,必须采用不同的诊断系统;后来的OBD-Ⅰ,采用了标准相同的16孔诊断插座,但仍保留与OBD相同的故障码,各车型之间仍然无法互换,所以必须采用不同的诊断系统;OBD-Ⅱ采用了标准相同的16孔诊断插座、相同的故障码及通用的资料传输标准SAE或ISO格式,可采用相同的诊断系统。

1994年全球约有20%的汽车制造厂商已采用OBD-Ⅱ标准,到1995年时约有40%的汽车制造厂商采用OBD-Ⅱ标准,从1996年起,全球所有的汽车制造厂商全面采用OBD-Ⅱ标准。

2000年至今,国外汽车诊断设备发展的重要特征是直接采用各种自动化的综合诊断技术,增加难度较大的诊断项目,扩大诊断范围,提高对非常复杂的故障的诊断与预测能力,同时大量采用无线网络技术,不断提升实时监测水平,使汽车检测与故障诊断技术不断向前发展。

总体上讲，工业发达国家的汽车检测诊断技术，在管理上实现了制度化；在检测基础技术方面实现了标准化；在检测方式上向智能化、自动化方向发展。

1.2.2 我国汽车检测诊断技术发展概况

我国汽车工业起步较晚，相应的，汽车检测诊断技术起步也较晚。直到20世纪60年代中后期，才由交通科学研究院和天津市公共汽车三厂合作，成功研制出汽车综合试验台，为我国汽车检测诊断技术的发展迈出了第一步。

1977年，国家为了改变汽车运输维修技术落后的局面，下达了"汽车不解体检验技术"的研究课题，这是新中国成立以后，国家对汽车维修科研下达的第一个国家课题，标志着我国汽车检测诊断技术的新起点。但汽车检测诊断技术真正受到重视是从20世纪80年代初开始的，当时，我国汽车保有量急剧增加，为保证车辆安全运行，减少交通事故，政府有关部门采取了一系列积极措施，在全国中等以上城市，建成了许多安全性能检测站，促进了汽车检测诊断技术的发展。

20世纪80年代，由于国产汽车没有应用微机控制，汽车检测诊断技术发展较慢，随车诊断几乎是空白，车外诊断是当时我国诊断技术的主流。进入20世纪90年代后，随着计算机技术在我国的快速发展以及电子控制系统在汽车上的广泛应用，汽车检测诊断技术在我国发生了革命性的变化。

20世纪90年代后，汽车检测诊断市场上，不仅出现了大量的诊断硬件设备，同时应用计算机的汽车故障诊断专家系统软件也有了长足的发展。我国自行研制生产的诊断设备已由单机发展为配套，由单功能发展为多功能，由手工操纵发展为自动控制，并逐步开发出实用的汽车专家诊断系统。

我国汽车随车诊断技术也快速发展，2020年7月1日起实施的GB 18352.6—2016《轻型汽车污染物排放限值及测量方法（中国第六阶段）》中规定：轻型汽车必须装备车载诊断系统（OBD）。

目前，已研制完成并投入使用的汽车检测诊断设备中，用于发动机检测诊断的主要有：发动机无负荷测试仪、发动机综合测试仪、专用解码器、电子示波器、点火正时仪、废气分析仪、发动机异响诊断仪、机油快速分析仪、铁谱仪、油耗计、气缸漏气量检测仪等；用于底盘检测诊断的主要有底盘测功机、制动试验台、侧滑试验台、四轮定位仪、车速表试验台、灯光检验仪、车轮动平衡机等。

目前，我国已经建成近15 000个汽车检测站，形成了全国性的汽车检测网络，汽车检测诊断技术也已走在了全球前列。

1.2.3 我国汽车检测诊断技术展望

虽然我国汽车检测诊断技术发展很快，但与世界先进水平相比，还有一定差距。为使我国的汽车检测诊断技术赶超世界先进水平和适应汽车技术高速发展的需要，应从汽车检测技术基础规范化、检测诊断设备智能化和检测诊断网络化等方面进行深入的研究。

1. 实现汽车检测技术基础的规范化

我国汽车检测诊断技术在发展过程中,普遍重视硬件技术,而忽视或轻视了难度大、投入多、社会效益明显的检测方法和限值标准等基础技术的研究。随着汽车检测诊断技术的发展,应加强基础研究,完善与硬件配套的软件建设,制定定量化的检测标准,统一规范全国各地的检测要求及操作技术。

2. 提高汽车检测诊断设备的性能和智能化水平

随着汽车检测诊断技术的发展,汽车检测诊断设备将向多功能综合式和自动化方向发展。同时,测试仪器也将趋向小型化、轻量化、测量放大一体化、非接触化、智能化。

而且,还应不断地提高检测诊断设备的性能,进一步提高检测诊断系统的智能化水平,增加检测诊断项目,扩大检测诊断范围,提高检测诊断设备的可靠性。

目前的检测诊断设备主要针对汽车电气和电控系统的故障,只能检测诊断汽车的部分性能和故障,而对汽车发动机及底盘机械故障的诊断,还缺乏方便、实用的仪器设备,仍然以人工经验法为主。

但随着新技术的出现和新产品的开发,不远的将来,利用汽车检测诊断设备诊断汽车故障将会成为汽车维修领域的主流。

3. 实现汽车检测诊断网络化

随着计算机网络技术的普及,汽车检测诊断将实现网络化。网络化可为汽车检测诊断提供源源不断的信息,人们可以通过互联网与世界上很多汽车公司、厂家联络,获得汽车故障诊断信息,而且随时可以得到高水平的"汽车专家诊断系统"的指导。随着可视网络技术的投入使用,远在千里之外的专家也能像在现场一样,逐步地指导检修人员诊断和排除故障。

另外,利用互联网技术,可将全国的汽车检测站连成一个广域网,使交通管理部门随时掌握车辆的状况。

1.3 汽车故障及汽车技术状况

汽车故障及汽车技术状况是汽车检测诊断的对象。了解汽车故障类型和汽车技术状况,掌握汽车故障产生原因和汽车技术状况变化规律,对汽车诊断参数及其标准的确定和检测方法的选择是极其重要的。

1.3.1 汽车故障

1. 汽车故障类型

汽车故障是指汽车零部件或总成完全或部分丧失工作能力的现象,其故障症状是故障的具体表现。尽管汽车故障错综复杂、多种多样，但按以下分类方法可将汽车故障划分为几种主要类型。

(1) 按故障存在的系统可分为汽车电气故障和汽车机械故障。现代汽车电气故障又分为数字电路故障和模拟电路故障，其中，数字电路故障可方便地通过专用检测诊断设备(如汽车解码器)进行高效快速的诊断，而模拟电路故障一般借助经验或通过电路模拟得到故障征兆，然后通过测试进行确诊。汽车机械故障范围较广，通常是利用汽车运行过程中二次效应所提供的信息，如温升、噪声、润滑油状态、振动及各种物理、化学特性的变化来进行诊断。一般来说，现代汽车电气故障不解体检测相对容易，而汽车内部机械故障的不解体检测相对较难。

(2) 按故障形成的速度可分为突发性故障和渐发性故障。突发性故障是指发生前无任何征兆的故障，它不能靠早期的诊断来预测，其故障的发生具有偶然性，如汽车行驶时，铁钉刺破轮胎、钢板弹簧突然折断等。尽管突发性故障难以预测，但它一般容易排除。而渐发性故障，是指汽车技术状况连续变化，最终导致恶化而引起的故障。这种故障常有一个逐渐发展的过程，其故障的发生具有必然性，因此，能够通过早期诊断来预测。如发动机气缸磨损或曲轴轴颈磨损而出现的声响，就属于渐发性故障。渐发性故障一经发生，就标志着产品寿命的终结，对于汽车而言，则往往是需要大修或报废的标志。

(3) 按故障存在的时间可分为间歇性故障和永久性故障。间歇性故障有时发生，有时消失，如汽油机供油系气阻故障是一种典型的间歇性故障。而永久性故障则只有在修复或更换某些零部件后，才能排除故障、恢复功能，如曲轴轴瓦烧损、发动机拉缸就是永久性故障。

(4) 按故障显现的情况可分为功能故障和潜在故障。导致汽车功能丧失或性能下降的故障称为功能故障，这类故障可通过直接感受或测定其输出参数而判定，如发动机不能起动或发动机输出功率下降均属功能故障。潜在故障是指正在逐渐发展但尚未对功能产生影响的故障。如曲轴、连杆的裂纹，当尚未扩展到极限程度使其断裂时，为潜在故障。

(5) 按故障造成后果的严重程度可分为轻微故障、一般故障、严重故障和致命故障。轻微故障一般不会导致汽车停车或性能下降，不需要更换零件，用随车工具做适当调整即可排除，如气门脚响、点火正时失准、怠速过高等。一般故障可能导致汽车性能下降或汽车停车，但不会导致主要部件和总成的严重损坏，可更换易损零件或用随车工具在短时间内排除，如供油不畅、滤清器堵塞、个别传感器损坏等。严重故障可能导致主要零件的严重损坏，必须停车，并且不能通过更换零件或使用随车工具在短时间内排除，如发动机拉缸、烧瓦等。致命故障可能引起车毁人亡等恶性重大事故，如柴油车飞车、制动系统失效、转向系统失控等。

值得说明的是，上述故障的分类有些是相互交叉的，而且随着故障的发展，一种类型的故障也可以转化为另一种类型的故障。

2. 故障产生原因

汽车各部件产生的故障是由某些零件失效引起的。引发汽车零件失效的因素很多，主要包括工作条件恶劣、设计制造存在缺陷以及使用、维修不当三个方面。

(1) 工作条件恶劣。汽车零件的工作条件包括零件的受力状况和工作环境。汽车运行时，绝大多数汽车零件(如活塞、曲轴、齿轮、轴承等)是在动态应力下工作，由于汽车起步、停车以及速度的变化,使汽车零件承受着冲击和交变应力,从而加速零件的磨损或变形而引发故障。

另外,汽车零件往往不只承受一种载荷作用,而是同时承受几种载荷的复合作用,若零件的载荷超过其允许承受能力,则会导致零件失效。

汽车零件在不同的工作介质和不同的温度下工作,容易引起零件的腐蚀磨损、磨料磨损以及热应力引起的热变形、热疲劳等失效。某些工作介质还可以使汽车零件材料脆化、高分子材料老化而引发故障。

(2) 设计制造存在缺陷。设计制造缺陷主要是指零件因设计不合理、选材不当、制造工艺不良而存在的先天不足。

设计不合理是汽车零件失效的主要原因之一,例如轴的台阶处过渡圆角过小,会造成应力集中,这些应力可能会成为汽车零件破坏的起源。设计花键、键槽、油孔、销钉孔等时,如果没有充分考虑到这些结构对截面削弱而造成的应力集中,也将会引起零件早期疲劳损坏。

材料选择不当及制造过程中因操作不当而使零件产生的裂纹、较大的残余应力以及较差的表面质量都可能成为零件失效的原因。

某些过盈配合零件的装配精度不够,可能导致相互配合零件之间的滑移和变形,将产生微动磨损,加速零件的失效。

某些间隙配合零件的装配间隙过大,则会导致汽车零件冲击过大而引发故障,并容易产生异响,使汽车的使用性能下降;而装配间隙过小,则零件运转时摩擦力、摩擦热过大,容易加快配合件的损坏,如发动机拉缸、烧瓦等。

(3) 使用、维修不当。汽车在使用过程中的超载、润滑不良、滤清效果不好、违反操作规程、汽车维护和修理不当等,都会引起汽车零件的早期损坏。

1.3.2 汽车技术状况

1. 汽车技术状况的变化

汽车技术状况是指定量测得的表征某一时刻汽车外观和性能参数值的总和。汽车是一个多元件构成的复杂系统,系统内各元件、部件是相互关联的,系统内元件性能变化或产生故障,必然会引起整个系统技术状况的变化。

汽车在使用过程中,其内部零件之间、零件与工作介质之间,以及汽车与外界环境之间均存在着相互作用,其结果是引起零件磨损、发热、腐蚀等一系列物理和化学变化,使零件尺寸、相互装配位置、配合间隙、表面质量等发生改变,使汽车总成或零件失去原有性能,导致工作质量下降,从而使汽车技术状况发生变化。

随着行驶里程的增加,汽车技术状况会逐渐变坏,表现为动力性下降、经济性变差、可靠性降低。然而,汽车技术状况变化的速度根据汽车的结构强度、使用条件(道路、载荷、气候、车速)、驾驶技术和汽车维护情况的不同而有所差别。

检测人员可通过检测表征汽车外观和性能的诊断参数值来反映或确定某一时刻汽车的技术状况,例如:通过检测汽车加速时间、驱动轮输出功率、燃料消耗量等参数的变化情况来评价汽车的技术状况。

应重视汽车技术状况变化的研究,掌握变化症状,探究变化原因,以便适时地实施维修,保持汽车技术状况完好。

2. 汽车技术状况变化规律

汽车技术状况变化规律是指汽车技术状况与汽车行驶里程或行驶时间之间的变化关系。按变化过程的不同,汽车技术状况的变化规律有渐发性和偶发性两种。

(1) 汽车技术状况渐发性变化规律是指汽车技术状况的变化随汽车行驶里程或行驶时间呈单调变化,可用函数式表示其变化规律。如果汽车使用合理,则汽车技术状况的变化大多按行驶里程或行驶时间逐渐平缓地发生变化。

(2) 汽车技术状况偶发性变化规律也称为随机性变化规律,它表示汽车、总成出现故障或达到极限状态的时间是随机的、偶发的,没有严格的对应关系,没有必然的变化规律,对其变化过程独立地进行观察所得的结果呈现不确定性,但在大量重复观察中又具有一定的统计规律。

在随机变化过程中,汽车技术状况恶化所对应的汽车行程是随机变量,该行程的长短与汽车技术状况恶化前的状况无直接关系。但它仍然不同程度地受汽车使用中的偶然因素、驾驶人操作水平、零部件材料的不均匀性和隐蔽缺陷等因素的影响。

1.4 汽车诊断参数及其标准

1.4.1 汽车诊断参数

1. 诊断参数

汽车诊断参数是指供诊断用的,表征汽车、总成及机构技术状况的参数,它是汽车检测诊断技术的重要组成部分。在不解体条件下直接测量汽车结构参数常常受到限制,因此,在进行汽车诊断时,需要找出一组与汽车结构参数有联系并能足够表达汽车技术状况的直接或间接的诊断参数,并通过对这些诊断参数的测量来确定汽车技术状况的好坏。

通常,诊断参数与诊断对象的工作状况和外界条件有极大关系,而诊断对象的工作状况和外界条件往往受测试规范的制约。

因此,测取某诊断参数时,一定要注意测试规范。没有测试规范,诊断参数值就没有意义。诊断参数值都是对一定测试规范而言的,如测量功率是针对一定转速、一定节气门开度和规定的测量条件而言;测量制动距离是针对一定制动初速度、一定载荷和规定的道路条件而言。为了提高诊断的正确性,必须严格掌握与规定要求一致的测试规范,应当把测试规范与诊断参数看成一个整体。

2. 诊断参数分类

汽车诊断参数可分为三大类:工作过程参数、伴随过程参数和几何尺寸参数。

(1) 工作过程参数是指汽车工作时输出的一些可供测量的物理量和化学量,或指体现汽车或总成功能的参数,例如:发动机功率、油耗、汽车制动距离等。它可反映汽车或总成技术状况的主要信息,能显示诊断对象的功能质量,是对汽车技术状况进行综合评价的主要依据,常用于汽车或总成的初步诊断。

(2) 伴随过程参数是指系统工作时伴随工作过程输出的一些可测量参数,例如:发热、声响、振动等。它具有很强的通用性,能反映有关诊断对象技术状况的局部信息,常用于复杂系统的深入诊断。

(3) 几何尺寸参数是指由各机构零件尺寸间的关系决定的参数,例如:间隙、自由行程、车轮定位参数等。它是诊断对象的实在信息,能反映诊断对象的具体结构要素是否满足要求。几何尺寸参数与其他参数配合使用,无论是在初步诊断,还是深入诊断,均可对汽车技术状况的评价或故障诊断起到重要的作用。

虽然每一类诊断参数都有不同的含义,但它们都是用来描述汽车或总成技术状况的状态参数。这些状态参数与汽车或总成的结构参数变化有一定的函数关系,因此可通过检测状态参数的变化来准确描述结构参数的变化,从而达到不解体诊断汽车的目的。在确定汽车技术状况或判断某些复杂故障时,需采用不同类型的诊断参数进行综合诊断。

3. 常用的汽车诊断参数

根据诊断参数选择原则确定的汽车常用诊断参数见表1-1。

表1-1 汽车常用诊断参数

诊断对象	诊断参数	诊断对象	诊断参数
汽车整车	最高车速(km/h) 最大爬坡度(%) 0→100 km/h的加速时间(s) 驱动轮输出功率(kW) 驱动轮驱动力(N) 汽车燃料消耗量(L/100 km) 侧倾稳定角(°)	点火系统	蓄电池电压(V) 次级电路电压(V) 各缸点火电压(kV) 各缸短路点火电压(kV) 各缸断路点火电压(kV) 断电器触点间隙(mm) 断电器触点闭合角(°) 各缸点火波形重叠角(°) 点火提前角(°) 电容器容量(μF)
发动机总体	额定转速(r/min) 额定功率(kW) 最大转矩(N·m) 最大转矩转速(r/min) 急速转速(r/min) 燃料消耗量(L/h) 单缸断火(油)时功率下降率(%) 发动机 HC、CO、NO_x 浓度排放量 发动机颗粒物(PM)排放率(g/m^3、g/km) 柴油机烟度 R_b 值和光吸收系数 $K(m^{-1})$	润滑系统	机油压力(kPa) 机油温度(℃) 理化性能指标变化量 清净性系数变化量 机油污染指数 介电常数变化量 金属微粒的含量,质量分数(%) 机油消耗量(kg)

续表

诊断对象	诊断参数	诊断对象	诊断参数
曲柄连杆机构	气缸压力(MPa) 气缸间隙(mm) 曲轴箱窜气量(L/min) 气缸漏气量(kPa) 气缸漏气率(%) 进气管真空度(kPa)	冷却系统	冷却液温度(℃) 散热器冷却液入口与出口温差(℃) 风扇传动带张力(N/mm) 风扇离合器接合、断开时的温度(℃) 节温器主阀门开始开启和全开时的温度(℃) 节温器主阀门全开时的升程(mm)
配气机构	气门间隙(mm) 凸轮轴转角(°) 配气相位(°)	制动系统	制动距离(m) 地面制动力(N) 左右制动力差值(N) 制动阻滞力(N) 制动系协调时间(s) 驻车制动力(N) 充分发出的平均减速度(m/s^2) 产生最大制动力时的踏板力(N) 产生最大驻车制动力时的操纵力(N) 制动完全释放时间(s) 车轮制动滑移率(%)
汽油机供给系统	汽油泵出口关闭压力(kPa) 化油器浮子室油面高度(mm) 空燃比 过量空气系数 电喷发动机喷油器的喷油量(mL) 电喷发动机各缸喷油不均匀度(%) 电动汽油泵泵油压力(kPa) 喷射系统压力(kPa) 喷射系统保持压力(kPa) 喷射时间(ms)	转向系统	转向盘自由转动量(°) 转向盘操纵力(N) 最小转弯直径(m) 转向轮最大转角(°)
柴油机供给系统	输油泵输油压力(kPa) 喷油泵高压油管最高压力(kPa) 喷油泵高压油管残余压力(kPa) 喷油器针阀开启压力(kPa) 喷油器针阀关闭压力(kPa) 喷油器针阀升程(mm) 各缸供油不均匀度(%) 供油提前角(°) 各缸供油间隔(°) 每一工作循环供油量(mL/工作循环)	行驶系统	车轮侧滑量(m/km) 车轮前束(mm) 前束角(°) 推力角(°) 车轮外倾角(°) 主销后倾角(°) 主销内倾角(°) 转向20°时的张角(°) 左右轴距差(mm) 车轮静不平衡量(g) 车轮动不平衡量(g) 车轮端面圆跳动量(mm) 车轮径向圆跳动量(mm) 悬架吸收率(%) 悬架效率(%)

续表

诊断对象	诊断参数	诊断对象	诊断参数
传动系统	传动系游动角度(°) 传动系机械传动效率(%) 传动系功率损失(kW) 滑行距离(m) 传动系噪声(dB) 总成工作温度(℃)	其他	前照灯发光强度(cd) 前照灯光轴偏移量(mm) 前照灯基准中心高度(mm) 车速表示值误差(%) 喇叭声级[dB(A)] 汽车定置噪声限值[dB(A)] 加速行驶车外噪声限值[dB(A)]

1.4.2 汽车诊断参数标准

为了定量评价汽车及总成的技术状况，确定维修的范围和深度，预报无故障工作里程，只有诊断参数是不够的，还必须制定合理的汽车诊断参数标准，以提供一个比较尺度。

1. 诊断参数标准

汽车诊断参数标准是指对汽车诊断参数限值的统一规定。它是从技术、经济的观点出发，表示汽车处于某种工作能力状态下所测的诊断参数界限值。

汽车诊断参数标准，一般都应包括：诊断参数初始标准、诊断参数许用标准和诊断参数极限标准。这些诊断参数标准既可以是一个值，也可以是一个范围。

诊断参数的初始标准相当于无技术故障的新车诊断参数的大小，往往是最佳值，可作为新车和大修车的诊断标准。

诊断参数的许用标准是指汽车无需维修可继续使用时，诊断参数的允许界限值，它是汽车维修工作中定期诊断的主要标准。当诊断结果超过许用标准时，即使汽车还有工作能力，也需要进行维修。否则，汽车的技术、经济性能将会下降，故障率将会上升。

诊断参数的极限标准是指汽车即将失去工作能力或技术性能即将变坏时所对应的诊断参数值。当汽车技术状况低于极限标准后，汽车的技术、经济性能会严重下降，甚至不能继续使用。在汽车使用过程中，经常对汽车进行检测，将检测结果与诊断参数极限标准进行比较，可以预测汽车的使用寿命。

2. 诊断参数标准分类

按检测诊断标准的来源可分为国家标准、行业标准、地方标准和企业标准四类。

1) 国家标准

国家标准是国家制定的冠以中华人民共和国国家标准字样发布的标准。国家标准由国务院标准化行政主管部门编制计划，组织草拟，统一审批、编号、发布，全国贯彻执行，具有强制性和权威性。国家标准又分为强制性标准和推荐性标准，如 GB 18352.6—2016《轻型汽车污染物排放限值及测量方法（中国第六阶段）》就是强制性标准，而 GB/T 18344—2016《汽车维护、检测、诊断技术规范》就是推荐性标准。

汽车诊断参数的国家标准很多,主要与汽车行车安全、环境保护、能源消耗有关,如制动距离、噪声、排气污染物含量、汽车燃料消耗量等限值标准。使用这些参数标准进行检测诊断时,只能从严、不可放宽,以保证国家标准的严肃性和权威性。

2) 行业标准

行业标准是由国务院有关行政主管部门制定,报国务院标准化行政主管部门备案并冠以中华人民共和国某行业标准字样发布的标准。行业标准一般在行业内贯彻执行。我国交通运输部颁布的 JT/T 325—2018《营运客车类型划分及等级评定》的有关规定,通常作为交通系统和运输行业的部分检测诊断标准。

3) 地方标准

地方标准是由省、自治区、直辖市人民政府标准化行政主管部门编制,报国务院标准化行政主管部门和国务院有关行政主管部门备案并发布的标准,在地方范围内贯彻执行。地方标准通常是根据本地具体情况制定的,其标准内容可能比上级标准更多,其标准限值可能比上级标准更严,以满足本地区的特殊要求。

4) 企业标准

企业标准是由企业组织制定,并按省、自治区、直辖市人民政府的规定备案后发布的标准。汽车制造厂商或汽车维修企业等根据自己的实际情况制定企业标准,由于各企业的性质不同,因而其企业标准也有差异。

汽车制造厂商提供的标准是根据其设计要求和制造水平,为保证汽车的使用性能和技术状况而制定的。它通过技术文件对汽车某些参数规定其限值,将其限值作为诊断参数标准,主要与汽车的使用性能参数、结构参数、调整数据有关,如发动机功率、汽车爬坡能力、气缸间隙、连杆轴承间隙、配气相位等标准。它们通常可通过一定的函数关系与诊断参数进行换算,可以直接用诊断参数限值代替诊断标准。这些标准与汽车的可靠性、寿命和经济性的优化指标有关。

汽车维修企业提供的诊断标准是根据其技术素质、维修要求等具体情况,为保证维修质量而制定的。其维修诊断标准一般与汽车使用经济性和可靠性密切相关,其诊断标准限值往往比上级标准更严,要求更高,以确保汽车维修质量和树立良好的企业形象。

3. 诊断参数标准制定

诊断参数标准是评价汽车技术状况的依据,若诊断参数标准制定得不合理,就不能据此对汽车状况作出合乎实际的评价,其结果或是过早维修造成浪费,或是维修不及时使汽车带"病"运行,不能保证其技术经济指标和行驶安全性,因此应科学合理地制定诊断参数标准。

制定诊断参数标准是一项比较复杂的工作,既要考虑技术、经济、安全等方面的因素,又要考虑标准是否适应大多数汽车的诊断,同时还应注意与国际标准接轨。

1.5 汽车诊断周期

汽车诊断周期是指汽车诊断的间隔期,用汽车行驶里程或使用时间表示。科学地确定诊断周期,对于经济、可靠地保障汽车技术状况具有重要的作用。

1.5.1 最佳诊断周期

诊断周期过短,汽车的技术状况没有什么变化或变化很小,执行诊断就会造成浪费;反之,诊断周期过长,则有可能在下一次诊断到来之前,汽车的故障隐患爆发,导致汽车不能在安全、经济的状况下运行,且错失汽车维修良机,使汽车因故障停驶,损耗费用增加。这样就会有一个最佳诊断周期,若按最佳诊断周期诊断汽车,则既能使车辆在无故障状态下运行,又能使车辆的检测诊断、维修费用降到最低。

最佳诊断周期是根据技术与经济相结合的原则进行定义的,它是指能保证车辆的完好率最高而消耗的费用最少的诊断周期。

1.5.2 最佳诊断周期的确定

实际上,在确定汽车最佳诊断周期时,只依赖简单计算是远远不够的,还应重点考虑下列因素。

(1) 不同构件的故障率。汽车是一个不等强度的复杂系统,各机构的故障率及故障间平均行程一般并不相同;即使是同一总成、机构内的不同零件,其故障率和故障间平均行程也不会相同。从可靠性角度出发,通常取总成内故障概率最大的零部件的故障间平均行程作为制定诊断周期的依据。

另外,由于汽车是由许多总成、机构组成,不可能对每一个总成或机构都制定一个诊断周期,一般把需要诊断的总成或机构,按诊断周期相近的原则组合在一级诊断中,对汽车执行与现行维护制度类似的分级诊断。

(2) 不同系统的重要性。有关汽车行车安全的系统如转向系统和制动系统等,在确定诊断周期时,其可靠性始终是首要的,而经济性的考虑则占据次要地位。

因此,对于与汽车行车安全有关的系统或机构,不能以计算结果为依据建立最佳诊断周期,而应从安全角度出发,以保证足够高的可靠性为条件来确定诊断周期,因而其诊断周期常比其他系统或机构的诊断周期短得多,甚至需每日或隔日诊断。现代快速检测诊断技术的发展为此提供了条件。

(3) 不同的技术状况。汽车的新旧程度、行驶里程及技术状况等级不同,其最佳诊断周期显然也不一样。凡是新车或大修车、行驶里程较少的车、技术状况等级为一级的车,其最佳诊断周期长,反之则短。

对于大规模的汽车运输企业,由于车辆数量较大,汽车的使用年限不一,技术状况等级不同,因此汽车的无故障行驶里程在很宽的范围内变化。故在确定最佳诊断周期时,应按车型、使用年限、技术状况等级分成若干类别,使每一类车的无故障行驶里程相差不大,并据此分别建立每一类车的诊断周期。

(4) 不同的使用条件。汽车的使用条件如气候条件、道路条件、装载条件、燃料和润料质量、驾驶技术等条件不同,其最佳诊断周期显然也会有所不同。凡是处于气候恶劣、道路状况极差、经常超载/拖挂行驶、燃料和润料质量得不到保障、驾驶技术不佳等使用条件的汽车,其最佳诊断周期短,反之则长。

由于我国地域辽阔,汽车使用条件复杂,因此各种车型的诊断周期不应有统一的规定,而应根据具体的使用条件,结合其他因素,确定最佳诊断周期。

1.6 汽车检测分类与诊断方法

1.6.1 汽车检测分类

现代汽车检测是指利用先进的检测设备或仪器对汽车进行的不解体检查与测试。汽车检测的目的,是为了确定在用车辆的技术状况是否正常或有无故障。若按汽车检测目的分类,则汽车检测可分为如下四类。

1. 综合性能检测

综合性能检测是指对汽车实行定期和不定期综合性能方面的检测,如对汽车动力性、安全性、燃料经济性、使用可靠性、排气污染物、噪声、整车装备状态与完整性、防雨密封性等多种技术性能的检测,其目的是在汽车不解体情况下,确定运输车辆的技术状况和工作能力,评定车辆的技术等级,确保运输车辆具有良好的动力性、经济性、安全性、可靠性等使用性能,减少对环境的污染程度,以创造更大的经济效益和社会效益。

2. 安全环保性能检测

安全环保性能检测是指对汽车实行定期和不定期的安全运行和环保性能检测,如对制动、侧滑、灯光、排放、噪声及车速表的检测,其目的是建立行车安全和环境公害的监控体系,强化汽车的安全管理,确保汽车具有符合要求的外观、良好的安全性能和规定范围内的环境污染程度,使汽车能在安全、高效和低污染状态下运行。

3. 汽车故障检测

汽车故障检测是指对故障汽车的检测,其目的是在不解体(或仅卸下个别小件)情况下,查出汽车故障的确切部位和产生的原因,从而确定故障的排除方法,提高故障的排除效率,使汽车尽快恢复正常。

4. 汽车维修检测

汽车维修检测包括汽车维护检测和汽车修理检测两类。

汽车维护检测主要是指汽车二级维护检测,它分为二级维护前检测和二级维护竣工检测两种。二级维护前检测在汽车维修企业进行,其检测目的是诊断二级维护汽车的故障或实际技术状况,从而确定二级维护附加作业;二级维护竣工检测在汽车检测站进行,检测站根据二级维护竣工检测项目和检测标准检测送检汽车,其目的是监控汽车的二级维护质量,竣工检测合格的车辆方可出厂,否则应返回维修企业重新进行二级维护,直至达到二级维护竣工检测合格标准为止。

汽车修理检测主要是指汽车大修检测,它分为修理前、修理中及修理后检测三种。修理前的检测,目的是找出汽车技术状况与标准值相差的程度,从而确定汽车是否需要大修或应采取何种技术措施,以实现视情修理;修理中的检测是局部检测、过程检测,目的是进行质量监控,有时还可确诊故障的具体部位和原因,从而提高修理质量及修理效率;修理后的检测在汽车检测站进行,检测站根据汽车大修质量竣工标准检测送检汽车,目的是检验汽车的使用性能是否得到恢复,以确保修理质量。

在汽车使用过程中,为了解在用汽车的技术状况,应对汽车进行适当的检测,每次检测的时机应根据最佳诊断周期而定,也可与汽车的正常维护、修理周期以及汽车年检相互配合。

1.6.2 汽车诊断基本方法

汽车诊断是由检查、分析、判断等一系列活动完成的。为了正确地诊断汽车技术状况或故障,必须运用现代检测手段、现代科学技术和丰富的实践经验(包括外观、气味、振动、声响、感觉、仪器等)进行综合分析和判断。从完成这些诊断的方式来看,现代汽车诊断的基本方法有如下几种。

1. 人工经验诊断法

人工经验诊断法是指利用人工观察、经验检查、推理分析、逻辑判断进行诊断的方法。诊断时,诊断人员凭借丰富的实践经验和一定的理论知识,利用简单工具,在汽车不解体或局部解体情况下,根据汽车在工作中表现出来的外部异常状况,通过眼看、手摸、耳听等手段,边检查、边试验、边分析,从而确定汽车故障部位、原因及汽车的技术状况。

人工经验诊断法不需专用仪器设备,可随时随地应用。但它对诊断人员经验的依赖性强,要求诊断人员具有较高的技术水平,并存在诊断速度慢、准确性差及不能进行定量分析等缺点。

2. 仪器分析诊断法

仪器分析诊断法是指在汽车不解体情况下,利用各种专用仪器和设备获取汽车的各种数据,并根据这些数据来进行诊断的方法。诊断时,利用现代检测设备对汽车、总成或机构进行测试,并通过对诊断参数测试值、变化特性曲线、波形等的分析判断,定量确定汽车技术状况或确诊汽车故障部位和原因。

采用微机控制的仪器设备能自动分析、判断、存储并打印诊断结果。仪器分析诊断法的特点是诊断速度快、准确性高、能定量分析,但检测设备的投资大、成本高。

3. 自诊断法

自诊断法是指利用汽车电控单元(ECU)的自诊断功能进行故障诊断的方法。自诊断功能就是利用监测电路来检测传感器、执行器及微处理器的各种实际参数,并将其与存储器中的标准数据进行比较,从而判定系统是否存在故障。

当判定系统存在故障时,电控单元将故障信息以故障码的形式存入存储器,并控制警告灯向驾驶人发出警示信号。自诊断法需要通过一定的操作,把汽车电控系统电控单元存储器中的故障码提取出来,然后通过查阅相应的故障代码表来确定故障的部位和原因。

在实际检测诊断工作中,上述三种方法并不相互孤立,而是相辅相成的。人工经验诊断法是检测诊断的基础,它在汽车诊断的任何时期均具有十分重要的实用价值,即使是汽车专家诊断系统,也是把人脑的分析判断通过计算机语言转化成电脑的分析判断。仪器分析诊断法是在人工经验诊断基础上发展起来的诊断方法,它在汽车检测诊断中所占的比例日益增大,使用现代仪器设备诊断是汽车检测诊断技术发展的必然趋势。自诊断法对于汽车电子控制系统十分有效,而且快捷准确,这是其他方法无可比拟的。随着计算机控制技术的发展及其在汽车上的广泛应用,自诊断法将会显示出更多的优势,发挥出更大的作用。

复习思考题

1. 汽车检测诊断技术有哪些作用?
2. 简述汽车检测诊断技术的发展趋势。
3. 按照故障规律和特点不同,汽车故障可划分为哪几种类型?
4. 常用的汽车诊断参数有哪些?
5. 汽车最佳诊断周期如何确定?
6. 按检测目的不同,汽车检测可分为哪几类?
7. 常用的汽车诊断方法有哪些?

第 2 章 汽车检测站

⚠ **教学提示**：汽车检测站是综合运用现代检测技术，对运输车辆技术状况进行监督检测和技术服务的机构。它采用现代检测设备，按照规定的程序、方法，不解体检测汽车各种参数，全面、准确地评价汽车的使用性能和技术状况。

⚠ **教学要求**：本章主要介绍汽车检测站的任务、类型、组成及检测内容，重点内容是汽车检测站的任务、类型和组成。要求学生了解汽车检测流程，熟悉汽车检测内容，掌握汽车检测站的任务、类型和工位设置布局。

2.1 汽车检测站的任务与类型

2.1.1 汽车检测站的任务

汽车检测站（vehicle inspection and test station）的主要任务如下：
(1) 对在用运输车辆的技术状况进行检测诊断；
(2) 对汽车维修行业的维修车辆进行质量检测；
(3) 接受委托，对车辆改装、改造、报废及有关新工艺、新技术、新产品、科研成果等项目进行检测，提供检测结果；
(4) 接受公安、环保、商检、计量和保险等部门的委托，为其进行有关项目的检测，提供检测结果。

经认定的检测站，对运输车辆进行技术状况监督检测时，应不以营利为目的。

2.1.2 汽车检测站的类型

1. 根据检测站的服务功能分类

根据检测站服务功能的不同，可分为汽车安全检测站、维修检测站和综合检测站，不同类型的检测站其作用也有所不同。

1) 安全检测站

安全检测站（图 2-1）是国家的执法机构。它根据国家的有关法规，定期检查车辆中与安全和环保有关的项目。它一般是针对汽车行驶安全和对环境的污染程度进行总体检测，并与国家有关标准比较，给出"合格"或"不合格"的评定，而不进行具体的故障诊断和分析。

图 2-1 安全检测站

2) 维修检测站

维修检测站(图 2-2)通常由汽车运输企业或维修企业建立,其作用是为车辆维修部门服务。它以汽车性能检测和故障诊断为主要内容。

图 2-2 维修检测站

在汽车维修前,检测站通过对汽车技术状况的检测和故障诊断,可以确定汽车维护的附加作业、小修项目以及车辆是否需要大修;在汽车维修后,检测站通过对汽车的技术性能检测,可以监控汽车的维修质量。

3) 综合检测站

综合检测站(图 2-3)既能担负车辆安全、环保方面的检测任务,又能担负汽车维修中的技术检测,还能承担科研、制造和教学等部门的有关汽车性能试验和参数测定任务。

这种检测站设备多而齐全,自动化程度高,既可进行快速检测,以适应年检要求,又可以进行高精度的测试,以满足技术评定的需要。这种检测站的检测结果既可作为交通运输管理部门发放或吊扣车辆营运证的依据,也可作为维修单位车辆维修质量的凭证。

此外,许多汽车检测站还增加了新车注册登记、二手车过户、机动车转移登记、站内交通违法处罚窗口等功能,提供方便、快捷的一站式服务。

图 2-3 综合检测站

2. 根据检测站的工作职能分类

根据检测站工作职能的不同,可分为 A 级检测站、B 级检测站和 C 级检测站。不同类型的检测站其工作职能也不一样。

1) A 级检测站

A 级检测站能对汽车的安全性、动力性、可靠性、经济性、环保特性进行全面的检测,并能对车辆的技术状况及维修质量进行鉴定,能全面承担检测站的任务。它能检测车辆的制动、侧滑、灯光、转向、车轮定位、车速表、车轮动平衡、底盘输出功率、燃油消耗、发动机功率和点火系状况,以及异响、磨损、变形、裂纹、噪声、废气排放等状况。

A 级检测站出具的检测结果或证明,可以作为汽车维修单位车辆维修质量的凭证。

2) B 级检测站

B 级检测站能对在用车辆技术状况、车辆维修质量进行检测和评定。它能检测车辆的制动、侧滑、灯光、转向、车轮动平衡、燃油消耗、发动机功率和点火系状况,以及异响、变形、噪声、废气排放等状况。

B 级检测站出具的检测结果或证明,可以作为汽车维修单位车辆维修质量的凭证。

3) C 级检测站

C 级检测站能对在用车辆的技术状况进行检测。它能检测车辆的制动、侧滑、灯光、转向、车轮动平衡、燃油消耗、发动机功率状况,以及异响、噪声、废气排放等状况。

2.2 汽车综合检测站的组成及检测内容

2.2.1 综合检测站的组成

目前国内已建立的或正在筹建的检测站大多为 A 级综合检测站,主要由检测车间、业务大厅、停车场、试车道路及辅助设施等组成。

1. 检测车间

检测车间(图2-4)是检测站的核心,其内设置检测线。根据检测站的检测纲领、承担的检测项目及执行的技术标准,检测车间一般设有单条、双条或三条(多条)自动检测线。各条检测线应在总体规划中根据检测流程进行合理设置,应充分考虑到检测线与业务大厅、待检停车场、已检停车场、试车道路、车辆进出、行人及行车安全及其他配套设施的位置和功能相匹配,不能有流转不畅、堵塞现象。

图 2-4 检测车间

在检测线上根据工艺流程保证各检测工位有足够的空间,各工位间应根据所能检测的最大车型的长度确定安全距离,保证既能形成流水作业,又使各工位间不相互干涉。在检测线入(出)口处应有足够长(一般为1.5倍最大车型的长度)的引车道和醒目的交通标志,以保证车辆进出安全。检测线内设有非工作人员行走区域,并有安全防护装置,以保证检测工作的安全进行。

检测车间的长度、宽度、高度应满足被检测车型的检测工作需要,并符合建筑标准的要求。

车间长度由检测线长度决定,而检测线长度主要取决于检测工位的数量和检测车辆的长度尺寸。如布局一条6工位检测线时,以客车最长12 m计算,其车间长度应以90 m为宜。若工位数减少,应根据实际情况确定,确定原则是:各个工位能同时检测,各工位检测车辆互不干扰,一般检测线长度不得小于54 m。

车间宽度取决于车间内检测线的条数和每条检测线的宽度,其中检测线宽度,既要考虑设备的安装,又要考虑检测的安全性,一般每条检测线的宽度不得低于8 m。

车间高度应由车间内的噪声、空气污染因素及车辆通行高度确定,一般净空高度不得低于6 m,进出口高度不得低于4.5 m。

检测车间的地理位置一般略高于检测站的其他部分,以保证车间排水畅通。检测车间的进口方向应尽量与风向逆向,这样将废气排放较重的工位置于进口处时,可减少车间内的废气污染。

另外,车间两侧一般都增设自然通风装置,这样既可保证空气流通,减少车间内的废气污染,又能节约强制通风的动力能源,减少因采用强制通风带来的噪声污染。

有的检测站设置有多个检测车间,如安全线检测车间、综合检测车间、外检车间、测功车间等,对汽车进行分门别类的检测。

2. 业务大厅

业务大厅(又称办事大厅、受理室,如图 2-5 所示)是检测站的办公场地,车辆的报检、打印报表、办证等都在业务大厅内完成。业务大厅是体现企业文化、服务质量的窗口。因此,业务大厅应宽敞、明亮,大厅内的业务办理台布局和色调应给客户一种亲近感,以充分体现"客户至上"的人性化服务理念;大厅墙上应设置检测站的检测工作程序、员工工作守则、服务质量承诺、检测收费标准以及其他信息资料,以充分显示企业的服务特色;大厅内应设置上线车辆检测动态显示装置,增加检测工作的透明度,以充分展示检测的公正性;大厅内应设置车主休息区,以供车主休息等待。

图 2-5 汽车检测站业务大厅

3. 停车场

停车场是被检车辆停车的场地。停车场地一般分为待检停车场和已检停车场,它们应有明显的标识加以区分并分开设置。待检车辆、进检车辆和已检车辆的行驶路线应符合检测工艺流程,不能有相互交叉和碰头现象,以保证检测车辆行进有序、安全行驶。

停车场地的面积应与检测能力相适应。通常,已检停车场的面积一般为检测线能同时检测最大型车辆数量停车面积的 1.5～2.5 倍;待检停车场的面积一般为检测线能同时检测最大型车辆数量停车面积的 3～4 倍。若检测站通行能力强,且日检测数量较多时,可在已检停车场、待检停车场设置专职人员对车辆进行指挥和调度,以充分保证场内车辆安全、有序,不会发生拥堵现象,从而确保检测线高效运行。

为保证安全、高效,停车场地不允许与检测场地、试车道路和行车道路等设施共用。

4. 试车道路

试车道路用于汽车的道路试验,它主要用于受检汽车的委托性检测或争议仲裁性检测。试车道路的长度和宽度一般根据检测站检测项目需进行道路试验的参数确定,通常其长度不小于 100 m,宽度不小于 8 m。试车道路的承载能力应满足受检汽车的轴荷需要,其路面通常为平坦、硬实、清洁、干燥且轮胎与地面间的附着系数不小于0.7的水泥或沥青路面,且纵、横向坡度在0.1%以内。

从安全角度考虑,一般试车道路设置在检测车间后面,试车方向最好与检测线车辆行进方向一致,以免出现交叉和会车现象。同时,在试车道路进出口区域应有明显的警示标志,防止非工作人员和非试车车辆自行进入,以免引发安全事故。

另外,根据检测要求还应设置驻车坡道,通常驻车坡道设置在试车道路尽头。

5. 辅助设施

检测站的辅助设施是为车辆检测提供服务和保障的各种设施的总称。一般包括检测所需的能源供给设施、办公设施、职工休息生活设施以及车辆调修设施等。

2.2.2 综合检测站的检测内容

1. 检测种类

汽车综合检测站对机动车实施的检测主要划分为5类,即:综合性能检测、安全环保性能检测、修理质量检测、二级维护竣工检测、委托检测。

2. 检测项目

检测种类不同,检测所依据的标准就不同,其检测项目和参数也会发生相应变化。

1) 综合性能检测

综合性能检测项目主要有:发动机性能、驱动轮输出功率、制动性能、驻车制动器性能、前照灯特性、车速表性能、车轮定位、车轮动平衡、转向性能、侧滑性能、排气排放物含量、噪声、轴荷、客车防雨密封性、悬架特性、使用可靠性以及外部检视。

2) 安全环保性能检测

安全环保性能检测项目主要有:制动性能、前照灯特性、车速表性能、侧滑性能、排气排放物含量、噪声、轴荷、使用可靠性以及外部检视。

3) 修理质量检测

修理质量检测项目主要有:发动机性能、制动性能、前照灯特性、车速表性能、车轮定位、转向性能、侧滑性能、排气排放物含量、轴荷、客车防雨密封性、使用可靠性以及外部检视。

4) 二级维护竣工检测

二级维护竣工检测项目主要有:发动机性能、制动性能、车轮定位、转向性能、车轮动平衡、侧滑性能、排气排放物含量、轴荷以及外部检视。

5) 委托检测

委托检测项目由用户指定,可以是检测线上的任何检测项目,也可以是路试检测项目。

3. 检测参数

各类检测项目的主要检测参数如下。

(1) 发动机性能:发动机无负荷功率、怠速转速、气缸压力、启动电压、启动电流、蓄电池内阻、稳定电压和柴油机供油压力。有时还应检测：点火提前角、配气相位、断电器触点闭合角、多缸点火波形重叠角、点火高压、单缸转速降、喷油压力、针阀开启压力、燃油雾化质量、供油泵供油量/供油均匀性以及曲轴箱污染物，等等。

（2）驱动轮输出功率：校正驱动轮输出功率、滑行距离和整车加速时间。

（3）制动性能：行车制动力、同轴制动力平衡、车轮阻滞力、制动协调时间和驻车制动力。

（4）前照灯特性：基准中心高度、远光灯发光强度和远/近光灯光轴偏移量。

（5）车速表性能：车速表示值误差。

（6）车轮定位：前束、车轮外倾、主销后倾和主销内倾等。

（7）转向性能：转向盘自由转动量、转向盘操纵力和转向轮转向角。

（8）侧滑性能：车轮横向侧滑量。

（9）排气排放物含量：对于汽油发动机主要有碳氢化合物、一氧化碳、二氧化碳、氮氧化物和氧气；对于柴油发动机主要有颗粒物（微粒）、波许烟度值和光吸收系数。

（10）噪声：喇叭声级、客车车内噪声、车辆定置噪声和驾驶人耳旁噪声。

（11）轴荷：各轴质量和整车质量。

（12）悬架特性：悬架吸收率和悬架效率。

（13）车轮平衡：动不平衡量和静不平衡量。

（14）客车防雨密封性：客车门窗泄漏量。

（15）使用可靠性：主要分为以下几个部分。

① 发动机异响：敲缸、活塞销、连杆轴瓦、曲轴轴瓦和气门敲击等。

② 底盘异响：离合器、变速器、传动轴和主减速器等。

③ 总成螺栓、铆钉紧固：发动机（附离合器）紧固、底盘传动系紧固、转向装置紧固、悬架装置紧固、制动器（系）紧固、轮胎螺栓（母）紧固、半轴螺栓（母）紧固、备胎紧固、车轴U型螺栓（母）紧固和油箱螺栓（母）紧固等。

④ 主要部件间隙：车轮轮毂、传动轴万向节、传动轴轴承、传动轴花键、转向拉杆球头、转向节主销、钢板弹簧衬套（销）、减振器杆件衬套（销）和传动轴跳动量等。

⑤ 重要部位缺陷：承载轴（桥）裂纹、转向系杆件（臂）裂纹、悬架弹性组件裂纹、车架裂纹，以及制动管路磨损、老化、龟裂等。

（16）外部检视：主要分为以下几个部分。

① 车辆唯一性确认：车牌号码/颜色/车主（单位）、整备质量或座位数、车型类别/整车外廓尺寸、厂牌型号和出厂编号（或VIN）、车架号码/悬架形式、发动机形式/号码、驱动形式、燃油类别、车身颜色、制动形式、车辆轴数、前照灯制式等。

② 整车装备完整有效性基本检验：车容/漆面、后/侧视镜、车门/行李箱门/车窗及门窗玻璃、车门把手/车门锁/行李箱锁、安全门/安全窗/安全带/灭火器/刮水器/洗涤器、灯光/仪表/信号装置及控制、车内地板、车身外缘对称部位左右差、车身对称部位高度差、左右轴距差、挡泥板、轮胎气压、轮胎规格及胎冠花纹深度、牵引车与挂车连接机构、可见螺栓/管/线紧固、漏油/漏水/漏气/漏电、离合器操纵装置自由行程、行车制动系操纵装置自由行程、应急制动系操纵装置自由行程、驻车制动系操纵装置自由行程等。

2.3 汽车检测线的工位设置及布局

检测工位是指对车辆进行独立检测作业的工作位置。工位设置及布局是指按照一定的要求和方法,根据生产纲领、检测项目及参数等,确定检测线的工位和工艺流程。

2.3.1 工位设置及布局的基本要求

1. 先进性

工位设置及布局的先进性应体现在新技术、新工艺的有效运用,如能很好地配置国内外先进检测设备、设施,能充分地利用信息、网络、计算机控制技术等。先进的工位设置及布局既能保证检测过程的有序和高效,又能适应现代汽车高技术性能检测的需求。

2. 前瞻性

工位设置及布局要适应国家有关政策、法律、法规变化的需要,要适应检测标准的更新和变化。工位设置及布局应考虑检测站功能的扩展和发展的需要,其工艺性应灵活,项目参数的增减和调整要留有空间,技术手段要能随时更新,这样才能适应形势发展,满足前瞻性的要求。

3. 可行性

工位设置及布局一定要结合实际,不能好大求全、浪费资源和重复投资,既要合理配置资源,又要以充分的资源保证国家有关法律、法规及标准的贯彻和落实。

特别是各工位的设备设施,应根据服务对象的检测项目和参数来确定,要充分论证,不能盲目扩大设备设施的投资规模。合理的工位设置及布局,既不会导致资源的浪费,又能保证检测数据的准确、可靠。

2.3.2 工位设置及布局的基本方法

检测线工位的设置、工位检测项目的安排及检测顺序的确定并无标准规定,但设计时最好遵循"三最原则",即检测时全线综合效率最高、所需人员最少、对现场的污染最小。

工位设置及布局时,应根据其基本要求和"三最原则",重点考虑检测项目及参数的数量、检测时间、使用设备台数、人员配置、排放污染、车辆行驶路线及停放等因素,通常将检测线设置成多工位,且各工位节拍尽量趋于一致。

检测线的布置形式多为直线通道式,其检测工位按一定顺序分布在直线通道上,检测时各工位同时有一辆车处于测试过程,各工位互不干涉。汽车检测工艺是循序渐进、流水式作业。

2.3.3 工位设置及布局的典型方案

1. 双线综合式

双线综合式是将汽车安全环保检测项目组成的工位布置成一条检测线,即安全环保检测线,而将汽车性能综合检测项目组成的工位布置成另一条检测线,即综合检测线。

1) 安全环保检测线

这种检测线检测的内容基本一致,但项目的组合、工位的设置因实际情况的不同也有差异,通常设置 3~5 个工位。国内采用的一种四工位安全环保检测线如图 2-6 所示,其各工位的情况说明如下。

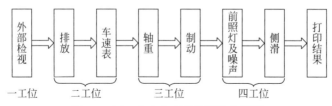

图 2-6　四工位安全环保检测线布置图

(1) 外部检视工位。本工位设置在室外,属于人工检验,主要进行车辆唯一性确认、整车装备完整有效性检查等。

(2) 排放、车速表工位。本工位检测项目有排放检测(exhaust gas test)、烟度检测(diesel smoke test)、车速表检测(speedometer test)、车底外观检查(pit inspection)、汽车底盘间隙检测等。本工位配置的主要设备有:不分光红外分析仪、不透光烟度计、车速表校验试验台、汽车底盘间隙检测台等,另外还配有地沟,用于车底外观检查。

(3) 轴重、制动工位。本工位进行轴重检测(weight inspection)和制动检测(brake inspection),其主要检测项目有各轴轴重、各轮制动力、制动力平衡、车轮阻滞力、驻车制动力和制动系协调时间。本工位配置的主要设备有制动试验台、轴重计,或带有轴重检测功能的制动试验台。

(4) 前照灯及噪声、侧滑工位。本工位检测项目有前照灯检测(headlight inspection)、喇叭声级检测(horn noise test)、车轮侧滑量检测(alignment inspection)等。本工位配置的主要设备有汽车前照灯检测仪、声级计和双滑板式侧滑试验台。

有的安全环保检测线把车轮侧滑量检测、制动检测和车速表检测安排在同一个工位,简称 ABS 工位。

这种检测线工位布置的主要特点是:各工位检测项目搭配恰当,工艺节拍性好,工位停留时间短,检测效率高;各工位布局合理,污染严重的排放项目检测靠近大门,检测时车辆排放对检测现场的空气污染小。

2) 综合检测线

综合检测线有两种类型:一种是全能综合检测线,另一种是一般综合检测线。

全能综合检测线设有包括安全环保检测线在内的比较齐全的工位,通常的工位设置及布局是:外部检视工位→车轮定位工位→制动工位→底盘测功工位。其中,外部检视工位设置在室外,主要进行车辆唯一性确认、整车装备完整有效性检查;车轮定位工位的主要检测项目有车轮动平衡检测、车轮定位检测、车轮侧滑量检测、底盘间隙检测、传动系游动间隙检测、转向系检测、悬架检测;制动工位的主要检测项目有轴重、各轮制动力、制动力平衡、车轮阻滞力、驻车制动力、制动系协调时间;底盘测功工位的主要检测项目有底盘测功、车速表校验、油耗测量、排放检测、电气检测、发动机各大系统综合检测、前照灯检验、噪声测定等。

一般综合检测线,其工位的设置不包括安全环保检测线的主要检测项目,它主要由底盘测功工位、发动机综合检测工位和车轮定位及转向检测工位组成。

综合检测线上各工位的车辆,由于检测项目不一、检测深度不同,很难在相同的时间内检测完毕,容易造成检测堵塞现象。为此可将各工位横向布置成尽头式或其他形式,以适应检测的需要,提高检测效率。

2. 全能综合式

全能综合式是将汽车检测站规定的各种检测项目设置成多工位,依据检测类别,按一定顺序设置检测工艺流程的全能综合检测线,典型的工位设置及布局方案如图 2-7 所示。

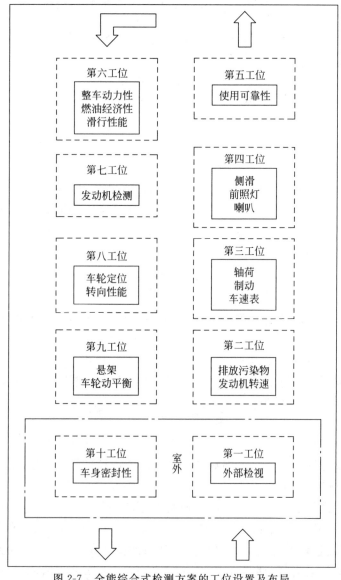

图 2-7　全能综合式检测方案的工位设置及布局

1）检测工位内容

各工位主要检测内容、项目及设备见表2-1。

表 2-1 各工位主要检测内容、项目及设备

工位号	主要检测内容	主要检测项目或参数	主要检测设备
第一工位	外部检视	车辆唯一性确认、整车装备完整有效性检查	钢卷尺、钢直尺、轮胎压力表、轮胎花纹深度尺
第二工位	排气污染物 发动机转速	点燃式发动机：HC、CO、NO_x	排气分析仪（带发动机转速显示）
		压燃式发动机：烟度、光吸收系数	滤纸式烟度计、不透光烟度计
第三工位	轴荷 制动	轴荷、制动力、制动力平衡、车轮阻滞力、制动协调时间、驻车制动力	滚筒反力式制动试验台或平板式制动试验台
	车速表	车速表示值误差	汽车车速表试验台
第四工位	侧滑	转向轮侧滑量	侧滑试验台
	前照灯	基准中心高度、远光光强、远近光光束中心偏移量	前照灯检测仪
	喇叭	喇叭声级	声级计
第五工位	使用可靠性	发动机异响、底盘异响、总成紧固螺栓及铆钉紧固、主要部件间隙、重要部位缺陷	底盘间隙检测仪、地沟、扭力扳手、专用手锤和专用设备
第六工位	整车动力性	驱动轮输出功率、加速性能、加速性能曲线	底盘测功机、油耗计、大气压力表、温度计、湿度计
	燃料经济性	等速百公里燃料消耗量	
	滑行性能	滑行距离、滑行时间	
第七工位	发动机检测	发动机技术性能、发动机性能参数、电子控制系统、电喷系统、气缸压力、机油污染指数	发动机综合性能检测仪、润滑油油质分析仪、气缸压力表
第八工位	车轮定位	车轮前束值/张角、车轮外倾角、主销内倾角、主销后倾角、推力角、转向 20°时的张角、车轮轮距	前轮定位仪或四轮定位仪
	转向性能	转向盘自由转动量、转向盘操纵力、转向轮最大转角	转向盘转向力/转角仪、转向轮转角仪
第九工位	悬架	吸收率、左右轮吸收率差、悬架特性曲线、悬架效率、左右轮悬架效率差	悬架装置检测台
	车轮动平衡	车轮动平衡	就车式车轮动平衡仪
第十工位	车身密封性	车身淋雨试验	淋雨试验台或专用装置

2）工艺布局特点

（1）检测线将所有检测项目划分为10个检测工位，其中8个室内工位，2个室外工位。室内的8个工位，划分为两段，一段为常规必检项目，4个工位，布置成一条线；另一段为深入诊断项目，4个工位，布置成一条线。室外设有外部检视和车身密封性检视

工位。

（2）检测线能适应流水作业，易实现自动控制和检测网络化，检测效率高，若每工位各有一辆车同时检测，则可实现10辆车的在线检测。

（3）检测线不仅能全面满足各项检测要求，而且还可根据承担的检测任务，有效地进行检测项目和工位的灵活组合，合理地使用资源，使检测效率更高。主要体现在如下几点：

① 对车辆进行综合性能检测或对车辆进行技术等级评定时，应执行GB 38900—2020《机动车安全技术检验项目和方法》的规定，此时10个工位能同时在线检测10辆车；

② 对车辆进行安全环保检测时，应执行GB 7258—2017《机动车运行安全技术条件》，通过第一、二、三、四、五工位检测可以覆盖全部项目和参数，能同时在线检测5辆车；

③ 对车辆进行修理质量检测时，应执行GB/T 15746—2011《汽车修理质量检查评定方法》标准，通过第一、二、三、四、五、七、八、十工位检测，可以覆盖全部项目和参数，能同时在线检测8辆车；

④ 对车辆进行二级维护竣工检测时，应执行GB/T 18344—2016《汽车维护、检测、诊断技术规范》，通过第一、二、三、四、七、八、九工位检测，可以覆盖全部项目和参数，能同时在线检测7辆车；

⑤ 在接受委托检测时，可根据有关标准和用户要求，选择适当的检测项目和工位，能全面完成所委托的检测任务。

（4）检测时对车间的污染相对较少，原因是污染严重的第一工位、第六工位均设置在检测车间的大门入口处，检测时有害气体可直接排到室外。

2.4 汽车检测站的计算机控制系统与联网控制

2.4.1 汽车检测站的计算机控制系统

现代汽车检测站已普遍采用计算机控制系统。在全自动汽车检测线上，计算机控制系统通过控制各检测设备，能自动完成检测线相应检测项目的检测。

1. 汽车检测站计算机控制系统的组成

汽车检测站计算机控制系统通常由车辆登录子系统、测控子系统、监控子系统、业务管理子系统、财务子系统、系统维护子系统等构成，如图2-8所示。某汽车维修检测站计算机控制系统如图2-9所示。

根据实际情况，各子系统可以单独用一个工作站完成，也可以用几个工作站共同完成。如可以根据工位布置，设置一工位控制机、二工位控制机、三工位控制机、发动机综合检测仪工位控制机、底盘测功机工位控制机等工作站共同完成测控子系统的功能。

另外，还可以将几个子系统合并用一个工作站来实现，如车辆登录子系统和进线选择子系统合并、管理子系统和监控子系统合并，这样可以降低汽车检测站的联网成本。

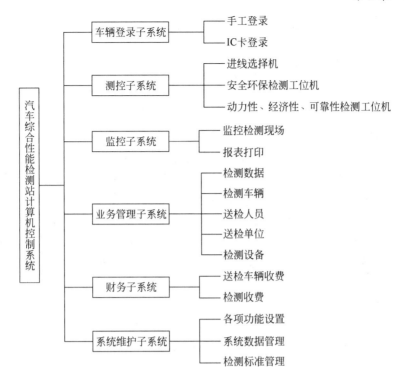

图 2-8 汽车检测站计算机控制系统的构成

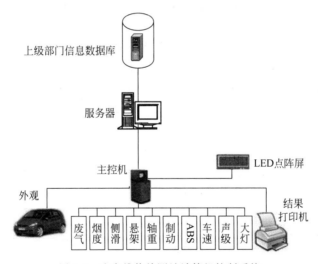

图 2-9 汽车维修检测站计算机控制系统

2. 汽车检测站计算机控制系统的功能

1) 车辆登录子系统

该子系统用于输入登录报检车辆的基本信息,如车牌号码、厂牌型号、车辆类别、车牌颜色、检测类别和检测项目等。根据这些数据,系统将安排测控系统进行检测。

目前,车辆登录子系统有手工输入和 IC 卡输入两种方法。对于首次登录的车辆必须用手工的方法进行输入。两种方法所不同的是:首次登录完成输入后,数据存储介质不同。

前者把车辆信息自动存到检测系统的注册信息数据库内,后者把车辆信息存到 IC 卡上。另外,两种方法对于老车主再次登录时的处理方法也不同。前者需先输入车牌号码和牌照类别(或车辆类别),然后自动从注册信息数据库里调出车辆信息,再补充检测项目。后者需要插入 IC 卡,按下读卡键,车辆信息自动从 IC 卡中调出,再补充检测项目。两者工作量大概相当。

2) 测控子系统

该子系统是对安全环保、动力性、经济性和可靠性等检测工位上的检测设备进行联网,按照目前的检测标准要求,安全环保检测工位要对车速表、废气、烟度、前照灯、喇叭声级、侧滑、制动、车辆外观和底盘 9 个项目进行检测,而动力性、经济性和可靠性检测工位包含的检测项目更多,主要有发动机分析、底盘测功、油耗、前轮转向和悬架性能等。

因此,系统设计时可将若干项目组合起来形成一个工位,设置一个工作站,每个工位只能有一辆汽车在线检测。可见,工位设置越多,则整个系统的检测速度就越快,但相应的硬件成本就越高。

3) 监控子系统

该子系统用于监视测控子系统各工位的工作情况以及在线车辆的检测状况和所在位置,以供休息室内的车主和其他有关人员观察检测情况,体现公平、公正的原则,提高检测的透明度。

4) 业务管理子系统

该子系统可接收登录子系统的车辆资料和测控子系统的检测结果,送至系统的信息管理数据库。应用该数据库资料可实现检测数据、车辆资料、送检单位、检测人员和检测设备的档案化管理、快速查询及有关的统计功能,从而实现系统档案资料"无纸化"管理。

5) 财务子系统

该子系统可将财务收费和检测业务结合起来,根据登录资料和检测结果自动计算检测费用并打印发票,并可以自动统计年、季、月的收支情况,实现汽车检测站的财务电算化。

6) 系统维护子系统

该子系统是为了保证汽车检测站计算机控制系统的正常工作而设置的,可实现网络系统数据、用户权限、检测标准等的管理功能。

2.4.2 汽车检测站的联网控制

20 世纪 90 年代中期以后,计算机网络技术被逐步应用到汽车检测站中,各检测站陆续安装了计算机测控及管理网络系统。该系统包含车辆登录子系统、测控子系统、监控子系统、业务管理子系统、财务子系统、系统维护子系统及其他辅助子系统等。

运用现代通信网络技术将这些子系统(或称工作站)连接成一个局域网,可以实现汽车检测站的全自动检测、全自动管理和全自动财务结算等。

此外,还可把某地区汽车检测站连成一个广域网,使上级交通管理部门可以实时地了解并监督该地区各汽车检测站的车检工作和营运车辆的检测情况。

图 2-10 为汽车检测站计算机网络结构示意图。

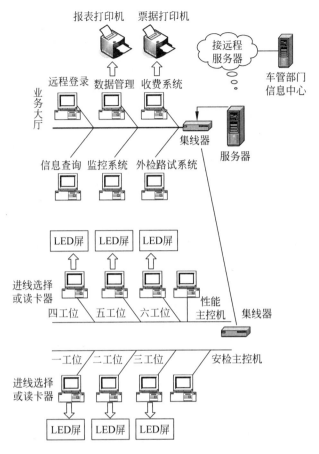

图 2-10　汽车检测站计算机网络结构示意图

2.5　检验依据与检验流程

我国针对机动车的技术检验分为安全检验和环保检验两部分。机动车必须通过安全检验和环保检验，取得合格证之后，才能合法上路行驶。

2.5.1　检验依据

1. 法律依据

《中华人民共和国道路交通安全法》第十条规定："准予登记的机动车应当符合机动车国家安全技术标准。申请机动车登记时，应当接受对该机动车的安全技术检验。……"

《中华人民共和国道路交通安全法》第十三条规定："对登记后上道路行驶的机动车，应当依照法律、行政法规的规定，根据车辆用途、载客载货数量、使用年限等不同情况，定期进行安全技术检验。对提供机动车行驶证和机动车第三者责任强制保险单的，机动车安全技术检验机构应当予以检验，任何单位不得附加其他条件。对符合机动车国家安全技术标准的，公安机关交通管理部门应当发给检验合格标志。……"

《中华人民共和国道路交通安全法实施条例》第十五条规定："机动车安全技术检验由机动车安全技术检验机构实施。机动车安全技术检验机构应当按照国家机动车安全技术检验标准对机动车进行检验，对检验结果承担法律责任。……机动车安全技术检验项目由国务院公安部门会同国务院质量技术监督部门规定。"

2. 安全检验的标准依据

GB 7258—2017《机动车运行安全技术条件》（及其修改单）是我国机动车安全管理最基本的技术标准，是《中华人民共和国道路交通安全法》中提及的"机动车国家安全技术标准"的主体部分，发挥着机动车运行安全管理技术法规的作用。

（1）该标准规定了机动车的整车及主要总成、安全防护装置等有关运行安全的基本技术要求，以及消防车、救护车、工程救险车和警车及残疾人专用汽车的附加要求。

（2）该标准适用于在我国道路上行驶的所有机动车，但不适用于有轨电车及并非为在道路上行驶和使用而设计和制造，主要用于封闭道路和场所作业施工的轮式专用机械车。

GB 38900—2020《机动车安全技术检验项目和方法》规定了机动车安全技术检验的检验项目、检验方法、检验要求，以及检验结果的判定、处置和资料存档，即《中华人民共和国道路交通安全法实施条例》第十五条中提及的"国家机动车安全技术检验标准"。

（1）该标准中的"注册登记安全检验""在用机动车安全检验"分别对应《中华人民共和国道路交通安全法》第十条、第十三条中机动车应当接受安全技术检验的两种主要情形。因此，该标准是保证《中华人民共和国道路交通安全法》及其实施条例中安全技术检验相关要求落地实施的重要技术标准。

（2）该标准规定的"检验要求"主要依据 GB 7258 确定，"检验项目"在设定时也充分考虑了 GB 7258 对各类机动车运行安全技术要求的规定。因此，该标准是保证 GB 7258 等机动车国家安全技术标准在安全技术检验环节统一、规范实施的重要手段。

（3）该标准规定了机动车安全技术检验的检验项目、检验方法、检验要求，以及检验结果的判定、处置和资料存档。

（4）该标准适用于具备检验检测资质的机构对机动车进行安全技术检验。该标准也适用于从事进口机动车检验检测的机构对入境机动车进行安全技术检验。经批准进行实际道路试验的机动车和临时入境的机动车，可参照该标准进行安全技术检验。

（5）该标准不适用于拖拉机运输机组等上道路行驶的拖拉机的安全技术检验。

3. 环保检验的标准依据

为贯彻《中华人民共和国环境保护法》和《中华人民共和国大气污染防治法》，控制汽车污染物排放，改善环境空气质量，制定了 GB 18285—2018《汽油车污染物排放限值及测量方法（双怠速法及简易工况法）》、GB 3847—2018《柴油车污染物排放限值及测量方法（自由加速法及加载减速法）》。

GB 18285—2018《汽油车污染物排放限值及测量方法（双怠速法及简易工况法）》规定了汽油车双怠速法、稳态工况法、瞬态工况法和简易瞬态工况法排气污染物排放限值及测量方法；同时规定了汽油车外观检验、车载诊断系统检查（简称 OBD 检查）、燃油蒸发排放控制系统检测的方法和判定依据。

该标准适用于新生产汽油车下线检验、注册登记检验和在用汽车检验。

该标准也适用于其他装用点燃式发动机的汽车。

GB 3847—2018《柴油车污染物排放限值及测量方法（自由加速法及加载减速法）》规定了柴油车自由加速法和加载减速法排气污染物排放限值及测量方法，以及柴油车外观检验、OBD 检查的方法和判定依据。

该标准适用于新生产柴油汽车下线检验、注册登记检验和在用汽车检验。

该标准也适用于其他装用压燃式发动机的汽车。

该标准不适用于低速货车和三轮汽车。

2.5.2 检验流程

机动车安全技术检验分为注册登记安全检验和在用机动车安全检验两大类。所谓注册登记安全检验，是指对申请注册登记的机动车进行的安全技术检验；所谓在用机动车安全检验，是指对已注册登记的机动车进行的安全技术检验。

本节以我国在用机动车安全检验流程为例，简要介绍汽车检测站的检验工作流程。

按照 GB 38900—2020《机动车安全技术检验项目和方法》的规定，我国在用机动车安全检验的基本流程如图 2-11 所示。

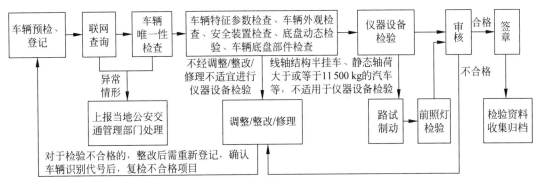

图 2-11 在用机动车安全检验流程

其中，车辆唯一性检查，是指对机动车的号牌号码和分类、车辆品牌和型号、车辆识别代号（或整车出厂编号）、发动机号码/驱动电机号码（注：发动机号码/驱动电机号码包括发动机/驱动电机的型号和出厂编号）、车身颜色和车辆外形等特征进行检查，以确认送检机动车的唯一性。

车辆特征参数检查是指对机动车的外廓尺寸、整备质量/空车质量、核定载人数等车辆主要特征和技术参数进行检查，确认与机动车国家安全技术标准、机动车产品公告、机动车出厂合格证、机动车行驶证等技术凭证资料的符合性。

底盘动态检验是指在行驶状态下，定性地判断机动车的转向、传动、制动、仪表和指示器是否符合运行安全要求。

2.5.3 检验项目

1. 机动车安全检验项目

在用机动车安全检验项目分为人工检验项目和仪器设备检验项目两部分。其中，人工检验项目主要包括车辆唯一性检查、车辆特征参数检查、车辆外观检查、安全装置检查、底盘动态检验和车辆底盘部件检查；仪器设备检验项目主要包括制动 B、前照灯 H、侧滑 A、路试制动性能 R、车辆外廓尺寸 M 以及整备质量/空车质量 Z。

机动车安全技术检验记录单据主要由人工检验表(表 2-2)和仪器设备检验表(表 2-3)两部分组成，用于记录检验结果，并据此给出检验结论。

表 2-2　机动车安全技术检验表(人工检验部分)

一、基本信息

号牌号码(编号)：　　　　车辆类型：　　　　里程表读数：　　　km
使用性质：　　　　道路运输证号：
车辆出厂日期：　年　月　日　初次登记日期：　年　月　日　检验日期：　年　月　日

二、安全检验采集信息

机动车所有人拟申报的使用性质(注册登记安全检验)：　　　　　是否全时/适时四驱：
转向轴数量：　　　　驻车制动是否使用电子控制装置：　　　　是否配备空气悬架：

三、检验结果

序号	检验项目		判定	序号	检验项目		判定
1	① 联网查询(对发生过造成人员伤亡交通事故的送检机动车，人工检验时应重点检查损伤部位和损伤情况_____；其他不符合情形_____)			5	安全装置检查	㉕ 车身反光标识	
						㉖ 车辆尾部标志板	
						㉗ 侧、后、前下部防护	
						㉘ 应急锤	
2	车辆唯一性检查	② 号牌号码和分类				㉙ 急救箱	
		③ 车辆品牌和型号				㉚ 车速限制/报警功能或装置	
		④ 车辆识别代号(或整车出厂编号)				㉛ 防抱制动装置	
						㉜ 辅助制动装置	
		⑤ 发动机号码/驱动电机号码				㉝ 盘式制动器	
		⑥ 车身颜色和车辆外形				㉞ 制动间隙自动调整装置	
3	车辆特征参数检查	⑦ 外廓尺寸(人工检验时)				㉟ 紧急切断装置	
		⑧ 轴距				㊱ 发动机舱自动灭火装置	
		⑨ 核定载人数和座椅布置				㊲ 手动机械断电开关	
		⑩ 栏板高度				㊳ 副制动踏板	
		⑪ 悬架				㊴ 校车标志灯和停车指示标志牌	
		⑫ 客车出口					
		⑬ 客车乘客通道和引道				㊵ 危险货物运输车辆标志	
		⑭ 货厢/罐体				㊶ 驾驶区隔离设施	
4	车辆外观检查	⑮ 车身外观				㊷ 肢体残疾人操纵辅助装置	
		⑯ 外观标识、标注和标牌		6	底盘动态检验	㊸ 转向	
		⑰ 外部照明和信号装置				㊹ 传动	
		⑱ 轮胎				㊺ 制动	
		⑲ 号牌/号牌板(架)				㊻ 仪表和指示器	
		⑳ 加装/改装灯具		7	车辆底盘部件检查	㊼ 转向系部件	
5	安全装置检查	㉑ 汽车安全带				㊽ 传动系部件	
		㉒ 应急停车安全附件				㊾ 行驶系部件	
		㉓ 灭火器				㊿ 制动系部件	
		㉔ 行驶记录装置				51 其他部件	

续表

序号	不合格项(填写编号和名称)	不合格项说明	备注

其他技术参数

车辆外廓尺寸/(mm×mm×mm):		轴距/mm:	
轮胎花纹深度/mm	单车 转向轮:_____ 其他轮:_____ 挂车 _____	车身对称部位高度差/mm	单车 前:左___右___高度差___ 后:左___右___高度差___ 挂车 左___右___高度差___
车厢栏板高度/mm	单车_____ 挂车_____	方向盘最大自由转动量/(°)	_____

检验人员	建议	检验时间	检验员签字
外观检验员		时 分— 时 分	
底盘动态检验员		时 分— 时 分	
底盘部件检验员		时 分— 时 分	
引车员		时 分— 时 分	
机动车所有人:	手机电话:	地址/邮编:	
备注:			

注:判定栏中填"○"为合格,"×"为不合格,"—"表示不适用于送检车。

表 2-3 机动车(适用于两轴汽车)安全技术检验表(仪器设备检验部分)

一、基本信息

检验流水号		检验类别		检验项目	
检验日期		出厂日期		初次登记日期	
号牌(自编)号		号牌种类		车辆类型	
道路运输证号		品牌/型号		燃油类别	
整备质量/kg		总质量/kg		驱动型式	
驻车轴		引车员		登录员	
机动车所有人					
车辆识别代号(或整车出厂编号)					
发动机号码/驱动电机号码			前照灯制		
驻车制动是否使用电子控制装置			转向轴悬架形式		

二、检验结果

台试检测项目		静态轮荷/kg		最大行车制动力/×10N		过程差最大差值点/×10N		空载制动				项目判定	单项次数
		左	右	左	右	左	右	行车制动率/%	不平衡率/%	驻车制动力/×10N	驻车制动率/%		
制动B	一轴												
	二轴												
	整车												
	驻车												
动态轮荷(左/右)/kg		1轴:		/		2轴:				/			

续表

前照灯 H	项目	远光发光强度/cd			项目判定	单项次数
	左外灯					
	左内灯					
	右内灯					
	右外灯					
侧滑 A					m/km	
路试制动性能 R			路试检验员			
车辆外廓尺寸 M/(mm×mm×mm)：						
整备质量/空车质量 Z：		kg/	kg/	%		
总检次数			备注			

注：判定栏中填"○"为该行项目合格，"×"为该行有不合格项目，"—"表示不适用于送检车辆，"*"表示子项目不合格。

2. 机动车环保检验项目

机动车环保检验亦称排气污染物检验，分为汽油车和柴油车两类。

汽油车环保检验按照 GB 18285—2018《汽油车污染物排放限值及测量方法（双怠速法及简易工况法）》进行，其检验项目见表 2-4。

表 2-4 汽油车环保检验项目（GB 18285—2018）

检验项目	新生产汽车下线	进口车入境	注册登记[①]	在用汽车[①]
外观检验（含对污染控制装置的检查和环保信息随车清单核查）	进行	进行	进行	进行[②]
OBD 检查	进行	进行	进行	进行[③]
排气污染物检测	抽测[④]	抽测[④]	进行	进行[⑤]
燃油蒸发检测	不进行	不进行	按 GB 18285—2018 的第 10.1.2 项规定进行	按 GB 18285—2018 的第 10.1.2 项规定进行

① 符合免检规定的车辆，按照免检相关规定进行；
② 查验污染控制装置是否完好；
③ 适用于装有 OBD 的车辆；
④ 混合动力汽车的污染物排放抽测应在最大燃料消耗模式下进行；
⑤ 变更登记、转移登记检验按有关规定进行。

柴油车环保检验按照 GB 3847—2018《柴油车污染物排放限值及测量方法（自由加速法及加载减速法）》进行，其检验项目见表 2-5。

表 2-5　柴油车环保检验项目（GB 3847—2018）

检验项目	新生产汽车下线	进口车入境	注册登记①	在用汽车①
外观检验（含对污染控制装置的检查和环保信息随车清单核查）	进行	进行	进行	进行②
OBD 检查	进行	进行	进行	进行③
排气污染物检测	抽测④	抽测④	进行	进行⑤

① 符合免检规定的车辆，按照免检相关规定进行；
② 查验污染控制装置是否完好；
③ 适用于装有 OBD 的车辆；
④ 混合动力汽车的排气污染物抽测应在最大燃料消耗模式下进行；
⑤ 变更登记、转移登记检验按有关规定进行。

2.5.4　合格证的发放

所有机动车安全检验项目经检验合格之后，即可为受检机动车发放机动车安全检验合格证（合格标志）；所有机动车环保检验项目经检验合格之后，即可为受检机动车发放机动车环保检验合格证（合格标志）。

机动车检验合格标志（图 2-12）由中华人民共和国公安部下属的车辆管理机构核发；机动车环保检验合格标志（图 2-13）由中华人民共和国环境保护部下属的各省市环保局核发。

图 2-12　机动车检验合格标志

图 2-13　机动车环保检验合格标志

机动车检验合格标志和机动车环保检验合格标志应贴于机动车前挡风玻璃的右内侧不影响驾驶人视线的地方，以便车外检验。合格标志上打孔的月份表示该车下一年度进行检验的月份。

随着相关法规的动态发展，2016 年 7 月，环保部门不再核发机动车环保检验合格标志，该标志与机动车安全检验合格标志合二为一，即受检机动车通过安全检验和环保检验之后，方能领取机动车检验合格标志（图 2-12）。

同时，随着道路监控系统（密布于道路上的摄像头监控体系）的发展成熟，亦不再强制要求将机动车检验合格标志粘贴于风挡玻璃上。

复习思考题

1. 汽车检测站的任务主要有哪些？
2. 根据检测站的服务功能不同，汽车检测站分为哪几类？
3. 简述汽车综合检测站的组成。
4. 简述汽车综合检测站的检测内容。
5. 双线综合式检测线和全能综合式检测线的工位设置各有何特点？
6. 我国机动车安全检验和环保检验的标准依据有哪些？

第3章 汽车外观与整车参数检测

🔔 **教学提示**：汽车外观与整车参数检测是汽车检测的基本内容，是车辆进行安全检验的基础检验项目。

🔔 **教学要求**：本章主要介绍汽车外观与整车参数检测的检测项目和检测方法，重点内容是汽车整车参数检测。要求学生了解汽车外观检测项目，熟悉整车参数的检测项目，掌握汽车外观与整车参数检测的基本技能。

3.1 汽车外观检测

3.1.1 汽车外观检测的必要性

汽车在使用过程中，随着行驶里程的增加，有关零件将分别产生磨损、腐蚀、变形、老化或意外损伤等情况。其结果不仅会导致整车技术状况逐渐变坏，也会使汽车的动力性下降、燃料经济性变差和工作可靠性降低，而且还会相继出现种种外观症状。

有些外观症状，如整体不周正、车身和驾驶室覆盖件开裂、油漆剥落和锈蚀等，将影响车容；有些外观症状，如前后桥、传动轴、车架和悬架等装置有明显的弯、扭、裂、断等损伤，传动轴连接螺栓松动，转向拉杆球头销的磨损松动等，会直接影响行车安全。因此，汽车外观检测是汽车运行安全检测的重要内容之一。

3.1.2 汽车外观检测方法

随着现代科学技术的发展，人们开始应用仪器设备进行汽车性能检测。但是，汽车的某些部位，特别是汽车的外观，使用任何仪器和设备进行检测都不尽完善。例如汽车外部损伤，漏水、漏气、漏油、螺栓和铆钉松动、脱落等，仍须借助检测人员的技能和经验，用感观法及简单的检测器具进行定性的、直观的检测。

汽车外观检测项目可分为两大类：对于定性检测项目可用直观检测法检测；对于定量检测项目则必须采用专用仪器设备进行检测。

送检汽车在进行外观检测之前，一般都要进行外部清洗，为此检测站应配备清洗和吹干设备。外观检测项目中，须在底盘下面进行的项目，最好在设有检测地沟(图3-1)及千斤顶或汽车举升机(图3-2)的工位上进行。

图 3-1　检测地沟

图 3-2　汽车举升机

3.1.3　整车外观检测项目

整车外观检测项目主要包括车辆唯一性认定(车辆标志检查)、车身外观、发动机舱、驾驶室(区)、发动机运转状况、灯光信号、客车内部、底盘件以及车轮的检查等。

在整车外观检测项目中,还包括底盘动态检查和地沟检查,其主要检查对象是转向系、传动系和制动系。

1. 车辆标志

车辆标志包括车辆的商标、车辆识别代号(vehicle identification number,VIN,如图 3-3 所示)、车辆号牌(牌照)、车辆铭牌、发动机型号及出厂编号、底盘型号及出厂编号等。GB 16735—2019《道路车辆　车辆识别代号(VIN)》对车辆识别代号作了具体规定。

图 3-3　打印在防火墙(发动机舱与乘员舱之间的钣金结构件)上的车辆识别代号

车辆的商标(或厂牌)、型号标记必须装设在车身前部的外表面上。

车辆必须装置车辆识别代号。VIN 是汽车的身份标识号,对于完整车辆,车辆识别代号由世界制造厂识别代号(WMI,前 3 位)、车辆说明部分(VDS,第 4~9 位)、车辆指示部分(VIS,第 10~17 位)三部分组成,共 17 位字码。

世界制造厂识别代号(WMI)是车辆识别代号的第一部分,WMI 应符合 GB 16737—2019《道路车辆　世界制造厂识别代号(WMI)》的规定。VDS 包含车型特征的描述,如车辆类型、车辆结构特征(车身类型、驾驶室类型、货箱类型、驱动类型、轴数及布置方式等)、车辆装置特征(约束系统类型、动力系统特征、变速器类型、悬架类型等)、车辆技术特性参数(车辆质量参数、车辆尺寸参数、座位数等)。VIS 的第 1 位字码代表年份,第 2 位字码代表装配厂,第 3~8 位字码用来表示生产顺序号。

VIN 必须安装在汽车上易于观察的位置。乘用车的 VIN 一般钉在靠近风窗立柱的仪表板左上方或右上方。对于商用载货车,VIN 一般是打在车架上。

上路行驶的汽车必须前后均悬挂车辆号牌(牌照)。对于拖有挂车的牵引车,除牵引车悬挂车辆号牌外,挂车也必须悬挂车辆号牌。对于大型车辆,还要求在车身尾部醒目区域喷涂车辆号牌的放大号,以便识别。车辆号牌必须保持清晰、整洁,不得以任何方式故意进行污损或遮挡。

发动机型号和出厂编号应打印在发动机气缸体侧平面上。字体为二号印刷字,型号在前,在出厂编号的两端打上星号(☆)。

底盘的型号和出厂编号应打印在金属车架易见部位。字体为一号印刷字,型号在前,编号在后,在出厂编号的两端打上星号(☆)。

车辆铭牌(图 3-4 和图 3-5)一般安装在发动机舱防火墙、前围、左右翼子板等便于接近和观察的部位。为确保牢固可靠,多采用铆钉连接或粘接方式。

图 3-4　广州本田汽车铭牌

图 3-5　东风标致汽车铭牌

2. 漏水检查

在发动机运转及停车时,水箱、水泵、缸体、缸盖、暖风装置及所有连接部位均不得有明显渗水、漏水现象。

3. 漏油检查

汽车连续行驶距离不小于 10 km,停车 5 min 后观察,不得有明显渗油、漏油现象。

4. 整体周正的检测

汽车整体应周正,左右对称,对称部位高度差不大于 40 mm。

将送检汽车停放在外部检视工位。首先目测检查,观察是否有严重的横向或纵向歪斜等现象,再用高度尺(或钢卷尺)、水平尺检测是否超过规定值。同时检查车架和车身是否变形,悬架是否断裂或刚度下降,轮胎搭配及气压是否正常等。

如果有异常,即使车体歪斜未超过规定值,亦应予以排除。否则,歪斜会越来越严重,引起操纵不稳、行驶跑偏、重心转移、轮胎磨损加剧等弊病。

5. 非法改装检验

除以上检测项目外,近年来又增加了车辆改装项目的检验,重点检验车辆是否存在非法改装。如非法改装加大尺寸的轮胎、非法改装加高护栏、非警用车辆非法加装报警器(爆闪器)、非法加装排气扩音器(俗称响鼓,或称尾喉)、车身颜色(车身颜色必须与车辆行驶证上的车身照片颜色一致),等等。

3.2 整车参数检测

3.2.1 结构参数检测

1. 汽车主要结构参数

汽车结构参数主要包括汽车外廓尺寸、轴距、轮距、前悬、后悬、驾驶室内部尺寸以及人机工程参数等。

1) 汽车外廓尺寸

汽车的外廓尺寸是指车辆的长度、宽度及高度,如图3-6所示。汽车外廓尺寸不得超过或小于规定的外廓尺寸限界。

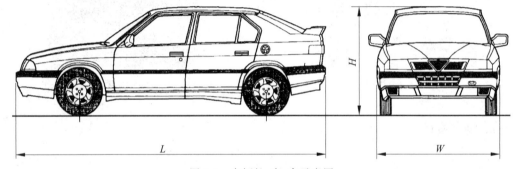

图3-6 车辆长、宽、高示意图

汽车的车长 L 指垂直于汽车的纵向对称平面并分别抵靠在汽车前、后缘外端突出部位的两垂面之间的距离。

汽车的车宽 W 指平行于汽车纵向对称平面并分别抵靠在汽车两侧固定突出部位(除去后视镜、侧面标志灯、位置灯、转向信号灯、挠性挡泥板、折叠式踏板、防滑链以及轮胎与地面接触部分的变形)的两平面之间的距离。

汽车的车高 H 指在汽车无装载质量时,汽车支承水平地面与抵靠在车辆最高突出部位的水平面之间的距离。汽车的所有固定部件均包含在这两平面内。

汽车的长、宽、高是根据汽车的用途、道路条件、装载质量(或载客量)及结构布置等因素而确定的。为了使汽车的外廓尺寸适合于本国的公路、桥梁、涵洞和公路运输的标准及保证行驶的安全性,各国对公路运输车辆的外廓尺寸均有法规限制。

我国对汽车的外廓尺寸限界规定如下:

车高≤4 m;车宽≤2.5 m;车长:货车、越野车≤12 m,客车≤12 m,铰接式客车≤18 m,半挂汽车列车≤16.5 m,全挂汽车列车≤20 m。

2) 汽车轴距

汽车的轴距是指汽车在直线行驶位置时,同侧相邻两轴的车轮落地中心点到汽车纵向对称平面的两条垂线间的距离。

3）汽车轮距

汽车的轮距是指在支承平面上,同轴左右车轮两轨迹中心间的距离(轴两端为双轮时,为左右两条双轨迹的中线间的距离)。

4）汽车前悬

通过两前轮中心的垂面与抵靠在汽车最前端(包括前拖钩、车牌及任何固定在汽车前部的刚性部件)并垂直于汽车纵向对称平面的垂面之间的距离。

5）汽车后悬

通过汽车最后端车轮的轴线的垂面与抵靠在汽车的后端(包括牵引装置、车牌及任何固定在车辆后部的刚性部件)并垂直于汽车纵向对称平面的垂面之间的距离。

后悬的长度取决于货厢的长度、轴距和轴荷分配情况,同时要保证汽车具有适当的离去角。一般来说,后悬不宜过长,否则上下坡时容易刮地;汽车转弯时,汽车通道宽度过大,容易引起交通事故。客车及封闭式车厢的汽车,其后悬不得超过轴距的65%,最大不得超过3.5 m;其他车辆的后悬不得超过轴距的55%。

对于三轴车辆,若二、三轴为双后桥,其轴距以第一轴至双后桥中心线的距离计;若一、二轴为双转向桥,其轴距以一、三轴间的轴距计。

2. 检测方法

测量前,须将汽车摆正,放在水平干燥的沥青或水泥路面上,将汽车的外廓尺寸投影在地面(或垂直墙壁)上进行测量,或直接测量汽车的外廓尺寸、内部尺寸及人机工程参数,所用工具有皮卷尺、钢板直尺、铅锤、粉笔等,检测计量单位均采用mm。

3.2.2 质量参数检测

汽车质量参数主要包括整车整备质量、总质量、装载质量、轴载质量等,质心位置参数主要包括车辆质心水平位置、质心高度等。

质量参数测定方法如下:汽车先从一个方向驶上轴重仪(图3-7),依次测量前轴、后轴

图3-7 使用轴重仪测量前轴、后轴质量

质量。当台面较大时,可依次测量前轴、整车和后轴质量。然后,汽车调头从反方向驶上轴重仪按上述程序重复测量前述几个参数。以两次平均值作为测量结果。为保证测量精度,轴重仪入口地面应与台面保持同一水平面。

测量时,汽车要停稳,发动机熄火,变速器置于空挡,制动器放松,不允许用三角木顶车轮。货厢内的载荷物装载应均匀、驾驶人和乘客座椅上放置 65 kg 的沙袋代替乘员质量。

3.2.3 通过性参数检测

通过性参数主要包括:最小离地间隙、接近角、离去角、纵向通过角、转弯直径和转弯通道圆等。

1. 测量条件

(1) 测量场地应为具有水平坚硬覆盖层的支承表面,其大小应允许汽车做全圆周行驶。
(2) 汽车转向轮应以直线前进状态置于测量场地上。
(3) 汽车轮胎气压应符合设计要求。
(4) 汽车前轮最大转角应符合该车的技术条件规定。

2. 测量仪器、设备

(1) 高度尺:量程 0～1000 mm,最小刻度 0.5 mm。
(2) 离地间隙仪:量程 0～500 mm,最小刻度 0.5 mm。
(3) 角度尺:量程 0°～18°,最小刻度 1°。
(4) 钢卷尺:量程 0～20 m,最小刻度 1 mm。
(5) 行驶轨迹显示装置。
(6) 水平仪。

3. 测量部位及载荷状况

(1) 接近角、离去角、纵向通过角的测量部位按照《汽车和挂车的术语及其定义 车辆尺寸》(GB/T 3730.3—1992)的规定执行。接近角、离去角、纵向通过角的具体数据,应在空车和满载两种状态下各测量一次。
(2) 最小离地间隙的测量部位:测量支承平面与车辆中间部分最低点的距离且指明最低点部件。测量的载荷状况为满载。
(3) 汽车转弯直径的测定方法:
① 在前外轮和后轮胎面中心的上方安装行驶轨迹显示装置;
② 汽车以低速行驶,转向盘转到极限位置,保持不动,待车速稳定后启动显示装置,使各测点分别在地面上显示出封闭的运动轨迹之后,将车开出轨迹外;
③ 用钢卷尺测量各测点在地面上形成的轨迹圆直径,应在互相垂直的两个方向测量,取算术平均值作为测试结果。

汽车向左转和向右转各测定一次。

3.2.4 稳定性参数检测

一辆汽车停放在坡度角为 α 的坡道上,其受力情况如图 3-8 所示。

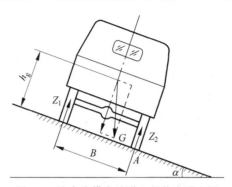

图 3-8 汽车在横向坡道上的静态受力图

汽车在横向坡道上停放,随着 α 角的增大,Z_1 减小,Z_2 增大。当汽车处于横向侧翻的临界角度 $α_0$ 时,$Z_1=0$,此时对 A 点取矩,则有

$$\frac{1}{2}GB\cos α_0 = Gh_g\sin α_0 \tag{3-1}$$

式中,G 为整车重力,N;B 为轮距,m;h_g 为质心高度,m;$α_0$ 为汽车横向侧翻的临界角度,(°)。

得到侧翻临界角度

$$α_0 = \arctan\left(\frac{B}{2h_g}\right) \tag{3-2}$$

从上面推导出的公式可见,汽车横向侧翻的临界角度 $α_0$ 与汽车的轮距和质心高度有关。即汽车的静态横向稳定性是汽车设计和结构布置合理性的重要特性之一,它将影响汽车运行中的横向稳定性,所以要求进行这方面的检验。

汽车横向侧翻的临界角度亦称最大侧倾稳定角度。GB 7258—2017《机动车运行安全技术条件》及其修改单要求,汽车在静态条件下向左侧和右侧倾斜时,其最大侧倾稳定角度应符合表 3-1 的规定。

表 3-1 汽车的最大侧倾稳定角度及测试条件(GB 7258—2017)

车辆类别	测试条件	最大侧倾稳定角度
客车、发动机中置且宽高比小于或等于 0.9 的乘用车	乘客区满载、行李舱空载	不小于 28°
专用校车	乘客区满载、行李舱空载	不小于 32°
罐式汽车和罐式挂车	满载、静态	不小于 23°
三轮汽车及三轮摩托车	空载、静态	不小于 25°
混凝土泵车、汽车起重机、总质量为装备质量的 1.2 倍以下的油田专项作业车	空载、静态	不小于 15°

续表

车 辆 类 别	测 试 条 件	最大侧倾稳定角度
其他总质量为整备质量的 1.2 倍以下的机动车	空载、静态	不小于 28°
总质量不小于整备质量的 1.2 倍的专项作业车和轮式专用机械车	空载、静态	不小于 32°
其他机动车（特型机动车、两轮普通摩托车及轻便摩托车除外）	空载、静态	不小于 35°

　　检验汽车静态横向稳定性可以在汽车倾斜试验台（图 3-9）上进行。将汽车驶上倾斜试验台，使汽车的纵向中心线平行于倾斜试验台转轴的中心线。然后汽车制动，用绳索将汽车在出现滑移或翻倒的反方向上拴住，但绳索上不应预先施加拉力。此后，将试验台缓慢而稳定地倾斜，当倾斜角达到规定值时，汽车不翻倒为合格。如若测取某汽车的最大侧倾稳定角，可将倾斜试验台继续缓慢而稳定地倾斜，当汽车出现滑移或翻倒时，即刻从测试倾斜角度指示盘上记下数值。重复进行，左右各倾斜 2~3 次，取其平均值。

图 3-9　汽车倾斜试验台

复习思考题

1. 汽车外观检测一般有哪两种方法？
2. 整车外观检测的项目主要有哪些？
3. 汽车的结构参数主要有哪些？
4. 汽车的质量参数主要有哪些？
5. 汽车的通过性参数主要有哪些？
6. 汽车的静态横向稳定性是如何检测的？

第 4 章　发动机技术状况检测诊断

教学提示：发动机技术状况的优劣直接影响汽车的动力性、经济性和可靠性，掌握汽车发动机技术状况的检测诊断方法具有重要意义。

教学要求：本章主要介绍发动机技术状况的检测设备和检测诊断方法，重点内容是发动机技术状况的检测诊断方法。要求学生了解发动机检测项目，熟悉发动机检测诊断设备，掌握发动机技术状况检测诊断的基本技能。

4.1 发动机功率检测

4.1.1 概述

发动机输出的有效功率是发动机的综合性能评价指标，通过该指标可以确定发动机的动力性，判断发动机的技术状况。因此，发动机功率检测是汽车不解体检测中最基本的检测项目。

发动机有效功率的表达式如下：

$$P_e = \frac{T_{tq} \cdot n}{9550} \tag{4-1}$$

式中，P_e 为发动机有效功率，kW；T_{tq} 为发动机转矩，N·m；n 为发动机转速，r/min。

可见，发动机有效功率的测量属于间接测量，只要能测出发动机输出轴上的转矩和此时的转速，则可通过式(4-1)求得发动机有效功率。

发动机曲轴对外输出功率时，其转矩与外界提供的阻力矩是相互平衡的。根据外界提供的阻力矩的性质，发动机功率检测方法可分为有负荷测功和无负荷测功两种。

有负荷测功时，外界提供稳定的制动负载来平衡发动机的输出转矩，此时发动机转速维持不变，因此有负荷测功也称稳态测功。

有负荷测功必须在专门台架(图 4-1)上进行，需要专门的测功设备给发动机加载。其特点是测功准确，测试时间长，测试费用高。对于发动机设计、制造及院校科研部门的性能试验，必须使用有负荷测功。

无负荷测功时，外界负载为零，只利用曲轴飞轮等旋转件的惯性力矩来平衡发动机的输出转矩，此时发动机转速必然发生变化，因此无负荷测功也称动态测功。

无负荷测功不需将发动机从车上拆下，可实现就车不解体检测。其特点是所用仪器轻便，价格便宜，测功速度快，方法简单，但测功精度较低。对于汽车维修企业、检测站和交通

图 4-1　发动机测功试验台架(发动机测功机)

管理部门,目前应用较多的是无负荷测功。

4.1.2　无负荷测功原理

根据检测方法的不同,无负荷测功分为瞬时功率检测和平均功率检测两种。所谓瞬时功率是指发动机在加速运转时某一转速所对应的功率;所谓平均功率是指发动机在加速运转时某一指定转速范围内的平均功率。

1. 发动机瞬时功率的检测

当发动机加速到转速 n 时,在该转速下的瞬时功率可表示为

$$P_t = cn \frac{\mathrm{d}n}{\mathrm{d}t} \tag{4-2}$$

式中,P_t 为瞬时功率,kW;n 为发动机转速,r/min;$\mathrm{d}n/\mathrm{d}t$ 为曲轴瞬时加速度,r/s^2;c 为系数,$c = c_1 c_2$,c_1 为与发动机转动惯量有关的常数,$c_1 = \dfrac{\pi I}{286\,500}$,$I$ 为发动机运件对曲轴中心线的当量转动惯量,kg·m^2,可通过测量或计算确定,c_2 为与发动机在某一转速下的稳态功率和动态功率差值有关的修正系数,可通过台架对比试验得到。

式(4-2)表明,发动机加速到某一转速时的瞬时有效功率与该转速及该转速下的瞬时加速度的乘积成正比。

因此,只要测出加速过程中的这一转速及其对应的加速度,即可求出该转速下的瞬时有效功率。显然,将发动机加速到标定转速,则求得的有效功率就是发动机的标定功率。

在实际应用中,往往通过测取发动机额定转速下的功率,来评价发动机的动力性,判断发动机的技术状况。

2. 发动机平均有效功率的检测

发动机在指定转速范围内的平均有效功率可表示为

$$P_{\text{eav}} = \frac{K}{\Delta T} \tag{4-3}$$

式中,P_{eav} 为平均有效功率,kW;ΔT 为发动机从初始转速 n_1 加速到终止转速 n_2 的加速时间,s;K 为测功常数。

式(4-3)表明,发动机在指定转速范围内的平均有效功率与加速时间成反比,即加速时间越短,发动机的平均有效功率越大;反之亦然。只要测出加速时间 ΔT,便可求得该转速范围内的平均有效功率。

在实际应用中,往往是将额定功率作为发动机的动力性评价指标。因此,应将测出的某一转速范围内的平均功率转化为稳态时额定转速下的功率进行对比评价。

根据稳态测功与动态测功的对比试验得知,发动机额定转速下的功率与相应加速状况下测得的平均功率之间存在一近似常量关系。

人们通常利用这种关系,根据加速时间 ΔT 与额定转速下的功率对应情况,来对无负荷测功仪进行标定。这样,通过测量加速时间就可直接测得额定转速下的功率,即发动机最大功率,从而定量评价发动机的动力性。

4.1.3 无负荷测功仪及其使用方法

目前,采用平均功率检测原理的无负荷测功仪得到了广泛的应用,下面对无负荷测功仪的组成、原理及使用方法进行说明。

1. 无负荷测功仪的组成及原理

发动机无负荷测功仪主要由转速信号传感器、转速脉冲整形装置、起始转速触发器、终止转速触发器、时标、计算与控制装置和显示装置等组成,如图4-2所示。

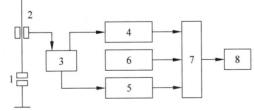

1—断电器触点(或点火触发信号);2—转速信号传感器;3—转速脉冲整形装置;
4—起始转速触发器;5—终止转速触发器;6—时标;7—计算与控制装置;8—显示装置。
图 4-2 无负荷测功仪方框图

测功时,转速信号传感器通过点火系低压(高压)电路,或高压油管处(柴油机)感应出发动机的转速脉冲信号,然后送入转速脉冲整形装置整形为矩形触发脉冲,并转变为平均电压信号,该电压值与发动机转速成正比。

在发动机加速过程中,当转速达到起始转速时,与起始转速对应的电压信号通过起始转速触发器触发计算与控制电路,使时标信号进入计数器并寄存;当发动机加速到终止转速时,与终止转速对应的电压信号通过终止转速触发器再次触发计算与控制电路,使时标信号停止进入计数器,并把寄存器中时标脉冲数经数模转换成电信号,通过显示装置显示出加速时间或最大功率。

2. 无负荷测功仪的使用方法

无负荷测功仪既可以制成单一功能的便携式测功仪,又可以与其他测试仪表组合成发动机综合检测仪。

1) 测试前的准备

(1) 调整发动机配气机构、供油系和点火系,使之处于技术完好状态;预热发动机至正常工作温度(80~90℃);调整发动机怠速,使之在规定范围内稳定运转。

(2) 接通电源,预热仪器并调零,把传感器按要求连接在规定部位。

(3) 按检测仪器的要求设置起始转速 n_1 和终止转速 n_2。

(4) 将被测发动机的转动惯量置入仪器内。若被测发动机的转动惯量未知时,则应先测定其转动惯量。

(5) 操作其他必要的键位,如机型(汽油机、柴油机)选择键、缸数选择键和测试键等。

2) 功率测试方法

常用的测试方法有怠速加速法和起动加速法两种。

(1) 怠速加速法。发动机在怠速下稳定运转,然后突然将加速踏板踩到底,发动机转速急速上升,当转速超过终止转速时,仪表显示出所测功率值。

此后应立即松开加速踏板,以避免发动机长时间高速运转。记下或打印出读数后,按"复零"键使指示装置复零。

为保证测试结果可靠,一般重复测试 3 次取其平均值。该测试方法既适用于汽油机,也适用于柴油机。

(2) 起动加速法。首先将加速踏板踩到底,然后起动发动机使其自由加速运转,当转速超过终止转速后,仪表显示出所测功率值。

起动加速法可避免因迅猛加速操作发动机引起的误差,也可排除化油器式汽油机加速泵附加供油作用的影响。

3) 使用注意事项

(1) 发动机当量转动惯量 J 值的选取要准确。J 值的大小将直接影响无负荷测功的精度,故 J 值的选取应相当慎重。通常,仪器生产厂家提供的某些车型的 J 值多为发动机台架试验测得的。

这种试验一般不带风扇和空气滤清器,与就车测试的条件不同。因此,必须使用有关部门提供的就车测试的发动机当量转动惯量 J 值。对于新型或初次测试的车型,必须经过大量的试验,并与出厂数据和发动机台架试验数据对比后,才能得出适当的当量转动惯量 J 值。

(2) 发动机加速区间的转速 n_1、n_2 的选取要适当。通常起始转速 n_1 应高于发动机怠速转速,常取发动机怠速转速的150%,以减少怠速的影响,提高测量精度;终止转速 n_2 应取额定转速,以便检测发动机最大功率。

(3) 检测时,踩加速踏板的速度和力度要均匀,且要求重复性好。

(4) 无负荷测功所测得的发动机功率(加速性能),仅仅是动力性的一个侧面,而不是全部。功率指标高的发动机其加速性能不一定优良。

(5) 无负荷测功精度一般不高,但作为发动机维修调整后的质量判断,或一般车况分析,无负荷测功是十分有效的方法。

4.1.4 各缸功率均衡性检测

各缸功率均衡性是判断发动机技术状况的重要指标,是发动机检测诊断的重要内容。各缸功率的均衡性可通过单缸功率检测和单缸断火后转速变化的检测来评价。

1. 单缸功率检测

利用无负荷测功仪检测单缸功率的方法是:先测出各缸都工作时的发动机功率,然后在某气缸断火(或断油)情况下,再测量发动机功率。两功率之差即为断火气缸的单缸功率。

技术状况良好的发动机,其运转应平稳,各缸功率应一致。但发动机长期使用后,由于结构、供油系以及点火系方面的差异,各气缸实际发出的功率还是会有所不同,特别是当某气缸存在故障时,这种差别就更大。

例如,在某一转速下,若某气缸火花塞突然断火,该气缸就不能做功,发动机总功率就会下降。采用将各缸轮流断火的方法,测试发动机各单缸功率,可以判断各缸技术状况是否良好。

若各单缸功率相同,则说明发动机各缸功率均衡性好;若某缸断火后,测得的功率没有变化,则说明其单缸功率为零,该缸完全不工作;若发动机单缸功率偏低,则一般为该缸高压线、分线插座或火花塞技术状况不佳、气缸密封性不良所致,应更换、调整或维修。

2. 单缸断火后转速变化的检测

发动机在一定转速下运行时,若某缸突然断火,则发动机的指示功率减少,导致克服原转速的摩擦功率不够,从而使发动机重新平衡运转的转速降低。因此,可以利用在单缸断火情况下测得的发动机转速下降值,来评价各缸的工作状况。

通常在发动机各缸工作都正常的情况下,以某一平衡转速下单缸断火时发动机转速下降的平均值作为诊断标准。表 4-1 给出了某些发动机以 800 r/min 转速稳定工作条件下,单缸断火后转速下降平均值的诊断标准。

表 4-1 发动机单缸断火后转速下降平均值

发动机气缸数	转速下降平均值/(r/min)
4	80~100
6	60~80
8	40~60

若各缸轮流断火时,转速下降的幅度大而且基本相同,则说明各缸工作状况良好,各缸功率均衡性好;若各缸转速下降的幅度差别很大,则说明各缸功率均衡性差,有些缸工作不正常;若某缸转速下降的幅度比标准低,则说明其单缸功率小,该缸工作状况不良;若某缸转速下降值等于零,则说明其单缸功率为零,该缸不工作。

检测时,单缸断火后的转速下降值应符合诊断标准,且要求最高和最低下降值之差不大于转速下降平均值的30%。

应该指出,利用单缸断火后转速下降值来检测各缸功率均衡性,对于缸数很多(8缸以上)的发动机是不适宜的。因为气缸数越多,单缸断火后转速下降值就越小,测量误差就越大,判断各缸工作性能的难度就越大。

4.1.5 发动机综合检测仪

发动机综合检测仪(图4-3)是所有汽车检测设备中功能最多、检测项目和涉及系统最广的装置,因而它的结构也较复杂,技术含量也较高。

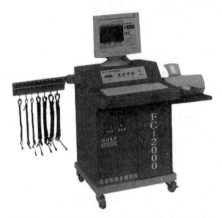

图4-3 FC-2000系列发动机综合检测仪

发动机综合检测仪主要是在检测线上或汽车维修厂内就车检测,对发动机各系统的工作状态,如点火、喷油、电控系统和传感元件以及进排气系统和机械工作状态等的静态和动态参数进行分析,为发动机技术状态的判断和故障诊断提供科学依据。有专家系统的发动机综合检测仪还具有故障自动判断功能,有排气分析选装件的检测仪还能测定汽车排放指标。

1. 发动机综合检测仪的基本功能

(1)无负荷测功功能,即加速测功法。

(2)检测点火系。初级与次级点火波形的采集与处理、平列波、并列波与重叠波和重叠角的处理与显示,断电器闭合角和开启角、点火提前角的测定等。

(3)机械和电控喷油过程各参数(压力、波形、喷油脉宽、喷油提前角等)的测定。

(4)进气歧管真空度波形测定与分析。

(5)各缸工作均匀性测定。

(6)起动过程参数(电压、电流、转速)测定。

(7)各缸压缩压力判断。

(8)电控供油系各传感器的参数测定。

(9)万用表功能。

(10)示波器功能。

(11)排气污染物分析功能。

2. 发动机综合检测仪的特点

(1)动态测试功能。它的信号提取系统和信号采集装置能迅速准确地捕获发动机各瞬变参数的时间函数曲线,这些动态参数是对发动机进行有效判断的科学依据。

(2) 通用性。测试过程不依据被检汽车的数据卡(即测试软件);只针对基本结构和各系统的形式和工作原理进行测试。因此,其检测结果具有良好的普遍性,其检测方法同样也具有最广泛的通用性。

(3) 主动性。发动机综合检测仪不仅能实时采集发动机的动态参数,而且能主动地发出指令干预发动机工作,以完成某些特定的试验程序,如断缸试验等。

4.2 气缸密封性的检测诊断

4.2.1 气缸压缩压力的检测诊断

气缸压缩压力是指缸内气体压缩终了的压力。它是气缸密封性最直接的评价指标,常用来诊断发动机性能和气缸-活塞组的技术状况。

1. 气缸压缩压力的检测

1) 用气缸压力表检测

(1) 检测仪表。常用气缸压力表检测气缸压缩压力,气缸压力表(图 4-4)有多种结构形式,一般由表盘、导管、单向阀和接头等组成。

压力表盘的作用是指示压力;压力表接头的作用是连接火花塞或喷油器安装孔,有螺纹管接头和锥形或阶梯形橡胶接头两种;单向阀的作用是,当阀处于关闭位置时可保持测得的气缸压缩压力读数,当阀打开时可使压力表指针回零。

(2) 检测方法。发动机气缸压缩压力的检测方法如下:

① 将发动机运转至正常工作温度(冷却液温度达 70~90℃)后停机;

② 拧出各缸火花塞或喷油器,以减少曲轴转动阻力;汽油机还应将节气门全开,以减少进气阻力;

③ 将气缸压力表锥形橡胶接头压紧在火花塞或喷油器安装孔上,如图 4-5 所示;

图 4-4 气缸压力表

④ 用起动机带动发动机运转,其转速应符合原厂规定,3~5 s 后从压力表上读取最高压力数值;

⑤ 为使测量数据准确,每缸应重复测量 2~3 次,取其平均值作为被测气缸的压缩压力;

⑥ 依次测量各缸,即可得到各缸的压缩压力。

(3) 检测特点。用气缸压力表检测发动机气缸压缩压力的特点如下:

① 检测实用可靠、简单易行,适用于气缸组技术状况的常规诊断;

② 检测效率低,需拆火花塞或喷油器(柴油机),且需逐缸测量,不适应现代化检测要求;

③ 检测精度受发动机转速变化的影响大。研究表明,当曲轴转速低于 1000 r/min 时,较小的转速变化也会带来较大的气缸压缩压力值的变化。为减少测量误差,应使发动机检测转速符合要求。

2) 用电子气缸压缩压力测量仪检测

(1) 检测原理。电子气缸压缩压力测量仪可在不拆卸火花塞或喷油器的情况下,测定发动机各缸的压缩压力。典型的检测原理是利用电流传感器测出起动机起动过程中启动电流的变化波形来测定发动机的各缸压缩压力。

起动机驱动发动机时起动阻力矩与启动电流呈线性关系,即起动阻力矩越大,启动电流就越大。发动机起动阻力矩是由机械阻力矩和缸内压缩气体的反力矩两部分组成的,正常情况下机械阻力矩可认为是常数,而缸内压缩气体的反力矩则是随气缸压缩过程而波动的变量。

因此,起动发动机时,启动电流的变化与气缸压缩压力的变化存在着对应的关系,所以可通过测量反映阻力矩波动的起动机电流变化曲线来确定气缸的压缩压力。

图 4-6 所示是 6 缸发动机启动电流与曲轴转角变化的关系曲线。它清楚地表明,启动电流值是变化的,其变化是因气缸内压缩压力的波动而引起的,其电流波形各段的峰值与各缸的最大压缩压力成正比。

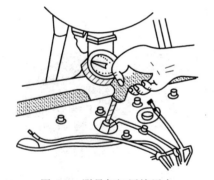
图 4-5　测量气缸压缩压力

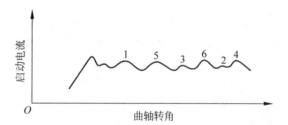
图 4-6　6 缸发动机启动电流与曲轴转角变化的关系曲线

若能确定某一电流峰值所对应的气缸,则可按点火次序确定各缸所对应的启动电流峰值,其大小可代表相应气缸最大压缩压力值。通常各缸电流波形峰值所对应的缸号是通过点火传感器或喷油传感器先确定第一缸波形的位置而推得的。

检测时,若显示的各缸电流波形振幅一致,且峰值又在规定范围内,则说明各缸压缩压力符合要求;若各缸波形振幅不一致,对应某缸电流峰值低于规定范围,则说明该缸压缩压力不足。

国产 QFC-5 型、WFJ-1 型发动机综合检测仪就是依据上述原理检测发动机气缸压缩压力的。也有不少发动机检测仪把启动电流的波形变成直方图来显示各缸的压缩压力,非常直观。

(2) 检测方法。用电子气缸压缩压力测量仪检测气缸压缩压力的方法如下:

① 将发动机运转至正常工作温度(冷却液温度达 70～90℃)后停机;

② 连接测量仪电源及传感器接线,并预热调节测量仪至正常状态;

③ 按测量仪的检测规定操作,使起动机以规定的转速驱动发动机运转但不着火;

④ 测量仪屏幕将显示启动电流曲线或对应气缸压缩压力的直方图、各气缸压缩压力;
⑤ 视需要打印输出检测结果。
(3) 检测特点:检测速度快、效率高,适用于发动机一般技术状况的定性检查。

2. 气缸压缩压力的诊断

1) 气缸压缩压力诊断标准

发动机气缸压缩压力标准值一般由制造厂提供。由于发动机结构和压缩比不同,各车型气缸压缩压力的标准值也不尽相同,几种常见车型发动机气缸压缩压力的标准值见表4-2。

表4-2 几种常见车型发动机的气缸压缩压力标准

车型	发动机型号	压缩比	气缸压力/kPa	测定转速/(r/min)
桑塔纳2000	AFE	9.0	1000~1300	200~250
	AJR	9.5	1000~1300	200~250
本田雅阁	K24Z2	8.9	930~1230	200~250
丰田卡罗拉	9NR-FTS	10.0	900~1200	200~250
大众新捷达	RSH	10.5	1000~1300	200~250
大众途安	BJZ	10.1		
现代索纳塔	NU	10.3	900~1300	200~250
现代途胜	GAMMA	10.3		
福特蒙迪欧	Durates	10.0	1000~1300	200~250
雪弗兰科鲁兹	Ecotec	10.5		

对于发动机大修的竣工检验,根据GB/T 15746—2011《汽车修理质量检查评定方法》的规定,发动机各气缸压缩压力应符合原设计规定;其压力差汽油机应不超过各缸平均压力的5%,柴油机应不超过8%。

2) 气缸压缩压力诊断

根据气缸压缩压力检测的结果,可以评价发动机的技术状况。若气缸压缩压力超过标准,过低或过高,则说明发动机气缸组技术状况不良,存在故障。通常可根据以下几种情况作出诊断。

(1) 有的气缸在2~3次测量中,压力读数时高时低,相差较大,说明其进排气门有时关闭不严。

(2) 一缸或数缸压力偏低,可以用20~30 mL清洁而黏度较大的机油注入压力偏低缸的火花塞或喷油器孔内再测量气缸压力。

若压力上升并接近标准压力,则说明该气缸、活塞环、活塞磨损过大或活塞环对口、卡死或气缸壁拉伤等;若压力基本无变化,则说明该缸进排气门关闭不严或气缸衬垫密封不良。

(3) 相邻两缸压力相当低,而其他缸正常,加注机油后检测其压力仍然很低,说明相邻两缸间气缸衬垫烧损窜气。

(4) 个别缸压力偏高,说明这些缸可能因积炭过多而导致燃烧室容积减少。

(5) 各缸压力都偏高,汽车行驶中又出现过热或爆燃,则可能是燃烧室积炭过多,或经几次大修而使缸径加大、缸盖接合平面修理磨削过度,或气缸衬垫过薄而使压缩比增大所致。

4.2.2 气缸漏气量的检测诊断

气缸漏气量是指活塞处于压缩行程上止点附近时缸内一定压力的气体,通过气缸-活塞组配合副间隙、活塞环对口、进排气门密封面、气缸衬垫密封面泄漏的空气量,它直接反映气缸密封性。气缸漏气量越大,则气缸密封性就越差。

1. 气缸漏气量的检测

1)检测原理

气缸漏气量的检测可通过气缸漏气量检测仪进行。图4-7所示为QLY-1型气缸漏气量检测仪,主要由调压阀、出气阀、进气压力表、测量表、空气量孔、橡胶软管、快换管接头和充气嘴等组成。

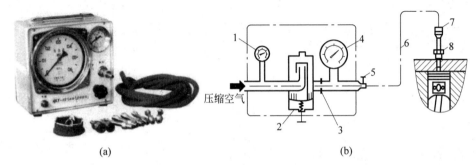

1—进气压力表;2—调压阀;3—空气量孔;4—测量表;5—出气阀;6—橡胶软管;7—快换管接头;8—充气嘴。

图4-7 QLY-1型气缸漏气量检测仪

(a)实物照片;(b)结构原理图

此外,还得配备外部气源、活塞位置指示器。其中,外部气源用以提供相当于气缸压缩压力的压缩空气,压力一般为600~900 kPa;而活塞位置指示器用来确定各缸活塞压缩行程及其上止点位置。

检测时,发动机不运转,活塞处于压缩行程上止点附近,从火花塞或喷油器安装孔处通入一定压力的空气,通过测量气缸内空气压力的变化情况,来表征气缸漏气量。

当经过调控的一定压力 p_1 的压缩空气,经空气量孔进入处于压缩行程终了的气缸时,由于各配合副有一定的间隙,压缩空气将从气缸内的不密封处泄漏出去,所以空气量孔后面的空气压力下降为 p_2,根据流体力学原理,压力差为

$$p_1 - p_2 = \rho \frac{Q^2}{2\alpha^2 A^2} \tag{4-4}$$

式中,Q 为空气漏气量;A 为空气量孔截面积;α 为空气量孔阻力系数;ρ 为空气密度。

由式(4-4)可知,当进气压力一定,空气量孔截面积及技术条件一定时,压力差或者 p_2 的大小就决定了漏气量 Q。因此,通过测量表的压力检测就可得到气缸漏气量。通常,测量表上气缸漏气量的标定单位为 kPa 或 MPa。

若测量表的标定单位为百分数,则这种检测仪可用来检测气缸漏气率。这种检测仪的标定方法是:接通外部压缩空气,关闭出气阀,调整调压阀,使测量表指针指向额定进气压

力,并将其作为0点,表示漏气率为零,气缸不漏气。打开出气阀,让压缩空气全部经空气量孔后与大气相通,此时压力表指示刻度标为100%,表示漏气率为100%,气缸内的压缩空气全部漏掉。将测量表0~100%等分100份,每一份即为1%的漏气量。

2) 检测方法

下面以QLY-1型气缸漏气量检测仪为例,说明汽油机气缸漏气量的检测方法。

(1) 将发动机预热至正常工作温度后停机。

(2) 用压缩空气吹净火花塞孔处的脏物,并拧下所有火花塞,装上充气嘴。

(3) 转动曲轴,使第一缸活塞位于压缩行程上止点,并拆下分电器盖及分火头,装上活塞位置指示器,如图4-8所示。

(4) 将变速器置于1挡,并拉紧驻车制动,以防压缩空气进入气缸后推动活塞下移。

(5) 调定测量表初始压力。将仪器与气源接通,在出气阀完全关闭情况下,调整调压阀,使测量表初始压力为400 kPa。

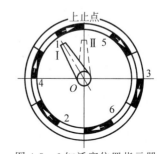

图4-8 6缸活塞位置指示器

注:Ⅰ为压缩行程开始位置;

Ⅱ为压缩行程上止点;

发动机工作顺序为1—5—3—6—2—4。

(6) 在第1缸充气嘴接上快换管接头,打开出气阀,向第1缸充入压缩空气,此时测量表的读数便反映了该缸的漏气量。同时监听可能漏气部位是否有漏气声,以便确诊故障所在位置。

(7) 转动曲轴,根据点火顺序,使活塞位置指示器指针指向各缸压缩行程上止点位置,按上述方法分别检测各缸漏气量。为使检测结果可靠,各缸应重复再检测一次。

2. 气缸漏气的故障诊断

1) 气缸漏气诊断标准

检测气缸漏气量时,测量表读数越接近其调定的初始压力,说明其漏气量越少,气缸密封性越好。QLY-1型气缸漏气量检测仪使用说明书规定:对于国产货车发动机,在测量表调定初始压力为400 kPa条件下,当测量表读数大于或等于250 kPa时,表示气缸密封性正常,发动机可继续使用。当测量表读数小于250 kPa时,表示气缸密封性差,不符合要求,应确诊故障部位并排除故障。

检测气缸漏气率时,测量表读数越大,表示漏气量越多。通常,漏气率在0~10%,表示气缸密封性良好;漏气率在10%~20%,表示气缸密封性一般;漏气率在20%~30%,表示气缸密封性较差。

一般来说,当漏气率达30%~40%时,若能确认进排气门、气缸衬垫、气缸盖和气缸套等是密封的,则说明气缸活塞摩擦副的磨损临近极限值,已到了需更换活塞环或镗磨气缸的程度。

2) 气缸密封性故障诊断

若气缸密封性不符合要求,则检测时可采用下列辅助手段诊断其故障部位。

(1) 在空气滤清器入口处监听,若有漏气声,则表明该缸进气门与座密封不良。

(2) 在消声器管口处监听,若有漏气声,则表明该缸排气门与座密封不良。

(3) 在散热器加水口处观察,若有气泡冒出,则表明该缸与水道相通,多为气缸衬垫密封不良漏气所致。

(4) 在被测气缸相邻缸火花塞安装孔处监听,若有漏气声,则表明相邻两缸之间的气缸衬垫烧穿漏气。

(5) 经上述检查,若其进排气门、气缸衬垫等处不漏气,而检测的气缸漏气量仍超标,则表明气缸与活塞的磨损严重使配合间隙过大,或者活塞环对口、损坏、弹性不足而失去密封作用,导致漏气量过大。此时,在曲轴箱机油尺插孔处能监听到严重的漏气声。

(6) 通过检测活塞在压缩行程进气门关闭后不同位置的气缸漏气量变化,可以估计各气缸纵向磨损情况。

4.2.3 曲轴箱窜气量的检测

测定曲轴箱窜气量是检测气缸密封性的重要手段,气缸-活塞组配合副磨损、间隙增大,或活塞环对口、断裂及拉缸时,窜入曲轴箱的气体量将会增加,发动机动力性会随之下降。

据统计,新发动机曲轴箱窜气量为 15～20 L/min,磨损后的发动机窜气量可高达 80～130 L/min。

采用曲轴箱窜气量作为诊断参数,可间接了解气缸-活塞组结构参数的变化状况,并诊断其故障。

曲轴箱窜气量还与发动机的负荷、转速及曲轴箱的密封性有关,因而在测定这项参数时,应注意密封曲轴箱和选择适当的发动机负荷与转速范围。

1. 检测仪器的基本原理与结构

曲轴箱窜气检测仪(图 4-9)结构形式很多,但工作原理基本一致。测头和测量接头如图 4-10(a)所示,测头基于节流原理。

测量时将测量接头下端与机油加注口紧密相接,测头传感线与表相接。B 孔与大气相通。当发动机曲轴箱有气体窜出时,窜气以速度 v 通过中心孔排入大气。由于中心孔有气体流过,A 点压力 p_A 便低于大气压力,B 点为大气压力 p_0。于是,在支管中的 A、B 两端便产生压力差 p_0-p_A,它使空气由 B 点流向 A 点。

大气压力 p_0 是一个定值,而 A 点压力 p_A 是随中心孔窜气流速 v 的变化而变化,即窜气量的大小决定着支管中空气流速的大小。这样,只要测出支管中空气流量的大小,便可得出曲轴箱窜气量。为达到这一目的,在支管中串联一个灵敏度很高的测头。

测头信号的转换原理如图 4-10(b)所示,其测头为热敏元件,当一恒定电流通过加热线圈时,其热敏元件内温度升高并于静止空气中达到一定数

图 4-9 CQY-J 型发动机曲轴箱窜气检测仪

值。此时,其内测量元件热电偶产生相应的热电势,并被传送到测量指示系统。此热电势与电路中产生的基准反电势互相抵消,使输出信号为零,仪表即指在零位。

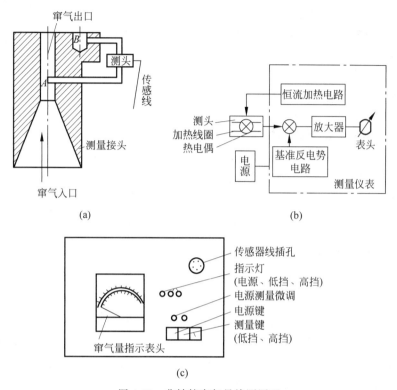

图 4-10　曲轴箱窜气量检测原理
(a) 测头及接头示意图；(b) 测头信号的转换原理；(c) 测量仪面板图

若测头热敏元件有空气流过时,因热交换使热电偶热电势发生变化,并与基准电势比较后产生微弱差值信号,经仪表内放大器放大后推动表头工作,显示窜气量的大小。因这种传感方式测头不接触发动机的窜气,可避免对测头的污染,同时保证了测量精度。

测量仪表由放大电路、表头、按键、微调器、指示灯和传感器线插孔等组成,如图 4-10(a)、(c)所示。放大电路的作用是将传感器的信号放大处理后传给表头并转换成窜气量值显示。

当按下电源键时,电源指示灯亮,未检测时表头指针应指向零位,否则,可通过电源微调钮调整。按键分两挡,按低挡时检测值在表头的上行刻度显示,按高挡时在下行刻度显示。

2. 测试过程

(1) 调整测量表头。按下电源键和低挡键,传感器线插入插孔,测量接头平放,中心孔无气流通过,将表头指针调整到零位。

(2) 堵塞曲轴箱各通风孔、油尺孔等,仅保留加机油口为窜气孔。

(3) 气压制动汽车的发动机须拆除空气压缩机,以免气体通过回油孔充入曲轴箱,影响窜气量的测量。

(4) 起动发动机,在正常热状态下开始测试。

3. 测试结果分析

(1) 在用发动机的曲轴箱窜气量应符合标准,标准一般为同车型测量积累数据。

(2) 在定期检测中,若某次窜气量测量值突然明显增加,则可能是活塞环对口所致;在变动工况测试时,若稳定低速比高速时窜气量大,则说明活塞环磨损已接近使用极限。

(3) 在某一稳定转速检测时,若指针无规律按一定幅度摆动,则说明有拉缸或断环故障。

4.2.4 进气歧管真空度的检测诊断

进气歧管真空度是指进气歧管内的进气压力与外界大气压力之差。其真空度数值随气缸-活塞组的磨损而变化,并与配气机构零件状况以及点火系和供油系的调整有关。因此,检测进气歧管真空度不仅可以评价发动机气缸的密封性,还能诊断相关系统的故障。

1. 用真空表检测诊断

1) 进气歧管真空度的检测

真空表是检测汽油机进气歧管真空度最常用的工具,它主要由表头和软管构成,软管一头固定在真空表上,另一头可方便地连接在进气歧管的检测孔上。

真空度的检测通常在怠速条件下进行,因为怠速时进气歧管真空度较高,同时技术状况良好的汽油机怠速时,进气歧管真空度具有较为稳定的数值。另外,怠速时真空度对进气歧管和气缸密封性不良状况最为敏感。进气歧管真空度检测步骤如下:

(1) 预热发动机至正常工作温度;

(2) 将真空表软管与进气歧管上的检测孔连接;

(3) 将变速器置于空挡,使发动机怠速稳定运转;

(4) 在真空表上读取真空度读数,如图4-11所示,白针表示稳定,黑针表示漂移;

(5) 必要时,按规定改变节气门的开度,以真空度读数的变化情况来诊断相关故障。

2) 检测结果的诊断

(1) 进气歧管真空度诊断标准。一般进气歧管真空度在怠速时都有规定的正常值和波动范围。根据GB/T 15746—2011《汽车修理质量检查评定方法》的规定,大修竣工的汽油发动机在怠速时,进气歧管真空度应在57~70 kPa范围内;进气歧管真空度波动:6缸汽油机不超过3 kPa,4缸汽油机不超过5 kPa(大气压力以海平面为准)。

进气歧管真空度随海拔高度升高而降低。海拔每升高1000 m,真空度将降低10 kPa左右。因此,进气歧管真空度的诊断标准,也应根据当地海拔高度进行修正。

(2) 进气歧管真空度诊断分析。检测时,通过对真空表指针摆动状态的研判和对进气歧管真空度检测结果的分析,可诊断发动机的技术状况和故障,下面是一些典型的诊断实例。

① 怠速时,若真空表指针稳定在57~70 kPa之间,如图4-11(a)所示,则表明气缸密封性正常。海拔高度每升高500 m,真空度应相应降低4~5 kPa。

② 怠速时,若真空表指针跌落3~23 kPa,如图4-11(b)所示,而且指针有规律地摆动,

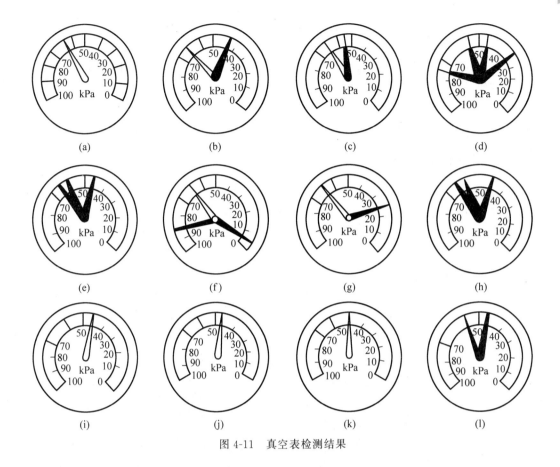

图 4-11 真空表检测结果

则表明气门与气门座密封不良。

③ 急速时,若真空表指针时常快速跌落 10～16 kPa,如图 4-11(c)所示,则表明气门与导管卡滞。

④ 急速时,若真空表指针在 33～74 kPa 范围内缓慢摆动,且随发动机转速升高摆动加剧,如图 4-11(d)所示,则表明气门弹簧弹力不足。

⑤ 急速时,若真空表指针较正常值低 10～13 kPa,且缓慢地在 47～60 kPa 范围内摆动,如图 4-11(e)所示,则表明气门导管磨损严重。

⑥ 当发动机转速升至 2000 r/min 左右时,突然关闭节气门,若真空表指针迅速跌落至 6～16 kPa 以下;当节气门关闭时,若指针不能恢复到 83 kPa,如图 4-11(f)所示,则表明活塞环失效。当快速开启节气门时,若指针不低于 6～16 kPa,则表明活塞环工作状况良好。

⑦ 急速时,若真空表指针从正常值突然跌落至 23 kPa,随后指针又恢复至正常值,在发动机运转过程中,真空表指针总是这样来回地波动,如图 4-11(g)所示,则表明气缸衬垫窜气。

⑧ 急速时,若真空表指针不规则跌落,如图 4-11(h)所示,则表明发动机的混合气过稀;若真空表指针缓慢摆动,则表明发动机的混合气过浓。

⑨ 急速时,若真空表指示值比正常值低 10～30 kPa,但很稳定,如图 4-11(i)所示,则表明进气歧管衬垫漏气。

⑩ 急速时,若真空表指针稳定地指示在 47～57 kPa 之间,如图 4-11(j)所示,则表明发动机点火过迟。

⑪ 急速时,若真空表指针稳定地指示在 27～50 kPa 之间,如图 4-11(k)所示,则表明发动机气门开启过迟。

⑫ 急速时,若真空表指针缓慢地摆动在 47～54 kPa 之间,如图 4-11(l)所示,则表明火花塞电极间隙太小,断电器触点接触不良。

2. 用示波器检测诊断

往复式活塞发动机的进气过程是间歇的,这必然引起进气压力脉动,导致进气歧管真空度波动,而气缸密封状况会影响进气歧管真空度波动的波形。

因此,通过示波器不解体检测发动机进气歧管真空度波形,可以分析、判断气缸密封性和诊断相关机件的故障。

1)进气歧管真空度波形检测

由传感器采集到的进气歧管真空度的电压信号,经仪器处理后送入示波器,仪器屏幕上便显示出进气歧管真空度波形。进气歧管真空度波形的检测步骤如下。

(1)预热发动机至正常工作温度。

(2)将检测仪真空度传感器与发动机相应部件连接。对于化油器式发动机,其连接如图 4-12 所示。对于电控燃油喷射发动机,有的采用三通接头使传感器与发动机真空软管相连,有的在进气歧管上装专用传感器相连。

(3)使发动机稳定运转在规定转速。

(4)开启检测仪器,示波器则显示被检测发动机进气歧管真空度的波形,图 4-13 所示是 4 缸发动机进气歧管真空度的标准波形。

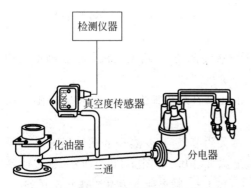

图 4-12 真空度传感器与发动机的连接

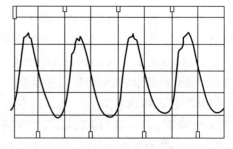

图 4-13 4 缸发动机进气歧管真空度的标准波形

2)进气歧管真空度波形分析

发动机技术状况良好时,各缸进气歧管真空度波形基本相似,只是因进气歧管形状与断面情况不尽相同,致使其进气真空度波形稍有差异。

但若气缸的结构参数或技术状况变化,则进气歧管真空度波形会有明显改变,如气缸与活塞配合副磨损使其密封性变差、气缸衬垫或气门漏气、气门弹簧弹性不足、混合气过浓或过稀等均会引起进气歧管真空度波形的改变,由此判断发动机故障是十分方便有效的。

诊断时,将发动机进气歧管各缸真空度的检测波形进行对照比较,若各缸进气过程所造成的进气歧管负压基本一致,且与标准波形相同,则说明该发动机进气系统和气缸-活塞组技术状况正常;若个别气缸波形异常,则说明进气系统和气缸-活塞组存在故障。

图 4-14 是 4 缸发动机第 4 缸进气门严重漏气的进气歧管真空度波形。

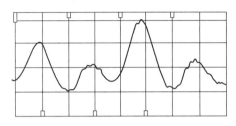

图 4-14 4 缸发动机第 4 缸进气门漏气的进气歧管真空度波形

4.3 点火系的检测诊断

4.3.1 点火波形的检测

1. 点火波形检测仪器

汽油机点火波形常用汽车专用示波器来检测。示波器是指用波形显示或记录电量(如电压、电流等)随时间变化关系的仪器,它是一种多用途的测量仪器。

汽车专用示波器是指主要用于汽车有关波形、参数检测的仪器,它能检测点火波形、供油压力波形、真空度波形、异响波形、汽车电控元件信号波形等。

汽车专用示波器(图 4-15 和图 4-16)既可以制成单一功能的示波器,也可以制成多功能的示波器。

 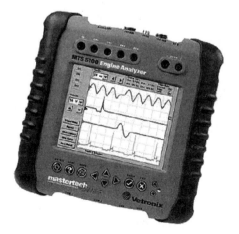

图 4-15 S2800 发动机综合示波器　　图 4-16 MTS5100 发动机综合示波器

1) 仪器的组成

图 4-17 所示的发动机综合检测仪是一种多功能汽车专用示波器。它主要由检测探头、外接线、电控系统和显示器等组成。

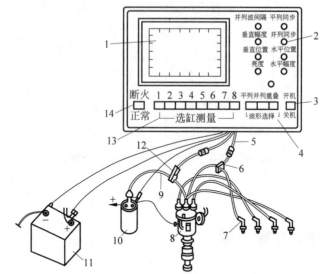

1—显示器；2—波形控制旋钮；3—电源开关；4—波形选择按钮；5—外接线；
6,12—探头(感应夹)；7—火花塞；8—分电器；9—中央高压线；10—点火线圈；
11—蓄电池；13—选缸测量按钮；14—断火按钮。

图 4-17 汽车专用示波器及其连接

检测探头及外接线用于连接测量点,并向示波器输入信号。检测探头实际上就是示波器的信号获取装置(传感器),它用来感应测量点的被测信号,该信号通过其外接线传输给示波器的电控系统。

电控系统用来接收、处理外接线输入的信号和波形控制旋钮输入的控制信号,并传送给显示器控制输出波形。现代示波器多是带有微处理器的电控系统,它能将模拟电压信号转换为数字信号输至显示器,并具有记忆功能,能实现对检测波形的显示、记录、打印和储存。

显示器用来显示被测信号的波形,以供检测人员观测和分析。传统的汽车专用示波器多采用阴极射线管(CRT)显示器；现代汽车专用示波器多采用液晶显示器(LCD),它属于非发光显示,具有工作电压低(一般为 3 V)、耗电少、显示面积大、图形清晰度高、体积小及质量轻等优点。

2) 仪器的示波原理

仪器的示波原理与显示器的类型有关,下面分别介绍阴极射线管显示器和液晶显示器的示波原理。

(1) 阴极射线管显示器示波原理。阴极射线管显示器主要由电子枪、偏转板和荧光屏等组成,如图 4-18 所示。

电子枪向荧光屏发射电子束并使之撞击荧光屏,激发荧光屏内表面磷层产生光亮点。偏转板有两组：水平放置的两块称为垂直偏转板,垂直放置的两块称为水平偏转板。当偏转板带有电荷时,偏转板间便形成电场,电子枪发射的电子束经过这些电场时,其方向就会偏转。

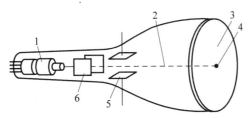

1—电子枪；2—电子束；3—荧光屏；4—光亮点；5—垂直偏转板；6—水平偏转板。

图 4-18 阴极射线管显示器

在水平偏转板电场的作用下，电子束在荧光屏上的光亮点由屏幕的左端移向右端，扫出一条亮线，然后再从右至左变暗回扫，因其扫描速度很快，所以屏幕上能看到的是一条光亮的直线。

当示波器接收被测信号时，垂直偏转板便从示波器电路接收到与被测信号电压变化成比例的电荷，于是电子束在从左到右扫描的同时，又在垂直偏转板电场作用下上下移动，从而在荧光屏上扫出一条信号电压随时间而变化的波形曲线。

（2）液晶显示器示波原理。液晶显示器屏幕为双玻璃夹层结构，夹层间填充液晶。当在液晶上加电场时，液晶分子重新排列，从而改变液晶的透光特性，使光线能按照控制的方式通过并显示其检测信号波形。

3）仪器的调节与使用

（1）仪器的调节。汽车专用示波器的调节主要是指对 Y 轴电压和对 X 轴时间的调整。对于非微机控制的示波器，一般采用开关、按键和旋钮等实现对波形的垂直幅度、水平幅度、垂直位置、水平位置、亮度和清晰度等的调整。

对于微机控制的示波器，通常采用菜单式操作，可用按钮或鼠标选择所需的检测或调整项目。有的汽车专用示波器具有自动设定功能，可免除手动调节的麻烦。

（2）仪器的使用。开启示波器，将示波器的一根外接线探头连接到被测线路电压取样点，另一根外接线接地，被测的电压波形就会在屏幕上显示。两根外接线端部探头的距离越近，干扰的信号就越小，检测的波形就越稳定。

2．点火波形检测

点火系的点火线圈相当于一个变压器，在初级线圈周期性通电和断电的过程中，初、次级线圈都因电流变化而产生感应电动势，而此时初、次级电压随时间变化的波形就是点火波形，它有初级电压波形和次级电压波形之分。

点火波形的检测是汽车不解体检测的一个重要项目，它通常由汽车专用示波器测取，其检测方法如图 4-19 所示。

检测时，使发动机运转，将示波器探针分别连接点火线圈的"－"接柱和接地，可以测得初级电压波形；将示波器一个探针接地，另一根外接线用感应夹连接高压线，可测得次级电压波形。

3．点火波形分析及诊断

无论是传统触点式点火系还是无触点电子点火系或计算机控制的点火系，都是由点火

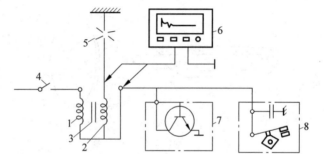

1—初级线圈；2—次级线圈；3—铁心；4—点火开关；5—火花塞；6—示波器；
7—晶体管点火器；8—分电器。

图 4-19　点火波形的检测

线圈通过互感作用把低压电转变为高压电，通过火花塞跳火点燃混合气做功的。

点火系低压、高压的变化过程是有规律的，因此把实际测得的点火波形与标准点火波形进行分析比较，可以确定点火系的技术状况及诊断故障。

1）标准点火波形

标准点火波形是指点火系正常工作时点火线圈初、次级电压波形，它是点火系的诊断标准。

图 4-20 所示是传统点火系单缸初、次级电压标准波形。

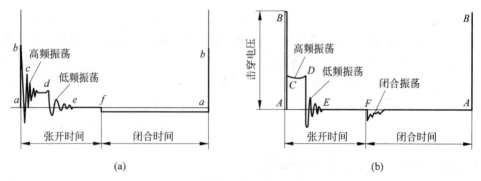

图 4-20　单缸电压标准波形
(a) 初级电压标准波形；(b) 次级电压标准波形

图 4-20 中的触点张开时间是初级线圈断电时间，它对应于次级线圈的放电阶段；图 4-20 中的触点闭合时间是初级线圈通电时间，它对应于点火线圈的储能阶段。这两个阶段组成了一个完整的点火循环。

图 4-20 中波形反映了在断电器触点张开、闭合、再张开的整个点火过程中，初、次级电压随时间变化的规律。因点火线圈初、次级间的变压器效应，其初级电压波形与次级电压波形具有一定的对应关系。

(1) 初级电压标准波形

图 4-20(a) 所示是单缸初级电压标准波形。当断电器触点张开时，初级电压迅速提高（为 100~200 V），从而导致次级电压急剧上升击穿火花塞间隙。

当火花塞两极火花放电时，出现高频振荡波。火花放电完毕后，由于点火线圈和电容器中残余能量的释放,又出现低频振荡波,其波幅迅速衰减直至初级电压趋向于蓄电池电压。

当断电器触点闭合后,初级电压几乎为零,成一直线延续到触点的下一次张开。当下一缸点火时,点火循环又将复现。

通常,示波器上触点的张开时间、闭合时间和各缸点火间隔时间用分电器凸轮轴转角表示,于是触点张开时间和闭合时间又可分别称为触点的张开角和闭合角,各缸点火间隔时间称为点火间隔角。

若上述角度数值用曲轴转角表示,对于四冲程发动机来说需乘以 2。

(2) 次级电压标准波形

图 4-20(b)所示是单缸次级电压标准波形,有关次级电压波形点线的含义说明如下。

① A 点:断电器触点张开,初级点火线圈突然断电,导致次级电压急剧上升。

② AB 线:称为点火线,其幅值为火花塞击穿电压即点火电压。击穿电压为 8~20 kV,不同的车型或点火系,其击穿电压可能不一样。

③ BC 线:在火花塞间隙被击穿时,两电极之间出现火花放电,同时次级电压骤然下降,BC 为下降的幅值。

④ CD 线:称为火花线,它是火花塞电极间混合气被击穿之后,形成的火花放电过程,是一段波幅很小的高频振荡波。CD 的高度是维持火花放电所需的电压,一般为几 kV;CD 的宽度是火花放电持续的时间,为 0.6~1.5 ms。

⑤ DE 线:低频振荡波。当次级电路的能量不足以维持火花放电电压时,火花消失,电压急降,点火线圈和电容器中的残余能量在线路中维持低频振荡,形成次级电压衰减的振荡波,并最后以 EF 直线波形至触点闭合。

⑥ F 点:断电器触点闭合,点火线圈初级电路有电流通过,初级电流开始增加,引起次级电压突然增大。但由于在 F 点初级电流的变化趋势与 A 正好相反,故在 F 点产生一个负电压。

⑦ FA 线:触点闭合过程的次级电压波形。当断电器触点刚闭合时,因初级电流接通而引起次级电压出现衰减振荡。振荡消失后,次级电压变为零,直至下一点火循环开始。

由于次级电压对发动机的正常点火至关重要,实际检测诊断中应用更多的是次级电压波形。

2) 点火波形类别

为了便于比较、分析各缸点火波形,判断点火系故障,通常按一定的规则分类排列各缸点火波形,利用示波器可显示各类点火波形。

(1) 多缸平列波。它是指将各缸电压波形按点火顺序从左至右依次排列的波形,如图 4-21 所示。利用多缸平列波很容易观察比较各缸点火电压的高低以及点火状况是否正常。

(2) 多缸并列波。它是指将各缸电压波形之首对齐,并按点火顺序从下至上依次排列的波形,如图 4-22 所示。利用多缸并列波很容易观察各缸火花线长度、断电器触点的张开角和闭合角是否一致,从而判断点火系工作状况是否正常。

(3) 多缸重叠波。它是指将各缸电压波形之首对齐并重叠放在一起的波形,如图 4-23 所示。利用多缸重叠波可以评价各缸工作的一致性。

各缸工作一致的重叠波就像一个单缸波形,只要其中一缸工作不佳,其波形就会偏离重

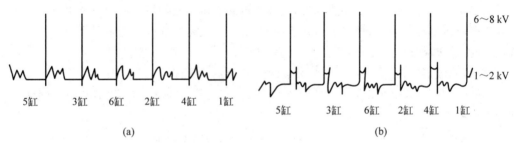

图 4-21　多缸平列波

(a) 初级电压平列波；(b) 次级电压平列波

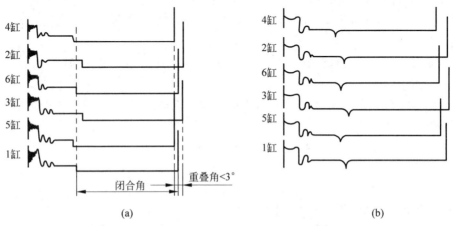

图 4-22　多缸并列波

(a) 初级并列波；(b) 次级并列波

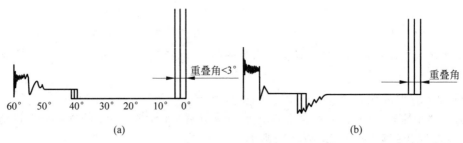

图 4-23　多缸重叠波

(a) 初级重叠波；(b) 次级重叠波

叠波，届时通过逐缸断火可立即找出这一工作不佳的气缸。

(4) 单缸选缸波形。在故障诊断过程中，有时为了仔细观察某一缸的故障波形，可将其单独选出观测。单缸选缸波形是指根据需要单独选出的任何一缸的单缸点火波形。

将选出的波形适当提高其垂直幅度及水平幅度，并与单缸标准波形对照，更容易发现故障。

3) 点火波形故障反映区

若实测波形与标准波形相比有差异，则说明点火系有故障。点火系每一元件故障，都在点火波形上有所反映,传统点火系故障在次级波形上的主要反映区,如图4-24所示。图中 A 区为断电器触点故障反映区,B 区为电容器、点火线圈故障反映区,C 区为电容器、断电器触点故障反映区,D 区为配电器、火花塞故障反映区。

4) 点火波形的故障诊断

(1) 多缸发动机故障波形分析与诊断

以传统点火系实测的次级平列波为例分析及诊断点火系故障,这些4缸发动机的点火次序为1—2—4—3,其次级点火故障波形如图4-25所示。

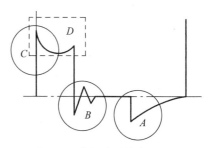

图 4-24 次级波形故障反映区

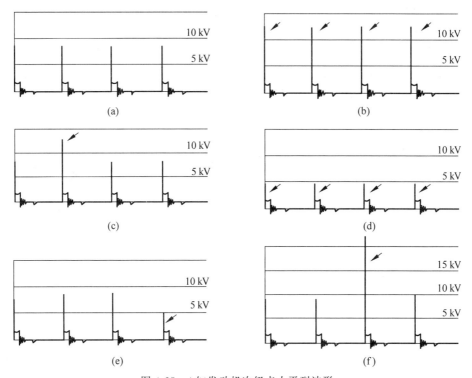

图 4-25 4缸发动机次级点火平列波形

① 图4-25(a)所示为4缸发动机点火系正常工作时的次级平列波,其点火电压符合原厂规定,约为8 kV,且各缸点火电压值相差小于2 kV,基本一致。

② 图4-25(b)中,各缸点火电压均高于标准值,说明其高压回路有高阻,多为点火线圈的高压线插孔、分电器高压线插孔及分火头等有积炭,各缸火花塞间隙偏大,高压线呈高阻态(断线、接插不牢固)等原因所致。

③ 图4-25(c)中,2缸点火电压偏高,说明该缸高压电路存在高阻故障,可能是该缸火花塞间隙偏大、该缸分压线接触不良或分火头与该缸分压线插座间隙过大等原因所致。

④ 图4-25(d)中,各缸点火电压过低,说明点火系存在故障,可能是点火线圈故障,或低压电路故障,也可能是火花塞脏污、火花塞电极间隙太小等原因所致。

⑤ 图4-25(e)中,3缸点火电压过低,说明该缸高压电路存在短路故障,可能是该缸火花

塞间隙太小、火花塞脏污、高压线绝缘损坏或火花塞瓷芯破裂有漏电现象等原因所致。

⑥ 图 4-25(f)中,4 缸点火电压过高,为 4 缸高压线掉落而开路所致。有时为诊断点火系性能,特意从火花塞上拔掉某缸高压线进行开路单缸高压测量。此时,该缸点火电压应达到 20～30 kV。否则,说明高压线、分电器盖绝缘不良或点火线圈、电容器的性能不佳。

(2) 闭合角检测与故障诊断

利用初级并列波(图 4-22)可方便地观测各缸断电器触点的闭合角,其闭合角的大小以分电器凸轮轴转角表示时应符合下列标准。

4 缸发动机:50°～54°;

6 缸发动机:38°～42°;

8 缸发动机:29°～32°。

若测出的闭合角过小,说明触点间隙太大,触点闭合时间短,初级电流增长达不到需要的数值,会造成高速时点火能量不足;若闭合角太大,说明触点间隙小,会使触点间发生电弧放电,反而削弱了点火能量,不利于正常点火。

为保证触点闭合角符合标准,可调整触点间隙至 0.35～0.45 mm。不过点火提前角因触点间隙的调整会发生相应变化,因此调整触点间隙后应重新校正点火正时。

(3) 重叠角检测与故障诊断

利用多缸重叠波(图 4-23)可方便地观测各缸波形间的重叠角。重叠角是指各缸点火波形首端对齐时,最长波形与最短波形长度之差所对应的分电器凸轮轴转角。

重叠角不应大于点火间隔的 5%,以接近零为好。根据这一原则,重叠角的大小以分电器凸轮轴转角表示时应符合下列标准:

4 缸发动机≤4.5°;

6 缸发动机≤3°;

8 缸发动机≤2.25°。

重叠角的大小反映了多缸发动机各缸点火间隔的一致程度,重叠角愈大,则点火间隔愈不均匀。这不仅会影响发动机的动力性、经济性,还会影响发动机运转的稳定性。

若重叠角太大,则表明分电器凸轮磨损不匀或分电器轴磨损松旷、弯曲变形,应更换分电器凸轮或分电器总成。

(4) 典型故障波形分析与诊断

图 4-26 给出了传统点火系常见的一些次级电压故障波形(如箭头所指处),下面对这些故障波形进行分析与诊断。

① 图 4-26(a)中,点火高压产生之前出现小的多余波形,可能是断电器触点接触不平,在完全断开之前有瞬间分离现象,从而引起电压抖动。

② 图 4-26(b)中,火花线变短,火花很快熄灭,说明点火系统储能不足,可能是供电电压偏低,或初级电路导线接触不良所致。

③ 图 4-26(c)中,在断电器触点闭合之前出现小的杂波,可能是断电器触点接触不平,在完全闭合之前有不良接触所致。

④ 图 4-26(d)中,在触点闭合阶段,存在多余的小杂波,可能是初级电路中断电器触点搭铁不良,或断电器触点接触不良(如触点烧蚀、积垢)或断电器触点臂弹簧弹力太弱,引起小的电压波动。

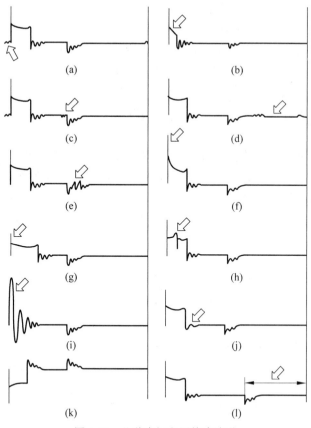

图 4-26　几种次级电压故障波形

⑤ 图 4-26(e)中,闭合振荡中存在严重的杂波,一般是由于断电器触点臂弹簧弹力太弱,使触点闭合瞬间引起弹跳所致。

⑥ 图 4-26(f)中,击穿电压过高,且火花线较为陡峭,可能是火花塞间隙太大,或次级电路开路等引起。火花塞间隙越大,所需击穿电压越高,而且往往没有良好的放电过程。

⑦ 图 4-26(g)中,击穿电压和火花线都太低,且火花线变宽,可能是火花塞间隙太小或火花塞漏电所致。

⑧ 图 4-26(h)中,火花线中出现干扰"毛刺",可能是分电器盖或分火头松动。这样在发动机高速运转时,因分电器的振动会使火花塞上的电压不稳定而出现抖动。

⑨ 图 4-26(i)中,完全没有击穿电压和火花线波形,说明火花塞未被击穿,无火花放电过程。可能是次级高压线接触不良或断路,或者火花塞间隙过大所致。

⑩ 图 4-26(j)中,低频振荡次数明显减少,可能是与断电器触点并联的电容器漏电、电容器容量不够或初级线路接触不良,导致线路上电阻增大、耗能增加,火花熄灭后剩余能量小,振荡衰减加快。

⑪ 图 4-26(k)中,整个次级电压波形上下颠倒,说明点火线圈初级两端接反,从而使初级电流、次级电压都改变了方向。

⑫ 图 4-26(l)中,触点闭合角过小,说明断电器触点间隙过大;若触点闭合角过长,则说明断电器触点间隙过小。

5) 电子点火系波形分析与诊断

(1) 电子点火系的初、次级电压波形与传统触点式点火系波形相似,但由于电子点火系无传统点火系的电容器,故其高低频振荡波会比传统点火系少一些。

(2) 电子点火系的初、次级电压波形的张开与闭合时间是受晶体管的导通与截止电流影响的,因而其波形与传统点火系也有差异。如有的电子点火系次级波形闭合段内有波纹或凸起;次级波形闭合段结束时,先产生一条锯齿状的上升斜线,再导出点火线等都属于正常现象。

(3) 电子点火系的初、次级电压波形中的闭合角一般都随发动机转速而变化,低速时闭合角减小,高速时闭合角增大。若检测时闭合角像传统点火系那样不随速度而变,则说明电子点火器闭合角控制功能失效。

(4) 电子点火系无触点、电容,有的电子点火系无分电器。因此,与这些有关的故障原因也就没有了。

(5) 在无分电器点火系中,两缸共用一个点火线圈,一个气缸在工作循环中点火两次,属于正常现象。在次级电压波形中,点火电压较高的为有效点火,发生在压缩行程末期;而点火电压较低的为无效点火,发生在排气行程末期。

不同的电子点火系其正常的电压波形不尽相同,为在检测时判断迅速而又准确,平时应注意查看各型汽车维修手册上的点火电压波形说明,或用示波器记录下各型汽车在正常工作状态下的点火电压波形。资料积累越多,经验越丰富,诊断工作也会越得心应手。

4.3.2 点火正时的检测

点火正时是指准确的点火时刻和正确的点火时间,一般用点火提前角表示。点火提前角是指从点火开始至该缸活塞到达压缩行程上止点为止曲轴转过的角度。

若点火正时,则点火提前角就处于最佳状态。点火提前角的大小对发动机的动力性、经济性和排放性影响很大。因此,应重视发动机点火提前角的检测及调整,使发动机始终处于最佳点火状态。

点火提前角的检测可通过专用检测仪或发动机综合检测仪进行,常用的检测方法有频闪法和缸压法两种。

1. 频闪法

1) 检测仪器

频闪法常用的点火正时检测仪如图 4-27 所示,主要由闪光灯、传感器、整形装置、延时触发装置和显示装置构成,它既可以制成单一功能的便携式仪器,又可以和其他仪表组合成多功能综合式仪器。

2) 检测原理

若照射旋转轴的光束频率与旋转轴的转动频率相等,则由于人的视觉具有暂留的生理现象,人们觉得旋转轴似乎不转动。频闪法就是利用这一原理来检测点火提前角的。

在发动机飞轮或曲轴带轮上,一般都刻有正时标记,在与之相邻的固定机壳上也刻有标记。曲轴旋转至活动标记与固定标记对齐时,第 1 缸活塞刚好到达上止点。

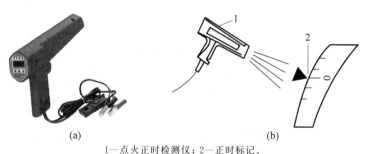

1—点火正时检测仪；2—正时标记。
图 4-27 点火正时检测仪
(a) 点火正时检测仪实物照片；(b) 点火正时检测示意图

通常用点火感应传感器获取的第 1 缸点火信号来触发闪光灯，闪光灯每闪光一次表示第 1 缸的火花塞点火一次，其闪光与第 1 缸点火同步。

检测时，闪光灯照射刻有活动标记的飞轮或曲轴带轮，若发动机转速稳定，则活动标记与闪光灯的闪光在光学上是相对静止的，活动标记似乎不动。当闪光灯在第 1 缸点火信号发生的同时闪光，若第 1 缸活塞尚未到达压缩上止点，即活动标记与固定标记尚未对齐，则此时两标记之间所对应的发动机曲轴转角即为点火提前角。

3) 检测方法

检测时，先接上正时闪光灯，然后将感应传感器夹持在第 1 缸高压线上，并擦拭飞轮或曲轴带轮上的正时标记使之清晰露出。置发动机于怠速工况下运转，打开闪光灯并使之对准正时标记（图 4-27(b)），调整电位计旋钮，使活动标记与固定标记对齐。此时，延时电路中可变电位计电阻（或电流）的变化量即表示点火提前角，延时越多，点火提前角就越大。此时，显示装置显示的读数即为怠速工况下的点火提前角。

发动机怠速运转时，离心式和真空式点火提前装置未起作用或起作用很小，此时测得的点火提前角为初始点火提前角。初始点火提前角是点火系正常工作的基础，在离心式和真空式点火提前装置正常工作的情况下，发动机的最佳点火提前角往往取决于初始点火提前角。

若测出的各工况下的点火提前角符合规定，则说明初始点火提前角调整正确，同时说明离心式点火提前装置和真空式点火提前装置工作正常。

若测出的初始点火提前角超出规定值，则应予以调整。调整后，在规定的发动机转速、负荷工况下测出点火提前角。若仍不符合要求，则说明点火提前装置损坏，应予以检查。

点火提前装置性能的检查可通过点火正时检测仪进行，其方法是：拆下分电器真空提前装置的真空软管，在发动机某转速下测出点火提前角，并减去初始点火提前角，即可得到该转速下的离心点火提前角；连接真空提前装置的真空软管，在同样转速下测得的点火提前角减去离心点火提前角和初始点火提前角，则可得到该转速下的真空点火提前角。

将各种转速测出的离心、真空点火提前角与规定值进行对照，就可确定点火提前装置是否损坏。

对于电控电子点火系而言,其实际点火提前角的检测方法与传统点火系的完全相同。但由于电控电子点火发动机的实际点火提前角包含初始点火提前角、基本点火提前角和修正点火提前角,而其电子控制单元(ECU)总是根据发动机转速、负荷信号控制基本点火提前角,根据转速、负荷信号以外的有关传感器信号修正点火提前角,因此其初始点火提前角、基本点火提前角和修正点火提前角的检测应按制造厂规定的步骤进行。

电控电子点火发动机的点火提前角,一般是不可调整的,而检测其点火提前角的目的是判断发动机电子点火控制系统是否存在故障,便于确定是电子控制单元(ECU)损坏还是传感器失效。

2. 缸压法

1)检测仪器

缸压法点火正时检测仪主要由缸压传感器、点火感应传感器、处理电路和指示装置等构成。若检测仪还带有油压传感器,则说明该仪器还可检测柴油机的供油提前角。缸压法点火正时检测仪往往与其他仪表组合成多功能综合检测仪。

2)检测原理

发动机气缸内活塞到达压缩行程上止点时,气缸内压缩压力最高。用缸压传感器检测某缸压缩压力最高的上止点时刻,同时用点火传感器检测同一缸的点火时刻,二者之间所对应的曲轴转角 θ(图 4-28)即为被测缸的点火提前角。

通常,多缸发动机中各缸点火提前角基本一致,因此被测缸的点火提前角可以认为是被测发动机的点火提前角。

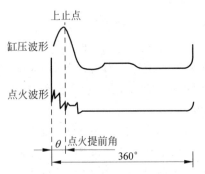

图 4-28 缸压法检测点火提前角原理图

3)检测方法

发动机点火提前角的检测步骤如下:

(1)运转发动机,使其达到正常工作温度后停机;

(2)拆下某一缸火花塞,把缸压传感器装在火花塞孔内,接上缸压传感器连接线;

(3)将拆下的火花塞固定在机体上使旁电极搭铁,将该缸高压线连接在火花塞上,把点火感应传感器夹在该缸高压线上;

(4)运转发动机,被测缸缸外点火,缸内不燃烧,因而缸压传感器输出的信号反映了气缸压缩压力的大小,其最大值产生于活塞压缩终了上止点;

(5)按仪器使用说明书的要求操作,可测得被测缸点火波形信号和缸压波形信号(图 4-28),并从指示装置上获得该缸从点火信号开始至最高缸压信号出现所对应的点火提前角;

(6)根据需要变换发动机转速,可测得怠速、规定转速或任一转速下的点火提前角,并打印检测结果。

缸压法与频闪法一样,可测得初始点火提前角和不同工况下的总点火提前角、离心点火提前角、真空点火提前角以及电控电子点火发动机的点火提前角。

4.3.3 点火系常见故障的诊断

1. 发动机不能起动

1) 故障现象

起动发动机时,起动转速正常,供油系正常,而发动机无着火迹象,确定是点火系故障。

2) 故障原因

点火系不点火、火花太弱、点火不正时均可能造成发动机不能起动,具体的故障原因如下。

(1) 低压线路短路、断路、搭铁,不能产生高压电。

(2) 高压线脱落或漏电,不能传输高压电。

(3) 点火线圈故障,如点火线圈初级或次级绕组短路、断路、搭铁,导致最高次级电压下降或不产生次级电压;点火线圈绝缘盖破裂漏电,导致最高次级电压下降或不产生次级电压;点火线圈本身点火性能不良,产生的点火电压过低。

(4) 传统点火系中的断电器触点与电容器故障。

① 断电器触点故障,如断电器触点严重烧蚀、氧化、过脏而接触不良,触点臂弹簧弹力不足,触点间隙调整不当,会造成高压火花过弱或无火。

② 电容器故障,如电容器性能不良,电容器内部引出线断路,电容器搭铁不良,电容器绝缘击穿或漏电,会导致最高次级电压下降或不产生次级电压。

(5) 电子点火系中的点火信号发生器与电子点火器故障。

① 点火信号发生器故障,如磁感应式点火信号发生器感应线圈短路或断路,会导致无信号输出而不能触发电子点火器工作;其信号转子轴磨损偏摆或感应线圈与导磁铁心组件移动,会导致转子凸齿与铁心的间隙不当,造成信号过弱或无信号输出而不能触发电子点火器工作。

② 电子点火器故障,如电子点火器线路接触不良或断脱,会造成火花减弱或不能点火。电子点火器内部电子元器件短路、断路、漏电,会造成:功率晶体管不能导通,使点火线圈初级无电流而不工作;功率晶体管不能截止,使点火线圈初级不能断路而不产生高压;功率晶体管不能工作在开关状态,即不能饱和导通和完全截止,使初级电流减小或断流不彻底,造成火花减弱或不能点火。

(6) 配电器中的分电器盖和分火头故障。

① 分电器盖故障,如分电器盖脏污、破损、绝缘不良漏电,会造成火花减弱而不点火或错火等;分电器盖导电处接触不良,会造成点火能量损失,使点火可靠性下降。

② 分火头故障,如分火头绝缘部分有裂纹、积污而漏电,会造成点火线圈点火能量损失,火花减弱,严重时会导致点火线圈高压完全不能送入各缸高压分线,使发动机不点火。

(7) 火花塞故障,如火花塞积炭、积油,火花塞绝缘体起皱、破裂,电极烧蚀,火花塞间隙不当等,都会导致点火性能下降或根本不能点火。

(8) 点火错乱不正时,完全不能按点火顺序点火。

3) 故障诊断

首先察看点火线圈和分电器上的高压导线、低压导线有无松脱,然后拔出分电器上的中央高压线,使高压线端距发动机机体 5～8 mm,再接通点火开关,起动发动机,看高压线端与机体间是否跳火。有三种可能的情况：一是火花强，其特征是火花线较粗，呈蓝白色，且可听到较清晰的"叭、叭"声；二是火花弱，其特征是火花很细，呈暗红色；三是无火花。再根据各种情况按图4-29所示的流程进行故障诊断。

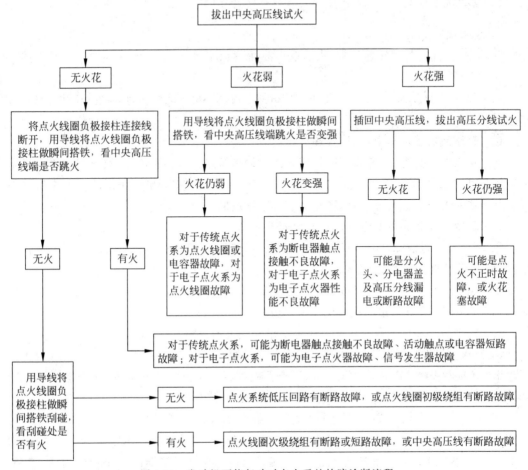

图4-29 发动机不能起动时点火系的故障诊断流程

2. 发动机动力不足

1）故障现象

发动机运转无力，加速不良，经检查其他系统工作正常，确定是点火系故障。

2）故障原因

（1）点火过迟，导致动力不足，加速不良。

（2）个别缸不工作，导致动力不足。

（3）传统点火系的断电器触点接触不良，导致高压火花过弱，动力不足。

（4）电子点火系的电子点火器性能不良，导致高压火花过弱，动力不足。

（5）分电器盖脏污、破损、绝缘不良漏电，分电器盖导电处接触不良，分火头漏电，点火能量损失，导致点火可靠性下降，动力不足。

（6）火花塞绝缘体破裂漏电，电极油污严重或积炭过多，电极间隙过大或过小，导致点火可靠性下降,动力不足。

3) 故障诊断

(1) 检查点火正时。将汽车在平坦路面以最高挡低速运行,当发动机冷却液温度达80～90℃时,突然将加速踏板踩到底,若发动机瞬间不能发出"嘎、嘎、嘎"的突爆声,且车速提高不快、加速发闷,则说明点火过迟,可能是点火正时调整不当,初始点火提前角过小,也可能是点火提前装置失效,应予以检查调整;加速时,发动机若有短促轻微的爆燃敲击声,瞬时声响又消失,则说明点火正时准确,可进行下一步检查。

(2) 检查不工作气缸。在发动机怠速运转情况下,逐缸短路高压分线使其断火,观察发动机的反应。若断火时发动机转速没什么变化,则说明断火缸不工作,其故障可能是该缸火花塞工作不良,或该缸高压线路存在漏电现象,此时可将不工作缸的高压分线从火花塞上拆下距发动机机体5～8 mm做跳火试验。

若无火花,则说明故障在分电器或高压分线上,若有火花,则说明故障在火花塞。若各缸断火时发动机转速均有相当程度的下降,则进行下一步检查。

(3) 检查高压点火能量。在分电器上拔出中央高压线,接通点火开关,起动发动机,用中央高压线对机体进行跳火试验,若火花弱,则说明点火能量不足,故障可能是点火线圈点火性能不佳,或者是断电器触点工作不良(传统点火系),或者是电子点火器性能不良(电子点火系);若火花强,则进行下一步检查。

(4) 检查分压点火情况。插回中央高压线,使发动机运转,从火花塞端拔出高压分线做跳火试验,看火花强弱。若火花弱,则故障可能是分电器盖绝缘不良、分电器盖导电处接触不良、分火头及分压线漏电;若火花强,则故障在火花塞。

3. 发动机高速运转不良

1) 故障现象

发动机低速运转正常,但高速时汽车行驶无力,排气管发出不规则的"突、突"声,甚至"放炮"。

2) 故障原因

(1) 气缸高速断火不工作或工作不良,导致高速动力不足。

(2) 火花塞电极间隙过大、油污严重或积炭过多,导致所需的击穿电压过高,易产生高速断火。

(3) 传统点火系中,断电器触点间隙过大,断电器触点烧蚀接触不良,断电器触点臂弹簧过软,导致高速时触点闭合时间过短,点火能量不足,点火可靠性下降。

(4) 电子点火系中,电子点火器性能不佳,闭合角调控功能失效,易导致高速断火。

3) 故障诊断

(1) 检查高速点火能量。起动发动机并高速运转,从任意缸火花塞上拆下高压线,使其端头距气缸盖5～8 mm,观察火花能量。若火花强而连续,则说明故障在火花塞,此时保持发动机高速运转,将拆下的高压分线在距火花塞顶约5 mm处进行试火,若火花断续,则说明所测缸的火花塞间隙过大,高速工作不良,通过各缸的检测可确定故障所在,必要时,可拆检火花塞。若高速点火能量过小,火花断续,对于电子点火系来说,则说明电子点火器性能不佳,对于传统点火系来说,则需进行下一步检查。

(2) 检查分电器。打开分电器盖,慢慢摇转发动机曲轴,检查断电器触点间隙,正常值为

0.35～0.45 mm,若间隙过大,则说明故障在此。若间隙正常,则接通点火开关,摇转发动机曲轴使触点闭合,用旋具(螺丝刀)拨动触点试火,若高压分线火花很强且不断火,则说明活动触点臂弹簧过软,若高压分线火花弱,跳火距离短,则故障可能是断电器触点烧蚀接触不良所致。

4. 电子控制点火系故障

1) 故障现象

(1) 发动机不能起动,或发动机在运行中突然熄火且再也不能起动。

(2) 点火系不点火或火花太弱。

2) 故障原因

现代乘用车点火系多采用无触点电子控制点火系。这种点火系是由发动机ECU根据各个与点火控制有关的传感器输入信号对点火时刻、点火能量进行控制,从而实现点火。因此,电子控制点火系的故障原因主要有如下几点。

(1) 点火信号发生器存在故障,导致无信号输出而不能触发电子点火器工作。

(2) 电子点火器存在故障或性能不良,不能及时通断点火线圈初级电流,使点火线圈次级适时地产生高压。

(3) 点火线圈存在故障,不能产生点火高压,或点火压力太低,点火能量不够。

(4) 火花塞故障。火花塞承受高温、高压、冷热高频交变、燃油废气的侵蚀等,工作环境恶劣,随着运行里程的增加性能会逐渐变坏,产生电极烧损、积炭、积油等故障。

(5) 点火系的高、低压线路故障。线路接头、插座连接牢固才能保证接触可靠、传递信息准确。由于发动机本身运转时的振动和汽车在不平路面上运行时的振动,会引起高、低压线路接触不良。另外,高压线损伤、漏电都会导致点火系工作不正常。

(6) 与电子控制点火系有关的传感器失效,如发动机转速传感器、节气门位置传感器、冷却液温度传感器、爆燃传感器、氧传感器等失效,会引起点火系工作不正常。

(7) 与电子控制点火系有关的控制线路短路或断路,将导致控制信号异常,使点火系工作不正常。

(8) 发动机ECU故障,导致点火系工作异常。

3) 故障诊断

发动机电子控制点火系的故障诊断可参照图4-30所示的典型电子控制点火系电路,按

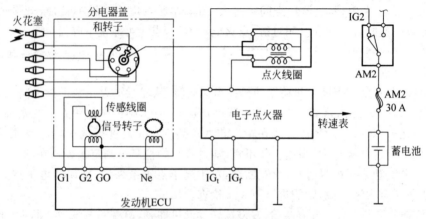

图4-30 电子控制点火系电路图

图 4-31 所示的流程进行。

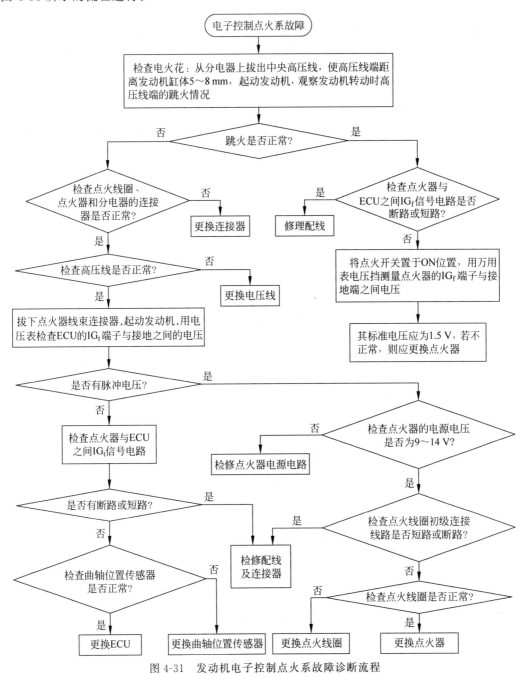

图 4-31 发动机电子控制点火系故障诊断流程

4.4 燃油供给系的检测诊断

随着汽车电子技术的发展,装备电控燃油喷射系统的汽油机逐渐取代了化油器式汽油机。目前,电喷汽油机已成为汽油车动力装置的主流品种,因此应重点掌握电喷汽油机燃油供给系的检测诊断技术。

4.4.1 电喷汽油机燃油供给系的检测

1. 燃油压力的检测

在一定喷射条件下,混合气的浓度对供油压力的波动最为敏感,而供油压力的大小则取决于燃油压力和进气歧管压力。因此,对燃油压力的检测是维修中必不可少的项目。同时,通过检测发动机运转时燃油管路内的油压,可以判断电动燃油泵、油压调节器有无故障,汽油滤清器是否堵塞等。检测燃油压力的方法如下。

1) 检测前的准备

(1) 松开油箱上的加油盖,释放油箱中的蒸气压力,并检查油箱内燃油量,确保燃油量正常。

(2) 释放燃油系统压力。方法是起动发动机,在发动机运转情况下拔下燃油泵继电器或其线束连接器,使发动机自行熄火;再起动发动机2~3次,直到不能起动着火为止;然后关闭点火开关,接上燃油泵继电器或其线束连接器。

(3) 检查蓄电池电压,蓄电池电压应正常,然后拆下蓄电池负极搭铁线。

(4) 连接专用压力表(量程为1 MPa左右)。有油压检测孔的可直接将油压表接在油压检测孔上,无油压检测孔时,可断开进油管,将三通管接头及油压表安装在系统管路中,如图4-32所示。

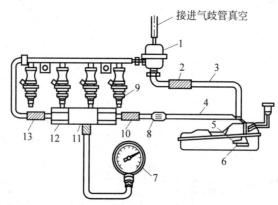

1—燃油压力调节器;2,10,13—软管;3—回油管;4—进油管;5—燃油泵;6—燃油泵滤网;
7—油压表;8—燃油滤清器;9—喷油器;11—三通管接头;12—管接头。

图4-32 多点喷射系统燃油压力检测示意图

(5) 重新装上蓄电池负极搭铁线。

2) 燃油系统静态压力的检测

(1) 用导线在检测插座上短接电动燃油泵端子和电源端子。

(2) 打开点火开关而不起动发动机,使电动燃油泵运转。

(3) 检测油压,其压力表读数即为系统的静态燃油压力。其正常油压约为300 kPa,若油压过低,应检查油路有无渗漏,检查电动燃油泵、汽油滤清器和油压调节器等;若油压过高,应检查油压调节器。

(4) 关闭点火开关,拔掉电动燃油泵检测插座的短接线。

3) 发动机运转时燃油压力的检测

(1) 起动发动机,使发动机怠速运转。

(2) 检测油压,其压力表读数即为发动机怠速运转的燃油压力。

(3) 缓慢踩下加速踏板,在节气门全开时检测油压,其压力表读数即为节气门全开时的燃油压力。

(4) 发动机怠速运转,拔下燃油压力调节器上的真空软管,并用手堵住,再检测其燃油压力。该压力应和节气门全开时的燃油压力基本相等,通常多点喷射系统燃油压力为250～350 kPa。

发动机运转时检测的燃油压力应符合标准。由于不同车型燃油系统的燃油压力不尽相同,因此检测诊断时应具体参阅各车型的维修手册。若测得的燃油压力过低,则应检查燃油系统有无泄漏,燃油泵滤网、汽油滤清器和燃油管路是否堵塞,若无泄漏和堵塞故障,应检查燃油泵及油压调节器;若测得的燃油压力过高,应检查回油管路是否堵塞,真空软管是否破裂,若回油管路、真空软管均正常,则应检查油压调节器。

4) 燃油系统保持压力的检测

发动机怠速运转的燃油压力检测结束后,使发动机熄火,5 min后再观察油压表指示的油压。此时的压力称为燃油系统的保持压力。若保持压力很低或等于零,则发动机难以起动或不能起动,因此燃油系统保持压力应大于等于147 kPa。若油压过低,则应检查燃油系统油路有无泄漏;若油路无泄漏,则说明燃油泵出油阀、燃油压力调节器回油阀或喷油器密封不良。

5) 油压调节器保持压力的检测

当燃油系统保持压力低于标准值而怀疑是油压调节器故障引起时,需检测油压调节器保持压力。其检测方法如下:

(1) 用导线在检测插座上短接燃油泵端子和电源端子。

(2) 打开点火开关而不起动发动机,使燃油泵运转10 s左右时间。

(3) 关闭点火开关,拔去燃油泵检测插座上的短接线。

(4) 夹紧油压调节器回油管上的软管2(图4-32),堵住回油通道。

(5) 5 min后观察油压表的压力,该压力即为油压调节器的保持压力。

若燃油系统保持压力低于标准而油压调节器保持压力又大于燃油系统保持压力,则说明油压调节器回油阀有泄漏,应更换油压调节器;若调节器保持压力仍然与燃油系统保持压力相同,则说明燃油系统保持压力过低的原因可能是燃油泵、喷油器、油管有泄漏,应予以检查。

6) 燃油泵最大压力和保持压力的检测

当燃油系统的保持压力及运转压力低于标准值而怀疑是由燃油泵故障引起时,需检测燃油泵的最大压力和保持压力。其检测方法如下。

(1) 夹紧通往喷油器的软管13(图4-32),堵死燃油的输出通道。

(2) 用导线在检测插座上短接电动燃油泵端子和电源端子。

(3) 打开点火开关而不起动发动机,使燃油泵运转10 s左右时间,此时油压表指示的压力即为燃油泵的最大压力。

(4) 关闭点火开关,拔掉燃油泵检测插座上的短接线。

(5) 5 min 后再观察油压表的压力,此时油压表指示的压力即为电动燃油泵的保持压力。

车型不同,燃油泵的最大压力和保持压力标准也不一样。通常燃油泵的最大压力标准为 490~640 kPa,保持压力应大于 340 kPa。若实测压力不符合标准,则应更换燃油泵。

7) 检测后的燃油系统装复

燃油系统压力检测完毕后,应按要求装复燃油系统,以保证发动机能正常工作,其步骤如下:

(1) 释放燃油系统的油压。

(2) 拆下蓄电池负极搭铁线。

(3) 拆下油压表。

(4) 重新装好油管接头。

(5) 接好蓄电池负极搭铁线。

(6) 进行燃油系统油压的预置。方法是:在检测插座上用导线短接燃油泵端子和电源端子,打开点火开关而不起动发动机,使油泵工作约 10 s,然后关闭点火开关,拆下短接线。

(7) 检查油管各处有无泄漏。

(8) 用软布擦拭泄漏的燃油,确保无燃油污染,防止发生火灾。

2. 喷油控制信号波形的检测

在电控燃油喷射系统中,由于压力调节器能够保持喷油压力恒定,因此从喷油器喷出的燃油量仅取决于喷油器开启时间的长短,而开启时间的长短是由微机发出的喷油控制信号决定的,其原理如图 4-33 所示。

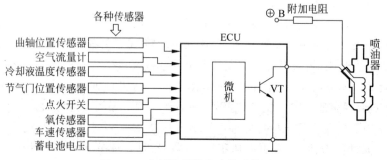

图 4-33 电子控制燃油喷射系统原理

微机的指令信号控制功率晶体管的导通与截止。当功率晶体管导通时,喷油器电磁线圈电路接通,产生电磁力,当电磁力超过针阀弹簧力时,铁心被吸起,针阀被打开,喷油器开始喷油;当功率晶体管截止时,喷油器电磁线圈电路切断,电磁力消失,弹簧力又使针阀返回阀座,喷油器停止喷油。

为了正确判断喷射系统基本喷油控制是否正常、各种传感器喷油量的修正控制(加浓补偿)是否良好、ECU 和喷油器是否存在故障,有必要对喷油控制信号波形进行检测与分析。

1) 喷油信号波形检测

喷油器工作时的喷油信号波形,通常用发动机综合检测仪或汽车专用示波器来检测,其检测方法如下。

(1) 按照波形检测仪器操作使用说明书的要求,连接好波形检测仪器。通常仪器带有专用接头与喷油器插接器相连;

(2) 起动发动机,使发动机稳定运转预热至正常温度;

(3) 打开检测仪器,按规定工况运转发动机,示波器则显示喷油器工作时的喷油信号波形和喷油脉宽,如图 4-34 所示。

2) 标准喷油信号波形

标准喷油信号波形是指电控燃油喷射系统工作正常时,喷油控制信号电压随时间变化的波形,它是不解体动态检测电控燃油喷射系统的诊断标准。喷油信号波形与喷油器的驱动方式有关,喷油器的驱动方式有电压驱动和电流驱动两种。

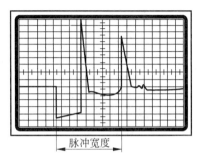

图 4-34 喷油信号波形和喷油脉宽

电压驱动式喷油器,其电控系统 ECU 对驱动喷油器的喷油脉冲电压进行恒定控制。在喷油器控制电路中,ECU 控制功率晶体管导通或者截止,导通时蓄电池电压加到喷油器电磁线圈上,喷油器喷油,截止时停止喷油,其喷油器标准喷油信号波形如图 4-35(a)所示。

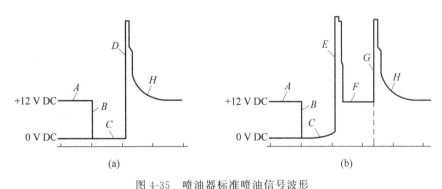

图 4-35 喷油器标准喷油信号波形
(a) 电压驱动式喷油器喷油信号波形;(b) 电流驱动式喷油器喷油信号波形

电流驱动式喷油器,其电控系统 ECU 对驱动喷油器的电磁线圈电流进行调节控制。在电流驱动式控制电路中,功率晶体管除基本的开、关功能外,还具有限流功能。在基本喷油时间内,功率晶体管导通,驱动电流不受限制;在加浓补偿喷油时间内,控制其电流迅速下降到能维持喷油器处于全开状态的较小值,以免喷油器电磁线圈过热损坏。其喷油器标准喷油信号波形如图 4-35(b)所示。

图 4-35 标准喷油信号波形的有关描述如下。

A 线:喷油器关闭时的系统电压信号,通常为 12 V。

B 线:喷油信号到达时刻,此时功率晶体管完全导通,电压迅速下降接近 0 V,喷油器开始喷油。B 线应光滑、平顺、无毛刺,否则说明功率晶体管性能不良。

C 线:喷油器喷油,此时喷油器驱动电路处于饱和导通阶段,波形电压接近 0 V,喷油器电磁线圈电流由零迅速上升至最大,喷油器针阀迅速全开喷油。该段波形对应的时间,对于图 4-35(a)为喷油时间,对于图 4-35(b)为基本喷油时间。在实际波形中,由于电流增加时喷油器电磁线圈产生感应电压的影响,图 4-35(c)中 C 线向右逐渐向上弯曲也属正常。若 C 波形异常,则多为喷油器驱动电路搭铁不良引起。

D 线:喷油信号截止时刻,此时喷油器驱动电路断开,喷油结束,喷油器线圈因电流突变而产生感应脉冲电压。其电压尖峰高度与喷油器线圈匝数、喷油器电流有关,线圈匝数越多,电流变化越大,则尖峰电压越高,反之则尖峰电压越小。通常 D 处的峰值电压不应低于 35 V。装有齐纳二极管保护线路的喷油器,尖峰的顶部应以方形截止,否则说明其峰值电压未达到齐纳二极管的击穿电压,可能是喷油器的电磁线圈性能不良。

E 线:基本喷油时间结束线,同时也是电流限制起始线。由于在 E 时刻,喷油器针阀已达到最大开度,故只需小电流维持喷油器针阀开启,以便转入加浓补偿喷油期。此时,ECU 启动电流限制功能,减小驱动电路电流。由于电流的骤减,导致喷油器电磁线圈感应出较高的脉冲电压,其电压脉冲峰值通常与喷油器的阻抗成正比,约为 35 V。

F 线:加浓补偿喷油期,此时喷油器处于电流限制模式状态,其功率晶体管在不停地截止与导通,使通过喷油器电磁线圈的电流约为 1 A,其喷油器针阀处于开启状态,喷油器进行加浓补偿喷油,所对应的时间为加浓补偿喷油时间。曲线中的电压与电源电压接近,若波形发生畸变,则表明喷油器功率晶体管性能不良。

G 线:喷油信号截止时刻,此时喷油器驱动电路断开,喷油器线圈因电流突变而产生感应脉冲电压,幅值约为 30 V。图 4-35(b)中,从喷油开始信号 B 至喷油截止信号 G 所对应的时间就是电流驱动式喷油器的总喷油时间。

H 线:喷油器针阀关闭,电压从峰值逐渐衰减到电源电压。

3) 喷油信号波形诊断

汽车示波器在显示喷油信号波形的同时还可以用数字显示喷油脉宽。喷油脉宽是指喷油信号开始至喷油信号截止所经历的时间,该时间由 ECU 根据各种传感器输送的有关发动机的空气流量、进气歧管压力、转速、节气门开度、进气温度、冷却液温度等信号计算确定。

喷油脉宽越宽,喷油量则越大。当检测的喷油脉宽与标准不同时,则表明喷射系统存在故障。通过改变发动机的工作状况、工作条件来观测喷油信号波形的变化,就可以诊断电控燃油喷射系统的故障,下面举例说明。

检测时,先将示波器的检测线通过专用插头与喷油器的插接器相连,让变速杆置于空挡,再起动发动机,使发动机运转至正常工作温度,然后根据下列条件检查喷油信号波形。

(1) 在怠速、高速及加速时观察喷油信号波形,正常运转时的喷油脉宽应随转速的提高、节气门开度的加大而相应增加,否则可能是喷油器、燃油喷射控制系统及氧传感器存在故障。

(2) 在高速稳定运转时,通过改变混合气浓度来观察喷油信号波形。当从进气管中加入丙烷使混合气变浓时,若喷油脉宽变小,以试图对浓混合气进行修正,则系统正常;当拔下发动机某一真空软管使混合气变稀时,若喷油脉宽延长,以试图对稀混合气进行补偿,则系统正常。若混合气浓度变化时,喷油脉宽没变化,则可能是喷油器、燃油喷射控制系统及氧传感器存在故障。

(3) 让发动机在 2500 r/min 下稳定运转,仔细观察喷油信号波形。若喷油脉宽在稍宽与稍窄之间来回变换,则说明喷油器工作正常,同时也说明燃油控制系统能使混合气在正常的浓、稀之间转换。若喷油脉宽毫无变化,则可能是喷油器、燃油喷射控制系统及氧传感器存在故障。

发动机在怠速工况检测喷油信号时,其总喷油脉宽变化甚微,这对准确判断 ECU 的加浓补偿功能具有难度。因此较好的检测方法是按需要确定发动机的运行工况,或在底盘测功机上模拟运行工况来检测喷油信号,这样可以有效地对 ECU 的加浓补偿功能进行全面检测,有利于对电子控制喷油系统的控制作用作出准确的判断。

4.4.2 电喷汽油机燃油供给系的诊断

1. 喷油器的故障诊断

1) 故障现象

喷油器工作不良或不工作,导致发动机运转不良甚至熄火。

2) 故障原因

(1) 喷油器线路插接器或连接线路接触不良,导致喷油器不喷油。

(2) 喷油器电磁线圈断路或短路,导致喷油器不喷油。

(3) 喷油器针阀胶结、喷油器针阀密封不严,导致喷油器滴油,工作不正常。

(4) 喷油器针阀口积污,使喷油量减少或喷射角度过小,导致发动机动力性下降。

(5) 发动机 ECU 及燃油控制系统故障,使喷油信号失准,导致发动机工作异常。

3) 故障诊断

当发动机运转不良而怀疑是个别气缸喷油器不工作或喷油器性能变差引起时,可进行下述检测诊断。

(1) 检查喷油器的工作状态。在发动机怠速运行时,用手触摸(图 4-36)或用听诊器检查喷油器工作时的振动或声响,以判断喷油器电磁阀是否动作。若感觉有振动或能听到电磁阀动作的声响,则可初步判断喷油器可以工作,但不能确定其性能是否良好;若喷油器无振动或声响,则说明该喷油器不工作。

(2) 检查喷油器电路。若发动机运转时某缸喷油器无振动或声响,则检查该缸喷油器的线路有无断路或短路故障;若线路正常而喷油器不能工作,则说明该喷油器有故障。

(3) 检查喷油器电阻。断开点火开关,拔下喷油器的插头,用万用表电阻挡测量喷油器线圈的电阻值,如图 4-37 所示。

低阻型喷油器的电阻值一般为 $2\sim3\ \Omega$,高阻型喷油器的电阻值一般为 $13\sim18\ \Omega$。检测时,应对照相关标准诊断。若测得的电阻值为无穷大,则说明喷油器电磁线圈有断路故障;若测得的电阻值过大或过小,则说明喷油器电磁线圈或内部线路连接有故障。喷油器电磁线圈存在故障时,应更换喷油器。

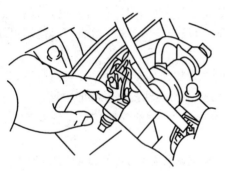 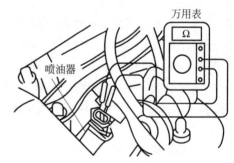

图 4-36　用手触摸喷油器　　　　　图 4-37　检查喷油器电阻

(4) 检查喷油器性能。主要是检查喷油器的喷油量、喷油状况和密封性能,这些检查可通过专用的喷油器检测仪进行,当无喷油器检测仪时,可用下述方法进行检查。

① 将需检查的喷油器拆下,装上检查专用的软管及其连接头,把喷油器、压力调节器和油管用连接头和连接卡夹连接好,将喷油器喷口置入量筒中。

② 用跨接线将蓄电池正极与燃油泵继电器的燃油泵接线端子连接,使电动燃油泵工作。

③ 给喷油器电磁线圈施加蓄电池电压,高电阻型喷油器可以直接将 12 V 电压施加到喷油器上,而低电阻型喷油器需用专用的接线器或串入一只 $5\sim8\ \Omega$ 的电阻。

④ 检测喷油器的喷油量。记录在规定时间内喷入量筒的燃油量,若喷油量小于规定值,则说明喷油器堵塞。清洗喷油器之后重复测试,若仍不能达到标准,则应更换喷油器。用同样的方法,测量其余各缸喷油器,若各喷油器之间的喷油量差值超过 5 mL,则需清洗或更换喷油器。

⑤ 检测喷油器的喷油状况。查看喷油器喷入量杯的油束形状,若喷油器油束均匀,并呈圆锥形,其锥角在 10°~40°范围,则说明喷油器的喷油性能良好。否则,应更换喷油器。

⑥ 检测喷油器的密封性能。将喷油器的电源断开,使喷油器停止喷油,观察喷油器的喷嘴,若在 1 min 内滴油少于一滴,则说明喷油器的密封性能良好。否则,应更换喷油器。

(5) 检查喷油器的信号波形。有条件时可用示波器对喷油器的工作波形做进一步检查。利用示波器的计算功能,测量不同转速和负荷下喷油器的喷油时间,并与标准值比较,以判断喷油器是否存在故障。同时,将实测的喷油器波形与标准波形比较,可以快速诊断喷油器、ECU 以及燃油控制系统的故障。

2. 燃油泵的故障诊断

1) 故障现象

电动燃油泵工作不良或不工作,导致燃油供给失常。

2) 故障原因

(1) 燃油泵电动机烧坏、内部电路接触不良,电动机转子机械卡死,导致燃油泵不工作。

(2) 燃油泵磨损严重、安全阀泄漏或弹簧失效,导致燃油系统供油量不足,燃油系统压力下降。

(3) 燃油泵单向阀泄漏,导致燃油系统保持压力过低或为零,使发动机熄火后起动困难。

3) 故障诊断

(1) 检查燃油泵的工作状态。就车检查时,用跨接线将蓄电池正极与燃油泵继电器的燃油泵接线端子短接。若打开油箱盖没听到任何声响,或用手触摸燃油管无油压脉动感,则说明燃油泵有故障,可进入检查步骤(3)。若能听到燃油泵运转的声响,或能感觉到油压脉动,则说明燃油泵可以工作,但不能确定其性能是否良好,此时可进行下一步检测。

(2) 检查燃油泵的性能。检测燃油泵的最大压力和保持压力,若其最大压力和保持压力符合原车标准,则说明燃油泵工作正常,性能良好。若燃油泵最大压力低于原车标准,则说明燃油泵磨损严重、安全阀泄漏或弹簧失效,应更换燃油泵;若燃油泵保持压力低于原车标准,则说明燃油泵单向阀泄漏,应更换或修复燃油泵。

(3) 检查燃油泵电动机的电阻。用万用表测量燃油泵连接器两端子之间的电阻,其电阻值一般在 $0.5 \sim 3\ \Omega$。若电阻值不符,则说明燃油泵电动机有线圈短路、断路或电刷接触不良的故障,应更换燃油泵;若电阻值符合标准,但通电又不工作,则说明燃油泵电动机转子机械卡死,应更换燃油泵。

3. 油压调节器的故障诊断

1) 故障现象

燃油压力调节器工作不良,使燃油供给系统油压过高或过低,混合气过浓或过稀,导致发动机性能下降。

2) 故障原因

(1) 油压调节器膜片破裂,导致燃油系统漏油,使喷油器无法工作。

(2) 油压调节器回油阀密封不严,导致燃油系统泄漏,使燃油系统保持压力过低或为零,发动机起动困难。

(3) 油压调节器弹簧失效或调节不当,使燃油系统压力失准,导致喷油器喷油量过多或过少,发动机不能正常工作。

3) 故障诊断

(1) 直观检查。检查油压调节器有无外部漏油迹象,若有应更换油压调节器。检查连接油压调节器的真空管有无破裂,若有应更换真空管。

(2) 检查燃油系统压力,并结合下列方法诊断油压调节器是否良好。

① 当燃油系统压力过高时,先对系统卸压,然后拆下油压调节器上的回油管,套上适当的容器,起动发动机(约 3 s),观察油压调节器回油管。若回油少或无回油,则说明油压调节器不良,可能是油压调节器弹簧弹力过大或失效,应重新调整或更换油压调节器。

② 当燃油系统压力过低时,先起动发动机使其怠速运行,然后夹住回油软管,若油压立即上升至 400 kPa 以上,则说明油压调节器不良,可能是油压调节器弹簧弹力过小或失效,应重新调整或更换油压调节器。

③ 起动发动机使其怠速运行,当拔去油压调节器上的真空管后,油压应上升 50 kPa 左右,否则说明油压调节器不良,应予以检修或更换。

(3) 检查燃油系统保持压力,若压力过低或为零,而燃油泵、喷油器及系统管路无故障,则说明油压调节器的回油阀密封不严,此时应更换油压调节器。

4.5 润滑系的检测诊断

4.5.1 润滑系的检测

汽车在使用过程中,若发动机润滑系的机油压力变化异常、机油品质劣化过快、机油消耗量过多,则表明润滑系工作不正常,存在故障。因此,通过机油压力、机油品质变化程度和机油消耗量的检测可以评价润滑系的工作状况。

1. 机油压力的检测

机油压力值通常根据汽车仪表板上的机油压力表或油压指示灯显示而测得。常用的检测方法是,当打开点火开关时,机油压力表指针指示为0,如装有机油压力指示灯则灯亮;发动机起动后油压指示灯在数秒内熄灭,机油压力表则显示某一较高数值,并随发动机温度升高而逐渐指示正常。

正常情况下,发动机在常用转速范围内,汽油机机油压力应为196~392 kPa,柴油机机油压力应为294~588 kPa。

机油压力是发动机润滑系的重要诊断参数。机油压力的大小,取决于机油的温度、黏度,机油泵的供油能力,限压阀的调整,机油通道和机油滤清器的阻力以及曲轴主轴承、连杆轴承和凸轮轴轴承的间隙等。

机油压力过高或过低,均属不正常状况,如发动机机油压力在中等转速下低于147 kPa,在急速下低于49 kPa,则应停止运转发动机,进行检查。

2. 机油品质变化程度的检测

机油在使用过程中,由于杂质污染、燃油稀释、高温氧化、添加剂消耗或性能丧失等原因,其品质会逐渐变坏。这将导致发动机润滑变差、磨损加剧,甚至引发严重机械故障,因而应加强对发动机机油品质变化程度的定期检测,实行按质换油,以保证发动机润滑良好。更为重要的是,通过对机油品质的检测,可分析并监控发动机技术状况的变化。

机油品质的变化常采用机油介电常数分析仪、机油不透光度分析仪和滤纸油斑试验法检测。其中,用机油介电常数分析仪检测简便快捷,应用最广。

机油是电介质,有一定的介电常数。介电常数是表示物质绝缘能力特性的系数,又称介电系数。机油介电常数的数值取决于机油中的添加剂和存在的污染物。清洁机油不含有污染物,有较为稳定的介电常数。而当机油被污染时,其介电常数发生变化。机油介电常数分析仪就是通过测量机油介电常数的变化来间接检测机油污染程度。

RZJ-2A型润滑油质量微电脑检测仪(图4-38)是一种典型的机油介电常数分析仪,它采用了对污染物有较大灵敏度的平面电容器作为传感器,机油试样如同电容的电介质,当机油的介电常数变化时,电容值也随之改变。

通过专用的数字电路,将其变成数字信号,送入微机处理并与参考数字信号比较。当显示为零时,表明所测机油无污染;当显示不为零时,表明所测机油有污染;显示值越偏离

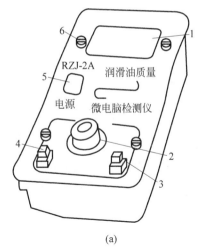 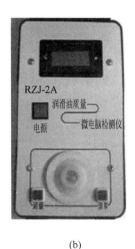

(a) (b)

1—数字显示屏；2—机油传感器；3—清零按钮；4—测量按钮；5—电源开关；6—固定螺钉。

图 4-38　RZJ-2A 型润滑油质量微电脑检测仪

(a) 面板示意图；(b) 实物照片

零，表明机油污染程度越高。

检测时，先用脱脂棉清洁传感器油槽，再用 3～5 滴与被测机油同牌号的新机油置入传感器油槽中，使机油与油槽边沿平齐，2～5 s 后机油扩散完毕，轻轻按一下清零按钮，约 2 s 后清零，显示"±00.00"，4 s 后擦掉新油，彻底清洁传感器油槽，保持清洁、干燥。然后将 3～5 滴被测机油置入传感器油槽中，过 2～5 s，轻轻按一下测量按钮，显示屏则显示综合测量值。当汽油机机油的测定值在 4.2～4.7、柴油机机油在 5.0～5.5 时，发动机应更换机油。

机油介电常数分析仪不仅能分析机油的污染程度，而且还能根据机油污染物对介电常数的变化效应来分析机油变质的主要原因。

3. 机油消耗量的检测

机油消耗量过大，不仅表明润滑系的工作环境恶劣，而且还反映出发动机的曲柄连杆机构、配气机构等部件磨损严重。因此，有必要对发动机的机油消耗量进行检测。

目前，常用的检测方法是油标尺测定法和质量测定法。

1) 油标尺测定法

测试前，汽车置于水平路面上，预热后停机，将机油加至油底壳规定的液面高度，然后在油尺上清晰地划上刻线，以记住这一油面位置，其后汽车投入实际运用。当汽车行驶若干里程后，停止运行，仍置汽车于原地点，按原测试条件，向油池内加入已知量（质量或体积）的机油，使油面仍升至油尺上的原刻线位置，所加油量即为机油消耗量，通常折算为每 1000 km 机油消耗量。

2) 质量测定法

预热发动机至正常温度后停机，在水平路面上打开油底壳的放油螺塞，放出油底壳内的机油，至机油由流变成滴时，拧上油底壳的放油螺塞，然后将已知质量的机油加入油底壳至规定的液面高度，使汽车投入实际运行。

汽车行驶若干里程后，按同样的测试条件，放出油底壳内的在用机油，至机油由流变成滴时,拧上油底壳的放油螺塞,并称出其质量,加入和放出的机油质量之差即为机油消耗量,通常折算为每 1000 km 机油消耗量。

4.5.2 润滑系常见故障的诊断

1. 机油压力过高

1)故障现象

发动机在正常温度和转速下工作时,机油压力表指示压力超过规定值。

2)故障原因

(1)机油黏度过大,不符合要求。

(2)限压阀技术状况不良或调整不当。

(3)气缸体内通往各摩擦表面的分油道堵塞。

(4)发动机曲轴主轴承、连杆轴承、凸轮轴轴承间隙过小。

(5)机油压力表或机油压力传感器性能不良或失效。

3)故障诊断

(1)抽出机油尺用手捻试机油,凭经验判断机油黏度的大小,若黏度正常则进行下一步检查。

(2)换用新机油压力表及传感器,运转发动机看机油压力是否正常。若机油压力正常,则说明原机油压力表或传感器失效;若机油压力仍高,则进行下一步检查。

(3)如机油限压阀安装在发动机外表,则直接拆检限压阀,必要时更换限压阀元件,并重新调整限压阀后进行试车。若机油压力正常,则说明限压阀技术状况不良或调整不当;若机油压力仍高,则故障原因可能是缸体内通往各摩擦表面的分油道堵塞,对于新车或刚大修的发动机,可能是曲轴主轴承、连杆轴承和凸轮轴轴承的间隙过小。如机油限压阀在发动机内部,则限压阀的检查调整需要拆除发动机油底壳。

2. 机油压力过低

1)故障现象

发动机在正常温度和转速下工作时,机油压力表指示压力低于规定值,或油压报警蜂鸣器报警、油压报警指示灯点亮。

2)故障原因

(1)油底壳内机油不足。

(2)机油黏度小,不符合要求。

(3)限压阀技术状况不良或调整不当。

(4)机油泵磨损严重,使供油压力过低。

(5)机油集滤器滤网堵塞,或被内凹的油底壳(路面凸起物刮碰油底壳所致)抵住。

(6)机油管接头松动或油管破裂。

(7)机油粗滤器堵塞。

(8)曲轴主轴承、连杆轴承、凸轮轴轴承间隙过大。

(9) 机油压力表及传感器失效,或油压报警指示装置失效。

3) 故障诊断

(1) 检查机油量是否不足。拔出机油尺检查油面高度,如过低应及时加机油;若正常,则进行下一步检查。

(2) 检查机油黏度是否过小。用拇指和食指沾少许机油,两指拉开,两指间应有 2～3 mm 的油丝,否则机油黏度过小。若黏度正常,则进行下一步检查。

(3) 拆下机油压力传感器,短时间起动发动机,若机油喷出量多而有力,则故障原因是油压传感器及机油压力表失效,或油压报警指示装置失效,可用新配件进行替换来确诊故障;若机油喷出量少而无力,则进行下一步检查。

(4) 检查机油粗滤器滤芯是否脏污或堵塞严重,粗滤器旁通阀是否堵塞不能开启,如有故障,则更换滤芯或机油滤清器进行试车检查,此时若机油压力恢复正常,则说明原滤清器堵塞了油路;若机油压力仍低,则进行下一步检查。

(5) 如机油限压阀安装在发动机外表,则直接拆检限压阀,必要时更换限压阀元件,并重新调整限压阀后进行试车。若机油压力正常,则说明限压阀技术状况不良或调整不当;若机油压力仍低,则故障原因可能是机油泵磨损严重,集滤器滤网堵塞,机油管路泄漏,曲轴主轴承、连杆轴承、凸轮轴轴承的间隙过大所致,这些可在拆除油底壳后进行确诊。如机油限压阀在发动机内部,则限压阀的检查调整需要拆除发动机油底壳。

3. 机油消耗过多

1) 故障现象

(1) 机油消耗率超过正常值。

(2) 排气管冒蓝烟。

2) 故障原因

(1) 活塞与缸壁磨损严重,间隙过大。

(2) 活塞环装配不当,如锥面环、扭曲环上下方向装反,活塞环安装时有对口现象。

(3) 活塞环的端隙、背隙及侧隙过大,活塞环弹力不足。

(4) 气门导管磨损过甚,气门杆油封损坏。

(5) 曲轴箱通风不良。

(6) 油底壳、气门室盖漏油,润滑系有关部件向外部渗漏。

(7) 气压制动汽车的空气压缩机活塞与其缸壁间隙过大。

3) 故障诊断

(1) 检查发动机外部是否漏油,应特别注意有无漏油痕迹,重点检查主要漏油部位,如曲轴前端和后端、凸轮轴后端油堵。

(2) 若发动机气缸盖罩、气门室盖、油底壳衬垫和发动机前后油封等多处有机油渗漏,应重点检查曲轴箱通风装置,因为曲轴箱通风系统技术状况不佳、曲轴箱通风不良时,会使曲轴箱内气体压力和机油温度升高,容易造成机油渗漏、蒸发,甚至进入气缸燃烧,使机油消耗过多。

(3) 检查发动机排烟。发动机工作时,若排气管明显冒蓝烟,则说明机油进入燃烧室参与了燃烧。

当发动机高速运转或急加速时,排气管大量冒蓝烟,同时机油加注口也向外冒蓝烟,则说明活塞、活塞环与气缸壁磨损过甚;或者活塞环的端隙、侧隙、背隙过大,弹力不足;或者活塞环卡死、开口转到一起有对口现象;或者锥面环、扭曲环方向装反产生泵油作用,使得机油容易窜入燃烧室。

当发动机大负荷运转时,排气管冒蓝烟而机油加注口不冒烟,则表明气门导管磨损过甚,气门杆油封损坏,易使机油被吸入燃烧室。

(4) 对于采用气压制动的汽车,当松开湿储气筒放水排污开关后,若发现伴有大量油污排出,则表明空气压缩机的活塞、活塞环与气缸壁磨损过甚,导致大量机油在此泵出。

4.6 冷却系的检测诊断

4.6.1 冷却系的检测

1. 冷却系密封性检测

密封性检测就是检查冷却系的渗漏。现代汽车发动机普遍采用压力循环水冷式冷却系统,这种系统长期使用后,冷却液容易渗漏。冷却液渗漏分为外部渗漏和内部渗漏两种情况。外部渗漏常见的部位有冷却系各软管接头、散热器及其盖阀、水泵及其密封垫等;内部渗漏主要是漏入发动机油底壳,内部渗漏常见的部位有缸体、缸盖裂纹处,气缸垫密封不严处等。当发动机冷却液消耗量过多、发动机容易过热时,应检查冷却系的密封性。

1) 直观检查

(1) 检查外漏。由于冷却液大多为粉红色或绿色,所以在发动机中等转速运转时,能容易观察到有无冷却液滴漏现象;停机时能直观检查冷却系各部件有无冷却液渗漏的痕迹,查找外部渗漏处。

应特别注意散热器盖及其密封垫的检查,若其密封性差,则发动机工作时易使冷却液蒸发逸出或因汽车车身摇晃造成冷却液洒出逸失。

(2) 检查内漏。检查内漏的方法较多,如停机拔出机油尺观察,若发动机机油呈白色或有水泡,则说明冷却液内部渗漏严重;运转发动机,用手掌心迎向排气管,若手掌心有水雾,则说明冷却液存在内部渗漏;拆下散热器盖,使发动机运转,查看加液口处是否有高温气体涌出或有大量气泡,若有则说明冷却液存在内部渗漏。

2) 压力试验

在发动机不工作时,按图4-39所示的方法,将发动机冷却系压力试验仪装到散热器加液口上,并保持密封状态。然后用试验仪的手动泵向散热器内加压至100 kPa(注意系统压力不要超过100 kPa,以免损坏冷却系部件)。

此时观察压力表:若压力表指针保持不动,表明冷却系

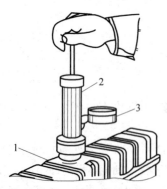

1—散热器;2—冷却系压力试验仪;
3—压力表。

图4-39 冷却系压力试验

密封良好,无冷却液渗漏;若压力表指针缓慢回落,表明冷却系密封不良,冷却液有轻微渗漏;若压力表指针迅速回落,表明冷却液严重渗漏。

当压力下降时,没有发现任何外部渗漏,可以在将发动机运转至正常工作温度后,装上压力试验仪加压至 48 kPa,并使发动机怠速运转,观察压力表,若压力上升,则表示冷却系有内部渗漏。

压力试验时,还可用冷却系压力试验仪对散热器盖进行加压检查,若散热器盖阀的密封性和开启压力不符合标准,则应予以更换。

2. 节温器性能检查

节温器能随冷却液温度的高低,自动调节流经散热器的冷却液量,从而使冷却液温度保持平衡。若节温器性能不佳或存在故障,则发动机冷却液温度可能过高或过低。

节温器的常见故障有:主阀门不能开启,或开启和全开的温度过高;主阀门关闭不严。前者将造成冷却液不能有效地进行大循环,致使发动机过热;后者将造成发动机升温缓慢,出现发动机温度过低的现象。

此外,随着节温器性能逐渐衰退,主阀门的开度将逐渐减小,造成进入大循环的冷却液流量减少,发动机将逐渐过热。节温器性能的检查方法如下。

1) 就车检查法

(1) 在冷却液温度升高过程中检查。冷车时,运转发动机,观察冷却液温度表的指示情况。若发动机工作时,冷却液温度很快升高,而当升至 80~90℃后,即达到主阀门开启时刻的温度后,升温明显减慢,则说明节温器性能正常;若发动机工作时,温度上升很慢,长时间达不到正常工作温度,则说明节温器主阀门卡住没关闭,无小循环;若发动机工作时,温度一路飙升,直至温度表指针长时间指在红区,则说明节温器主阀门卡住不开启,无大循环。

(2) 在发动机高温时检查。若冷却系冷却液足量、冷却液泵及散热器工作正常,则运转发动机。当发动机过热时,用手触摸缸盖的冷却液出口处和散热器进液口处,若两者的温差很大,则表明冷却液不能进入大循环,节温器失效。

2) 拆下检查法

将节温器拆下,浸入可调温的热水容器中,测量节温器主阀门开启温度、全开温度及全开升程,来检验节温器的性能。不同车辆装用的节温器可能有不同的要求。如富康乘用车发动机蜡式节温器,当冷却液温度低于 89℃时,主阀门关闭,侧阀门打开;当冷却液温度为 89℃时,主阀门开启,随着冷却液温度的提高,主阀门渐开,侧阀门渐关;当冷却液温度升到 101℃时,主阀门全开,侧阀门全关;节温器主阀门全开时最大升程为 8 mm。节温器的性能检查若不符合要求,则必须更换。

4.6.2 冷却系常见故障的诊断

1. 发动机温度过高

1) 故障现象

汽车在行驶过程中,冷却液温度表指针长时间指在红区或冷却液温度报警灯闪烁,发动机过热,冷却液沸腾出现蒸汽。

2) 故障原因

(1) 冷却液量不足,冷却效率降低。

(2) 散热器风扇电动机或电动机温控开关出现故障,使风扇不转或转速过低。

(3) 节温器失效、卡死,使冷却液大循环受阻。

(4) 冷却液泵堵塞、损坏,或吸液能力低、压力不足,使冷却液完全不循环或循环量过小。

(5) 散热器内芯管结垢过多,或散热片倾倒过多,使散热器散热效率下降。

(6) 缸体内水套结垢过多,使缸体传热效率低,冷却液带走的热量少。

(7) 气缸垫被烧穿,或缸盖出现裂纹,使高温气体进入冷却系。

3) 故障诊断

(1) 检查冷却液量。发动机冷态时查看冷却液罐和散热器的冷却液面,若液面高度低于标准值较多,说明冷却液量不足,导致冷却系散热差,使发动机温度过高。

冷却液量严重不足时,多是冷却系存在渗漏故障,应查明并排除故障后,添加冷却液至标准液面高度。若液面高度正常,说明冷却液量足够,则进行下一步检查。

(2) 检查冷却液流动状况。使发动机运转,当冷却液温度表指示在90℃左右时,用手分别触摸缸盖和散热器进液口处,若两者的温差不大,则在发动机加速时,用手触摸散热器进液管,如感觉冷却液的流动随发动机转速的增加而加快,则说明冷却液循环良好,否则说明冷却液泵性能不佳或吸液能力低、压力不足。

若缸盖与散热器进液口处两者温差很大,则说明冷却液循环不良,故障可能发生在节温器。可拆下节温器检查,若节温器正常,则说明冷却液泵有故障。当冷却液流动正常时,则进行下一步检查。

(3) 检查散热器风扇的转动状况。现代汽车多为电动双速风扇,其高低速取决于冷却液温度,在冷却液升温过程中,当温度高于95～97℃时,风扇以低速运转,当温度达到101～102℃后,风扇以高速运转(车型不同,具体数据略有差异)。

检查时,使发动机冷起动运转,在发动机由环境温度升高至过热温度过程中,观察散热器风扇动作,如风扇不转,或转速太低,则检查风扇电动机及其温控开关的好坏,若损坏则应更换新件;若风扇转动正常,则进行下一步检查。

(4) 检查散热器表面。查看散热器散热片是否倾倒过多、脏污,若是则进行维护或更换;若散热器表面正常,则进行下一步检查。

(5) 检查冷却系内漏。拆下散热器盖,使发动机运转,查看加液口处是否有高温气体涌出或有大量气泡,若有则可能是气缸垫烧坏或者气缸体、气缸盖有裂纹漏气。若冷却系无内漏,对于长期未清洗水垢的发动机,则故障可能是水套内、散热器积垢太多,可采用化学溶剂法清洗水垢。

(6) 检查非冷却系故障。在冷却系正常工作的情况下,发动机仍然过热,则应检查冷却系以外的系统引起的故障。例如,检查点火时间是否过晚(点火提前角过小)、混合气成分是否过稀、燃烧室内积炭是否过多以及油底壳内机油量是否充足等。

此外,汽车爬长坡、逆风行驶或在高温季节长时间低速行驶等,也会引起发动机过热。

2. 发动机温度过低

1) 故障现象

冬季运行的汽车,发动机工作时冷却液温度长时间或全部时间低于正常工作温度;发动机动力不足,油耗增加。

2) 故障原因

(1) 节温器失效,主阀门卡在全开位置,使冷却系只有大循环,而无小循环。

(2) 散热器风扇电动机的温控开关故障,使风扇在低温时就运转,或风扇总是高速运转。

(3) 环境温度太低且逆风行驶。

3) 故障诊断

(1) 检查散热器风扇的转动状况。冷车时运转发动机,在冷却液升温过程中观察风扇,若冷却液温度表指示很低时,风扇就运转,或在低温时风扇以高速运转,则故障在散热器风扇温控开关,需要更换;若风扇转动正常,则进行下一步检查。

(2) 检查节温器工作状况。运转发动机,在冷却液温度低于节温器主阀门开启温度下,用手触摸缸盖出液口处与散热器进液口处,若两者无温差或温差很小,则故障在节温器,可能是主阀门卡住常开,使冷却系在低温时就直接进入大循环,可拆检节温器确认故障。

4.7 发动机异响的检测诊断

发动机异响是指发动机工作时产生的不正常响声。异响主要是由零件磨损过甚或装配、调整不当引起的。因此,异响是发动机某一机构技术状况发生变化的标志,是发动机故障的反映。

可以说,异响仅是现象,故障才是本质。对发动机异响的诊断,就是要透过现象看本质,找出引发异响的原因。

4.7.1 发动机异响特性分析

发动机异响通常与发动机负荷、转速、温度、润滑条件及工作循环等多种因素有关,通过其异响特性分析,找出异响的变化规律,有利于对异响故障作出准确判断。

1. 异响与负荷的关系

许多异响与发动机负荷有关,负荷变化时异响加重或减弱。如曲轴主轴承响、连杆轴承响、活塞敲缸响、点火敲击响等均随负荷增大而增强,随负荷减小而减弱。

而有些异响与负荷无关,如气门脚响,负荷变化时异响大小不变。检测时,常用断火法解除1~2缸负荷,听异响是否减轻或消失来鉴别异响与负荷的关系。

2. 异响与转速的关系

大部分异响与发动机转速密切相关。有些异响在发动机怠速或低速运转期间出现,当转速提高后则消失,如活塞与缸壁间隙过大、活塞销装配过紧或连杆轴承装配过紧引起的异响;有些异响在发动机急加速时出现,如主轴承松旷发响、连杆轴承松旷发响等;而有些异响则在发动机急减速时更明显,如凸轮轴正时齿轮破裂损坏发响、活塞销衬套松旷发响等。

检测时,常用抖动并改变加速踏板位置的方法,听异响的变化来鉴别异响与转速的关系。

3. 异响与温度的关系

不少异响与发动机温度有关,温度变化时异响加重、减轻或消失。如活塞与缸壁间隙过大而发出的敲缸声,在低温发响,温度升高后声响减轻甚至消失;如发动机过热引起的早燃、爆燃发出的敲缸声,高温时声响严重,而温度降低后声响减轻或消失。

4. 异响与工作循环的关系

多数异响与发动机工作循环有明显的关系,这是由于发动机循环式工作,导致其内部有些机件的运动与受力情况呈周期性变化所致。而有些异响与发动机工作循环无关,如发动机运转时,金属的连续摩擦声以及诸如发电机、电动风扇、冷却液泵等附件所引起的异响。

5. 异响与发动机部位的关系

由于异响部件在发动机中所处的位置不同,因此异响在发动机上所引起的振动强度,各部位不尽相同。检测时应根据声源找准振动强度最大的部位,以便准确判断故障。

发动机常见异响的听诊部位为气缸盖部位、气缸体中上侧部位、气缸体下侧部位、油底壳与曲轴箱分界面部位、正时齿轮室部位和机油加注口部位等。

6. 异响与润滑条件的关系

对于发动机的曲柄连杆机构和配气机构异响,多与润滑条件有关,润滑不良时异响明显加重。因此,检测时常常通过改善润滑条件,监听异响的变化来诊断异响故障。

7. 异响与其他故障现象的关系

发动机在发生某些异响故障时,常常伴随出现其他故障现象。例如主轴承松旷发响时,往往伴随着机油压力降低、机件抖动等异常现象;活塞敲缸响时,通常伴随机油消耗过快、机油变质、排气管冒蓝烟等异常现象。检测时,利用异响故障的伴随现象,能更方便地诊断异响故障。

实践和研究表明,在发动机上,不同的机件、不同的部位和不同的工况,声源所产生的振动是不同的,因而发出的异响在音调、音高、音频、音强,出现的位置和次数等方面均不相同。

检测时,只要充分利用发动机异响特性,采用适宜的温度、适当的转速和负荷、正确的听诊部位和合理的诊断方法,即可准确诊断发动机的异响故障。

4.7.2 发动机异响故障的经验诊断

1. 活塞敲缸响

1) 故障现象

发动机在急速或低速运转时,在气缸上部发出清晰而有节奏的"嗒、嗒、嗒"敲击声,在发动机低温时响声最为明显。

2）故障原因

(1) 活塞与缸壁间隙过大。

(2) 活塞与缸壁间润滑不良。

3）故障诊断

最佳听诊部位在机体上部两侧,可利用听诊器或简易听诊杆触及该区域查听异响,其诊断方法如下。

(1) 发动机起动后,在低温、怠速或低速运转时异响较为明显,而缓慢加速至中速以上运转时,异响减弱或消失,可初步诊断为活塞敲缸响。

(2) 在不同的发动机工作温度下诊断。若发动机冷机运行时异响严重,而温度升高后异响消失或减弱,则诊断为活塞敲缸响,其故障原因是活塞裙部与缸壁间隙过大。

(3) 断火诊断。先将发动机控制在敲击声最明显的转速下运转,然后逐缸进行断火试验。若某缸断火后异响消失或减弱,则为该缸敲缸响。

(4) 加机油确诊。为进一步确诊某缸异响,可将发动机熄火,卸下有响声气缸的火花塞或喷油器,向气缸内注入少量浓机油(20～25 mL),慢慢转动发动机,使机油附于缸壁和活塞之间,然后立即装上火花塞或喷油器,再使发动机运转查听,若异响短时间内消失或减弱,但过不久异响又重新出现,则说明该缸活塞与缸壁间隙确实过大。

2. 活塞销响

1）故障现象

发动机在怠速、低速和从怠速向低速抖动加速踏板时,发出清脆而又连贯的"嘎、嘎、嘎"的金属敲击声,加速时响声更为明显。

2）故障原因

(1) 若为全浮式活塞销,活塞销与销座孔、连杆衬套磨损严重,配合松旷。

(2) 若为半浮式活塞销,活塞销与销座孔磨损严重,配合松旷;活塞销与连杆小头销孔的配合松旷。

(3) 活塞销配合处润滑不良。

3）故障诊断

最佳听诊部位在发动机上部或气缸盖,可利用听诊器或简易听诊杆触及该区域查听异响,其诊断方法如下。

(1) 发动机怠速运转时,从怠速向低速急抖加速踏板,若能听到清脆而又连贯的"嘎、嘎、嘎"声,且响声周期随发动机转速而变化,同样转速下响声比活塞敲缸响更连续而尖锐,则可能是活塞销响。

(2) 在不同的发动机工作温度下诊断。若发动机冷机运行时响声较小,而温度升高后响声更大,则诊断为活塞销响,其故障原因可能是活塞销与销座孔间隙过大。

(3) 断火诊断。先将发动机控制在响声最明显的转速范围内运转,然后逐缸断火试验。若某缸断火后响声明显减弱或消失,而在复火的瞬间响声立即恢复或连续出现两个响声,则可断定为该缸活塞销响。

3. 曲轴主轴承响

1) 故障现象

发动机急加速时,发出沉重而有力的"刚、刚、刚"的金属敲击声,严重时机体发生很大振动;发动机转速越高,响声越大;发动机负荷越大,响声越明显。

2) 故障原因

(1) 主轴承盖螺栓松动。

(2) 主轴承与主轴颈磨损严重,使配合间隙过大。

(3) 主轴承减磨合金烧损或脱落。

(4) 曲轴弯曲。

(5) 机油压力太低或机油黏度太小,使主轴承润滑不良。

3) 故障诊断

最佳听诊部位在发动机曲轴箱两侧与曲轴轴线齐平的位置,可利用听诊器或简易听诊杆触及该区域查听异响,其诊断方法如下。

(1) 先使发动机低速运转,然后微微抖动加速踏板,反复变更发动机转速,若"刚、刚、刚"的金属敲击声随着发动机转速的升高而增大,且在急加速瞬间更为明显,则诊断为主轴承响。

(2) 若发动机在急速或低速运转时响声较为明显,而高速时显得杂乱,则可能是曲轴弯曲所致;若发动机在高速运转时,机体有较大振动,机油压力过低,则说明主轴承间隙过大、减磨合金烧损或脱落。

(3) 断火诊断。对 1 缸进行单缸断火,若断火后响声明显减弱,则说明第一道主轴承响;对最末缸进行单缸断火,若断火后响声明显减弱,则说明最后一道主轴承响;对任意相邻两缸同时断火,若断火后响声明显减弱,则为两缸之间的主轴承响。

4. 连杆轴承响

1) 故障现象

当发动机突然加速时,发出"当、当、当"连续明显、轻而短促的敲击声,随着转速、负荷的增加其响声更加明显。

2) 故障原因

(1) 连杆轴承盖螺栓松动。

(2) 连杆轴承与轴颈磨损严重,使配合间隙过大。

(3) 连杆轴承合金烧毁或脱落。

(4) 机油压力太低或机油黏度太小,使连杆轴承润滑不良。

3) 故障诊断

在机油加注口处仔细查听连杆轴承异响比较明显,也可利用听诊器或简易听诊杆触及曲轴箱中部连杆轴承附近区域查听异响,其诊断方法如下。

(1) 使发动机急速运转,然后由急速向低速,由低速向中速,再由中速向高速踩下加速踏板进行试验。若响声随着转速的升高而增大,在加油的瞬间更加突出,且比主轴承的响声更为清脆、缓和短促,则诊断为连杆轴承响。

(2) 断火诊断。在急速、中速和高速情况下,逐缸反复进行断火试验。若某缸断火后响声明显减弱或消失,而在复火的瞬间又能立即出现,则说明该缸连杆轴承响。

(3) 检查机油压力。若响声严重,又伴随机油压力低,则可确诊为连杆轴承响。机油压力低的伴随现象往往是区别连杆轴承响与活塞销响、活塞敲缸响的重要依据。

5. 气门脚响

1) 故障现象

发动机怠速时,发出有节奏的"嗒、嗒、嗒"响声,转速越高,响声越明显。

2) 故障原因

(1) 气门脚间隙过大。
(2) 气门脚处润滑不良。
(3) 气门杆与气门导管配合间隙过大。
(4) 气门头部与气门座圈接触不良。

3) 故障诊断

发动机怠速下气门脚响声清脆而有节奏,在发动机周围就能听到较为清晰的响声,而在气门室或气门罩处听诊异响非常明显,其诊断方法如下。

(1) 若发动机怠速运转时响声明显,且转速增高时响声增大、节奏加快,但发动机温度变化、断火试验时响声不变,则可诊断为气门脚响。

(2) 将气门室盖或罩拆下,在怠速时用适当厚度的塞尺插入气门脚间隙中,逐个试验。当插入某个气门脚间隙中时,响声减弱或消失,即可诊断是该气门脚响,且响声是由气门脚间隙过大造成。

(3) 若气门脚间隙正常,插入塞尺后,响声不变,则可能是气门脚处润滑不良、气门与其导管配合间隙过大、气门头部与气门座圈接触不良所致。

4.7.3 发动机异响故障的仪器诊断

发动机异响可借助机械听诊器(图 4-40)进行诊断。目前,汽车维修专用的发动机异响诊断仪应用日趋广泛。

1. 发动机异响诊断仪的基本原理

发动机异响实际上是一种振动波,它具有振动波的频率、相位和振幅特征。发动机运转时,不同的机件、不同的工作状态,就有不同的机械振动,表现出不同的响声特征。其响声的音调由振动波频率决定,声音的强弱由振动波振幅决定,响声出现的时刻则取决于振动波相位。

发动机的响声往往是各种振动的综合反映,而异响通常是某种或多种机件工作不良的充分体现。发动机各机构引起的异响特征频率是不同的,异响诊断仪就是通过检测这种不同特征频率下异响波形的振幅和相位来迅速、准确地判断异响的部位和严重程度。

图 4-41 所示为发动机异响诊断仪的原理框图。异响诊断仪主要由传感器、选频网络、功率放大、相位选择及显示等部分组成。

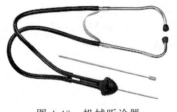

图 4-40 机械听诊器

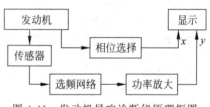

图 4-41 发动机异响诊断仪原理框图

异响诊断仪的传感器通常采用压电式加速度计。它通过两种方法固定在发动机上：一种是用强磁材料把传感器吸附在发动机机体上；另一种是制成手持式传感器，通过与传感器相连的碳棒以一定的压力接触检测部位来传递振动。传感器发出电量信号的频率取决于振动频率，其信号电压取决于振动幅度。

传感器输出信号由屏蔽导线接入选频网络，该网络实际上是一组不同中心频率的选频放大器。中心频率即为发动机各主要异响的特征频率。

检测时，中心频率靠异响选择键来变换，键上标有对应的声响部位。各种经过选频放大的特征信号强度远比其他频率高，特别是那些空气动力声音和不希望的频率信号能量能被大大衰减。经过选频网络的振动信号，由功率放大后输至示波器的输入端。

相位选择装置使信号在一定时刻通过测量机构，该时刻对应于故障机件出现异响振动的时刻。由于某缸敲击的振动总是在这一缸点火后某时刻开始至一定时刻结束。因此，对于汽油机而言，相位选择装置可以利用点火次级电压脉冲来触发示波器的扫描装置，在开始点火时刻使经选频后的异响振动电压信号导通。这样在示波器屏幕上便显示出经过相位和频率选择的振动波形，可用于直接观察异响振动波形的振幅、相位及延续时间。

2. 仪器诊断发动机异响的基本方法

目前，很多发动机综合检测仪如 QFC-5 型、WFJ-1 型微机发动机检测仪，均带有示波器，具有显示发动机异响振动波形的功能。用这些仪器诊断发动机异响的基本方法如下。

（1）按仪器使用说明书的要求进行操作，使仪器进入异响检测状态。

（2）根据异响的零部件选择操作码，其实质就是选取故障部件振动的中心频率。

（3）将振动传感器触在异响和振动最明显的部位，如活塞敲缸响应触在气缸上部的两侧，主轴承响应触在油底壳中上部位置，连杆轴承响应触在发动机侧面靠近连杆轴承处，活塞销响应触在缸盖正对活塞处，气门脚响应触在进排气门附近。

（4）使发动机在响声明显的转速下运转，微抖加速踏板，观察示波器，若有明显的瞬间波形或波形幅度明显增大，说明存在相应的异响故障。诊断时可视需要配合以听诊、单缸断火、双缸同时断火等方法，以便准确诊断异响故障。

（5）若发动机异响确实存在，但在所选择的操作码检测时，示波器显示的异响波形不明显，则说明异响不是所选操作码对应的零部件产生的。此时应重新选择操作码，并相应改变振动传感器的拾振部位，重新检测异响波形。

3. 常见的发动机异响波形

由于各种异响对应不同的振动频率,且振幅的大小、变化的快慢均存在差异,因此,在示波器上展现出来的各种异响波形亦有所不同。常见的活塞销响、活塞敲缸响、连杆轴承响、主轴承响的异响波形如图 4-42 所示。

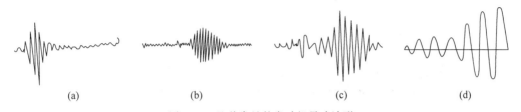

图 4-42 几种常见的发动机异响波形
(a) 活塞销响;(b) 活塞敲缸响;(c) 连杆轴承响;(d) 主轴承响

一般来说,在点火提前角正常的情况下,活塞销异响的故障波形出现在整个波形的前部,活塞敲缸响波形出现在整个波形的中部,连杆轴承响波形出现在整个波形的中后部,主轴承响波形出现在整个波形的最后部。

发动机异响是较复杂的物理现象,尽管有不少较先进的诊断仪器,但要准确地进行异响诊断,还需要在实践中不断观察、总结和比较各种异响振动波形,积累丰富的异响诊断经验。

复习思考题

1. 如何检测发动机输出功率?
2. 常用的发动机气缸密封性检测方法有哪几种?各有何特点?
3. 简述汽车点火系的检测诊断方法。
4. 简述汽车冷却系的检测诊断方法。
5. 简述汽车润滑系的检测诊断方法。
6. 简述汽车发动机异响的检测诊断方法。

第 5 章 底盘技术状况检测

⚠ **教学提示**：汽车底盘技术状况直接关系到整车行驶的操纵稳定性和安全性，同时还影响发动机动力的传递和燃油的消耗，底盘技术状况是汽车检测的重要内容之一。

⚠ **教学要求**：本章主要介绍汽车底盘技术状况的检测设备和检测方法，重点内容是底盘技术状况的检测方法。要求学生了解底盘技术状况的检测项目，熟悉底盘技术状况的检测设备，掌握底盘技术状况检测的基本技能。

5.1 传动系技术状况检测

汽车传动系包括离合器、变速器、分动器、万向传动装置、主减速器、差速器和半轴等，传动系的技术状况变化后将直接影响发动机动力的传递。

5.1.1 汽车传动系机械效率

汽车传动系机械效率见表 5-1。

表 5-1 汽车传动系机械效率

汽车类型		传动效率 η_m
乘用车		0.90～0.92
载货汽车和公共汽车	单级主减速器	0.90
	多级主减速器	0.84
4×4越野汽车		0.85
6×4载货汽车		0.80

5.1.2 传动系技术要求

GB 7258—2017《机动车运行安全技术条件》对传动系的主要技术要求见表 5-2。

表 5-2 传动系技术要求

项 目	要 求
离合器	1. 机动车的离合器应接合平稳、分离彻底,工作时不应有异响、抖动或不正常打滑等现象; 2. 踏板自由行程应与该车型的技术要求一致; 3. 离合器彻底分离时踏板力应小于或等于 300 N(拖拉机运输机组应小于或等于 350 N),手握力应小于或等于 200 N
变速器和分动器	换挡时齿轮啮合灵便,互锁、自锁和倒挡锁装置应有效,不应有乱挡和自行跳挡现象;运行中应无异响;换挡杆及其传动杆件不应与其他部件干涉
传动轴	传动轴在运转时不应发生振抖和异响,中间轴承和万向节不应有裂纹和/或松旷现象
驱动桥	驱动桥壳、桥管不应有裂纹和变形,驱动桥工作应正常且无异响

传动系技术状况的优劣,可以用经验法检查,也可用检测仪器进行检测。利用离合器打滑频闪测定仪和传动系游动角度检测仪可判断传动系技术状况的好坏。

5.1.3 离合器打滑检测

离合器打滑会使发动机发出的动力不能有效地传递到驱动车轮上去,并使离合器自身过热、磨损加剧、烧焦甚至损坏。使用离合器打滑频闪测定仪可检测离合器是否有打滑现象。

1. 测定仪结构与工作原理

离合器打滑频闪测定仪主要由透镜、闪光灯、电阻器、电容器、电源和传感器等组成,如图 5-1 所示,电源采用汽车蓄电池。

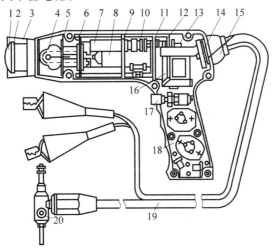

1—环;2—透镜;3—框架;4—闪光灯;5—护板;6,9,11,12,18—隔板;7—电阻器;8,10—电容器;
13—二极管;14—支持器;15—座套;16—变压器;17—开关;19—导线;20—传感接头。

图 5-1 离合器打滑频闪测定仪

使用该仪器时,需由发动机火花塞给仪器内的高压电极输入电脉冲信号。火花塞每跳火一次,闪光灯就亮一次,且闪光频率与发动机转速成正比。离合器不打滑时,传动轴上的设定点会与闪亮点同步动作,传动轴似乎处于不转动状态。若轴上设定点转速会滞后于闪亮点动作,则说明离合器存在打滑现象。

2. 测定仪测量与使用方法

使用离合器打滑频闪测定仪时,首先把被测汽车驶上底盘测功机或车速表试验台上,将驱动车轮停置于两滚筒之间,降下举升装置,车轮与滚筒接触。

在传动轴上做一标记点,变速器置入选定挡位,松开驻车制动装置,踩下加速踏板。同时,调节测功机制动力矩对滚筒加载,增加驱动车轮负荷。若无底盘测功机,也可将驱动桥支起,变速器置入直接挡,踩下加速踏板使汽车原地运转,利用行车制动或驻车制动方式对车轮加载。

再将闪光灯发出的闪亮点投射到传动轴上预设的标记点,通过加载改变发动机转速,在不同转速下,观察传动轴上标记点的转动是否与闪亮频率同步,从而判断离合器的打滑程度。

5.1.4 传动系游动角度检测

当传动系各部分磨损松旷或维护保养不当时,就会发生车辆使用时的振抖和异响。而传动系机件磨损松旷是由于各部分间隙(离合器、变速器、万向传动装置和驱动桥各总成游动角度之和)超过允许值的结果,因而传动系游动角度可以作为评价汽车传动系技术状况的一般性综合诊断参数。

利用传动系游动角度检测仪可以对各传动部分的游动角度进行检测。

游动角度检测仪有指针式和数字式两种,下面分别从结构、工作原理以及使用方法等方面进行介绍。

1. 指针式游动角度检测仪

1) 检测仪结构与工作原理

该仪器主要由指针、刻度盘和测量扳手组成。指针固定在驱动桥主动轴上,刻度盘则固定在主减速器壳上,如图5-2(a)所示。

测量扳手一端带有U形卡嘴,以使其卡在万向节上。为了适应多种车型,卡嘴上带有可更换的钳口。测量扳手另一端有指针和刻度盘,可指示转动扳手的转矩值,如图5-2(b)所示。

检测传动系游动角度时,将测量扳手卡在万向节上,用不小于30 N·m的转矩转动,使之从一个极限位置转动到另一个极限位置,刻度盘上指针转过的角度即为所测游动角度值。

2) 检测仪测量与使用方法

传动系游动角度的检测应分段进行,具体检测方法如下。

(1) 检测驱动桥的游动角度。变速器挂空挡,驻车制动器松开,驱动轮制动,将测量扳手卡在驱动桥主动轴万向节的从动叉上,即可测得驱动桥的游动角度。

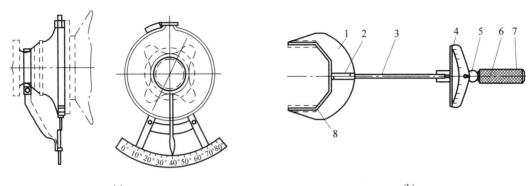

1—卡嘴；2—指针座；3—指针；4—刻度盘；5—手柄；6—手柄套筒；7—定位销；8—可换钳口。

图 5-2　指针式游动角度检测仪

(a) 指针与刻度盘的安装；(b) 测量扳手

(2) 检测万向传动装置的游动角度。与测驱动桥游动角度的方法基本相同，只是将测量扳手卡在变速器后端万向节的主动叉上。此时获得的游动角度减去驱动桥的游动角度，即为万向传动装置的游动角度。

(3) 检测离合器和变速器的游动角度。放松制动器，离合器处于接合状态，视需要支起驱动桥。测量扳手仍卡在变速器后端万向节的主动叉上，依次挂入各挡即可获得不同挡位下从离合器到变速器的游动角度。

对上述三段游动角度求和，即可获得传动系总的游动角度。

2. 数字式游动角度检测仪

1) 检测仪结构与工作原理

该仪器由倾角传感器和测量仪两部分组成，二者以电缆相连。其检测范围为 $0°\sim30°$，使用的电源为直流 12 V。

(1) 倾角传感器。其作用是将传感器外壳随传动轴游动的倾斜角转换为相应频率的电振荡。传感器外壳是一个长方形的壳体，其上部开有 V 形缺口，并配有带扣的尼龙带，因而可方便地固定在传动轴上。

传感器外壳内的装置如图 5-3 所示。图中弧形线圈固定在外壳中的夹板上，弧形铁氧体磁棒通过摆杆和心轴支撑在夹板的两轴承上，因此可绕心轴轴线摆动。在重力作用下，摆杆与重力方向始终保持某一夹角 α_0。当传感器外壳倾斜角度不同时，弧形线圈内弧形磁棒的长度亦随之不同，产生的电感量亦不同，因而也就改变了电路的振荡频率。

可见，传感器实际上是一个倾角-频率转换器。为使传感器可动部分摆动后能迅速处于平衡状态，传感器外壳内装变压器油。

(2) 测量仪。测量仪实际上是一台专用的数字式频率

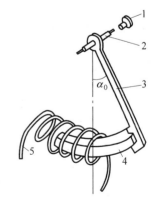

1—轴承；2—心轴；3—摆杆；4—弧形铁氧体磁棒；5—弧形线圈。

图 5-3　传感器外壳内的装置

计,由于出厂之前已经做好了标定,因而测量仪能直接显示传感器的倾角。

由倾角传感器和测量仪两部分组成的数字式游动角度检测仪,采用数字集成电路控制。其工作原理是:由传感器送来的振荡信号经计数门进入主计数器,在置成的补数基础上累计脉冲数;计数结束后,在寄存器接收脉冲作用下,将主计数器的结果送入寄存器,并由荧光数码管将结果显示出来。使用中,将游动范围内两个极限位置的倾角读出,其差值即为游动角度。

2) 检测仪测量与使用方法

将测量仪接好电源,用电缆把测量仪和传感器连接好,先按仪器使用说明书的要求对仪器进行自校,再将转换开关扳到"测量"位置上,就可进行检测了。

在汽车传动系统中,最便于固定倾角传感器的部位是传动轴。因此,在整个检测过程中,该传感器一直固定在传动轴上。

各部位游动角度的测量方法如下。

(1) 检测万向传动装置的游动角度。把传动轴置于驱动桥游动范围的中间位置或将驱动桥支起,拉紧驻车制动器。

左、右旋转传动轴至极限位置,测量仪便直接显示出固定在传动轴上的传感器的倾斜角度。将两个极限位置的倾斜角度记下,其差值即为万向传动装置的游动角度。此角度不包括传动轴与驱动桥之间的万向节的游动角度。

(2) 检测离合器与变速器各挡的游动角度。放松驻车制动器,变速器挂入选定挡位,离合器处于接合状态,传动轴置于驱动桥游动范围中间位置或将驱动桥支起。

左、右旋转传动轴至极限位置,测量仪便显示出传感器的倾斜角度。求出两极限位置倾斜角度的差值,便可得到游动角度值。该游动角度减去已测得的万向传动装置的游动角度,即为离合器与变速器在该挡位下的游动角度。

按同样方法,依次挂入各挡位,便可测得离合器与变速器各挡位下的游动角度。

(3) 检测驱动桥的游动角度。变速器置空挡位置,松开驻车制动器,踩下制动踏板将驱动轮制动。左、右旋转传动轴至极限位置,即可测得驱动桥的游动角度。该角度包括传动轴与驱动桥之间万向节的游动角度。

对于多桥驱动的汽车,当需要检测每一段的游动角度时,传感器应分别固定在变速器与分动器之间的传动轴、前桥传动轴、中桥传动轴和后桥传动轴上。

在测量仪上读取数值时应注意,其显示的角度值在 0°~30° 内有效。当出现大于 30°的情况时,可将固定在传动轴上的传感器适当转过一定角度。若其中一极限位置为 0°,另一极限位置超过 30°,说明该段游动角度已大于 30°,超出了仪器的测量范围。

截至目前,我国尚无具体的游动角度检测标准。据国外资料介绍,重型载货汽车传动系游动角度及各分段游动角度应不大于表 5-3 所列数据。

表 5-3 游动角度参考数据

部 位	游动角度	部 位	游动角度
离合器与变速器	5°~15°	驱动桥	55°~65°
万向传动装置	5°~6°	传动系	65°~86°

5.2 转向系技术状况检测

5.2.1 转向系技术要求

转向系主要技术要求见表 5-4。

表 5-4 转向系技术要求

项 目	要 求
转向盘	1. 机动车的转向盘应转动灵活,无卡滞现象。机动车应设置转向限位装置。转向系统在任何操作位置上,不应与其他部件有干涉现象。 2. 机动车(摩托车、三轮汽车、手扶拖拉机运输机组除外)正常行驶时,转向轮转向后应有一定的回正能力(允许有残余角),以使机动车具有稳定的直线行驶能力。 3. 机动车转向盘的最大自由转动量应不大于: (1) 最大设计车速大于或等于 100 km/h 的机动车,15°; (2) 三轮汽车,35°; (3) 其他机动车,25°。 4. 机动车在平坦、硬实、干燥和清洁的水泥或沥青道路上行驶,以 10 km/h 的速度在 5 s 之内沿螺旋线从直线行驶过渡到直径为 25 m 的车辆通道圆行驶,施加于转向盘外缘的最大切向力应不大于 245 N。 5. 汽车(三轮汽车除外)应具有适度的不足转向特性
最小转弯直径	1. 当汽车前行向左或向右转弯时,转向盘的回转角和回转力不应有显著差异。 2. 机动车的最小转弯直径,以前外轮轨迹中心线为基线测量其值应不大于 25 m。当转弯直径为 25 m 时前转向轴和末轴的内轮差(以两内轮轨迹中心线计)应不大于 3.5 m
前轮侧滑	1. 机动车前轮定位值应符合该车有关技术条件。 2. 机动车(摩托车、轻便摩托车和三轮农业运输车除外)转向轮的横向侧滑量,用侧滑试验台(包括双板和单板侧滑台,以下称侧滑试验台)检测时的侧滑量值应不大于 5 m/km(但对独立悬架结构的转向轮的侧滑量不作要求)

5.2.2 转向盘转矩、转角检测

转向盘的转动阻力和自由转动量直接关系到转向轻便、行驶稳定和行车安全,测量汽车转向盘转向力及转动角度可使用转向参数测试仪。

转向参数测试仪由测力和测角机构组成。转向力可通过测力机构经传感器转换为电信号的方法来测量;转向角可通过测角传感器转换成电信号的方法来测量,或通过指针和角度盘的方法来测量。通过测定转向盘转向力和转向角,可以进一步地分析汽车的操纵性能。

目前,常用的转向参数测试仪有 ZC-2A 型(图 5-4)和 SG-310 型(图 5-5)等,均可用于汽车、拖拉机、工程机械及其他轮式车辆的转向性能检测和试验。

转向参数测试仪可以测量转向盘的自由转角、原地转向力、转向盘转矩、转角和其他静态、动态参数。

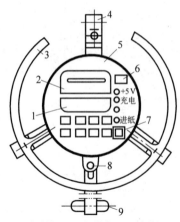

1—显示器；2—打印机；3—操纵盘；4—连接叉；5—主机箱；
6—电压表；7—电源开关；8—固定螺栓；9—定位杆。

图 5-4　ZC-2A 型转向参数测试仪

图 5-5　SG-310 型转向参数测试仪

1. 结构

ZC-2A 型转向参数测试仪由操纵盘、连接叉、主机、定位杆四部分组成。操纵盘由螺钉固定在三爪底板上,底板经力矩传感器同连接叉相连。连接叉上有三只可伸缩的活动卡头,测试时与被测车辆的转向盘连接。主机固定在底板中央,主机里装有力矩传感器、转角传感器和显示电路板。定位杆从仪器面板中心伸出,通过磁力座固定在被测车辆上。

2. 安装

测量前,应将转向参数测试仪可靠地安装在被测车辆的转向盘上。安装时松开连接叉的三只伸缩卡头上的紧固螺钉,松开连接卡头,将卡头扣在被测车辆的转向盘上并拧紧卡头。调整三只可伸缩的卡头,使仪器的中心线同被测车辆转向盘的中心线重合。

拧紧伸缩卡头上的紧固螺钉,反复转动仪器的操纵盘,确认仪器连接无松动现象且两中心线已重合。然后调整定位杆的长度,使其与吸在被测车辆仪表盘(或门框)上的磁力吸座相固定,至此仪器安装完毕。

3. 操作

1) 原地转向力的测定

按下电源开关,根据左、右转动方向选择"左/右"键其中一位置,"峰/时"键在"时"位置,将"保持"键断开。分别调整"转角调零"和"转矩调零"使其显示器读数为零。此时将"峰/时"键置于"峰"位置。

按下复位键,此时显示器的读数在零的附近,按照检车标准操纵转向盘,一个全部操纵过程结束后,记录下转矩显示器的数值。

如果长时间记忆,可按下"保持"键,其读数是转向盘的最大转矩,原地转向力的大小为显示器的读数除以被测转向盘的直径。

2) 转向盘自由转角的测定

打开电源开关,选在"左/右"键其中一位置上,"保持"键松开,"峰/时"键在"时"位置上。分别调整"转矩调零"和"转角调零",使其显示器读数为零。

按检测自由转角的方法转动转向盘,当向左或向右转动转向盘时,显示器上的转角、转矩不断增加。当转向盘转到左极限位置和右极限位置,力矩增大到某值(5 N·m)时,按下"保持"键,转角显示器上的读数就是转向盘的自由转角。

值得一提的是,不同的转向参数测试仪,其转向力和转向角的量程、测试精度及电源电压都不尽相同,应根据具体情况选用并在使用前认真阅读其使用说明书。

5.2.3 最小转弯直径检测

汽车的最小转弯直径和通道圆是汽车的机动性参数,其大小影响汽车的通过性。

1. 技术参数

如图 5-6 所示,当汽车前轮处于最大转角状态行驶时,汽车前轴离转向中心最远车轮胎面中心在地面上形成的轨迹圆直径 d_1,称为前外轮最小转弯直径。

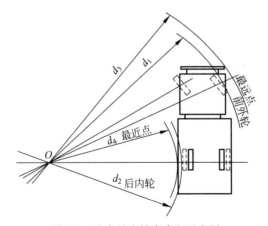

图 5-6 汽车最小转弯直径示意图

当汽车前轮处于最大转角状态行驶时,汽车后轴离转向中心最近车轮胎面中心在地面上形成的轨迹圆直径 d_2,称为后内轮最小转弯直径。

当汽车前轮处于最大转角状态行驶时,车体离转向中心最远点形成的轨迹圆直径 d_3,称为最远点最小转弯直径。

当汽车前轮处于最大转角状态行驶时,车体离转向中心最近点形成的轨迹圆直径 d_4,称为最近点最小转弯直径。

最远点最小转弯直径与最近点最小转弯直径之间的圆环称为汽车的通道圆。

汽车最远点最小转弯直径与最近点最小转弯直径之差的 1/2,称为最小通道宽度 B。

$$B = \frac{d_3 - d_4}{2} \tag{5-1}$$

2. 最小转弯直径检测方法

试验车辆的技术状况应符合汽车一般试验条件的规定。

GB/T 12540—2009《汽车最小转弯直径、最小转弯通道圆直径和外摆值测量方法》规定了适用于汽车及汽车列车的汽车最小转弯直径的测量方法。

其试验条件要求：

(1) 试验场地为平整的混凝土或沥青地面，其大小应能允许车辆作直径不小于 30 m 的圆周运动；

(2) 汽车的车轮定位参数和转向轮的最大转角应符合该车技术条件的规定；

(3) 汽车处于空载状态，只乘坐一名驾驶员，全轮着地；

(4) 测量仪器为量程不小于 30 m、精度不小于 0.1% 的钢卷尺。

其试验方法为：

(1) 在前外轮和后内轮胎面中心的上方，在车体离转向中心最远点和最近点垂直地面方向，分别安装行驶轨迹显示装置（一般用喷水针，针头与地面的距离小于 50 mm）；

(2) 汽车以低速行驶，转向盘转到极限位置，保持不动，待车速稳定后启动轨迹显示装置（用喷水针对地面喷水），使各测点分别在地面上显示出封闭的运动轨迹之后，将车开出轨迹外；

(3) 用钢卷尺测量各测点在地面上形成的轨迹圆直径，应在互相垂直的两个方向测量，取算术平均值作为试验结果；

(4) 汽车向左转和向右转各测量 1 次。

用同样的方法测出汽车最近点及最远点的转弯直径，即可计算通道圆的最小通道宽度。

5.3 行驶系技术状况检测

5.3.1 车轮技术要求

车轮技术要求见表 5-5。

表 5-5 车轮技术要求

序号	要求		
1	轮胎的磨损	乘用车	轮胎胎冠上的花纹深度在磨损后应不小于 1.6 mm
		其他车辆	轮胎胎冠上的花纹深度应不小于 3.2 mm
2	轮胎胎面不应由于局部磨损暴露出轮胎帘布层		
3	轮胎的胎面和胎壁上不应有长度超过 25 mm 或深度足以暴露出轮胎帘布层的破裂和割伤		
4	同一轴上的轮胎应为相同规格和花纹		
5	机动车转向轮不应装用翻新的轮胎		
6	车轮总成的横向摆动量和径向跳动量，总质量小于或等于 3500 kg 的汽车应小于或等于 5 mm，摩托车应小于或等于 3 mm，其他机动车应小于或等于 8 mm		

5.3.2 车轮平衡机与车轮不平衡量检测

1. 车轮平衡的意义

由于车轮的不平衡,其不平衡质量在高速旋转时引起车轮的上下振动和横向摆动,不仅影响了汽车的行驶平顺性,也影响了乘客的乘坐舒适性,而且使汽车驾驶人难以控制行驶方向,影响了行车安全。

因此,车轮平衡问题,随着汽车行驶速度的不断提高,日益为人们所重视。

车轮平衡问题越来越重要的另一原因是车辆维修的经济问题。由于汽车运输费用的提高,促使人们寻求一种延长汽车部件的额定寿命、降低汽车运输成本的途径,而车轮的不平衡质量,会在车辆的转向部件上产生比它本身重量大 2~300 倍的作用力,这样会大大降低转向部件的寿命,严重时必须更换,否则就会影响行车安全。

车轮是汽车重要组成部分,在汽车运输总成本中占 10%~30%。车轮长年累月裸露在外,不仅经受日晒、风吹、雨淋,而且与粗糙不平的路面接触,极易磨损。随着汽车行驶速度的不断提高,车轮轮胎磨损率也会越来越大,如水泥路面上车速为 100 km/h 时磨损率是车速为 40 km/h 时的 4 倍。而车轮位置不正或失调(如不平衡)严重时,其磨损率是正常使用的车轮的 10 倍,大大缩短了车轮的使用寿命。因此,确保车轮平衡不仅是汽车技术发展的需要,而且在运输经济性和安全可靠方面也是至关重要的。

2. 车轮不平衡的主要原因

(1) 前轮定位不当,尤其是前束和主销倾角,不仅影响汽车的操纵性和行驶稳定性,而且会造成轮胎偏磨,这种胎冠的不均匀磨损与轮胎不平衡形成恶性循环。因而,使用中出现车轮不平衡,也可能是车轮定位角失准的反映。

(2) 轮胎和轮辋以及挡圈等因几何形状失准或密度不均匀而先天形成的质心偏离。

(3) 因轮毂和轮辋定位误差使安装中心与旋转中心难以重合。

(4) 维修过程的拆装破坏了原有的整体综合重心。

(5) 轮辋直径过小,运行中轮胎相对于轮辋在圆周方向滑移,从而发生波状不均匀磨损。

(6) 车轮碰撞造成的变形引起的质心偏移。

(7) 轮胎翻新中因定位精度不高造成新胎冠厚度不均匀而使质心改变。

(8) 高速行驶中制动抱死引起的纵向和横向滑移,会造成局部的不均匀磨损。

3. 车轮平衡机的分类

按检测方式区分,车轮平衡机可分为离车式检测和就车式检测两种;按测量平衡原理又可分为静平衡机和动平衡机两种。

离车式检测是把车轮从车上拆下,然后在平衡机上检查其平衡状态,即将车轮与汽车行驶机构分离使其两者在无联系的条件下进行检测。

与此相反,就车式检测时车轮仍装在车上,在不拆卸车轮的情况下对其平衡状态进行检测。因此就车式检测更接近于车轮的实际工作状况,它能检测车轮的不平衡(精)度及车轮转动部分的好坏,但在车轮下安装就车式平衡机较为不便,测试时操作繁琐,且精度不易保证。

离车式车轮平衡机有静平衡机和动平衡机两类,动平衡机又分为软式和硬式两种。软式又称为振动检测式,安装车轮的转轴由弹性元件支撑,旋转时与车轮一起振动,测定该振动即可求出车轮的不平衡量。

硬式动平衡机又称为离心力检测机,其转轴由刚性元件支撑。车轮旋转时,转轴不会产生振动,它通过直接测量车轮旋转时其不平衡点质量所产生的离心力来确定不平衡点的质量和相位。

在软式或硬式离车式车轮平衡机上进行车轮平衡作业时,可以测出车轮左、右两侧的不平衡量及其相位,因此又称为二面测定式平衡机。

目前,用得最多的是硬式二面测定动平衡机。

4. 车轮平衡机的结构

1)就车式车轮平衡机的结构

图 5-7 就车式车轮平衡机

利用就车式车轮平衡机(图 5-7 和图 5-8)检测车轮平衡时,因不平衡车轮是在其原车桥上转动,不平衡力传感器装在车桥支架内,同制动鼓和车轮紧固件甚至传动系统(驱动轴)一同进行平衡。因此,利用就车式车轮平衡机检测车轮平衡,是对包括车轮在内的整个旋转体系的检测,更具有实际意义。

除力传感器外,其他如电测系统和光电相位装置以及显示仪表板和摩擦轮驱动电机等均安装在一个驱动小车内。

车桥支架(传感器支架)是一个复杂的力传感器,它有两种形式,一种供轻型小客车使用,另一种为中型车设计,如图 5-9 所示。

支架高度可由顶杆 2 和销钉 3 来调整以适应不同车型的要求,支架在车桥下就位,车桥压下后,小轮弹簧 4 即被压下缩入,底板 7 直接接触地面,以增加支架的承载能力,车体质量和不平衡振动力的主要部分由

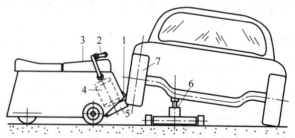

1—光电传感器;2—手柄;3—仪表板;4—驱动电机;5—摩擦轮;6—车桥支架;7—被测车轮。

图 5-8 就车式车轮平衡机工作原理

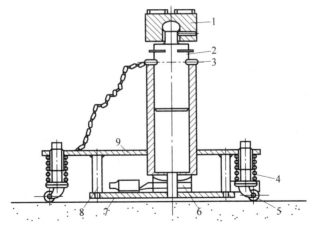

1—顶靴；2—顶杆；3—销钉；4—弹簧；5—脚轮；6—传感器；7—底板；8—支柱；9—应变梁。

图 5-9　传感器支架

应变梁 9 通过支柱 8 和底板 7 传向地面，小部分力由传感器 6 感知，达到不平衡力采样的目的。应变梁 9 不仅可以减小传感器受力以避免压损，同时，还可将不平衡力按照一定比例，精准而不失真地传递给传感器 6。

因此，应变梁由应变线性良好的材料制成，使用中应严格避免锤击和加热。任何改变应变梁弹性模量的操作都将危及应变梁的线性特性，从而完全破坏电测系统软件所预设的标定系数。

传感器支架的安装位置随被测车型和操作人员的习惯及现场条件而定，完全是随机的。因此，就车平衡机电测系统的计算机软件必须具有自标定功能。这一功能是智能化的，它能根据事先设定的已知不平衡量值（一般为 30 g）反算出支架支点与车轮的悬臂和轮毂直径等参数，这是就车式平衡机的一大特点。

驱动小车前下部靠近被测轮胎处装有光电传感器组，它包括一个指示灯 4 和两个光电二极管 3，如图 5-10 所示。

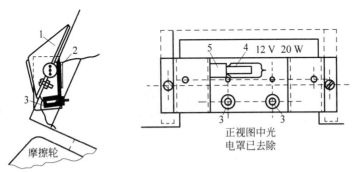

1—光电罩；2—光电线路板；3—光电二极管；4—指示灯；5—灯座。

图 5-10　就车式车轮平衡机光电传感器组

指示灯用以照射轮胎上的反光标志，为光电二极管提供相位信号以供计算机识别，计算机可根据两个光电二极管接收反光信号的前后来判断车轮的旋转方向。

2) 离车式车轮平衡机的结构

离车式车轮平衡机既可以检测不平衡力,也可用以测定不平衡力矩,车轮拆离车桥装于平衡机主轴上,一切结构和安装基准都已确定,所以无需自标定过程。

因此,平衡机的构造和电测系统都较简单,平衡操作时只要将被测车轮的轮辋直径、轮胎宽度以及安装尺寸输入电测电路即可完成平衡作业,平衡机仪表会自动显示轮胎两侧的不平衡量及其相位。

离车式平衡机按照其主轴布置方案的不同,分为卧式和立式两种。

主轴采用卧式布置(主轴水平布置),称为卧式车轮平衡机(图 5-11);主轴采用立式布置(主轴垂直布置),则称为立式车轮平衡机(图 5-12)。

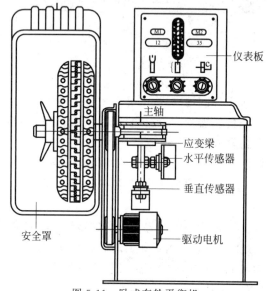

图 5-11 卧式车轮平衡机

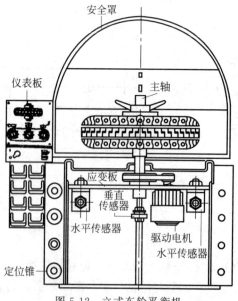

图 5-12 立式车轮平衡机

卧式车轮平衡机最大的优点是被测车轮装卸方便,机械结构和传感装置较简单,造价也较低廉,因此深受汽车修理保养厂家的欢迎,也是汽车制造厂家的首选机型。

但因车轮在悬臂较长的主轴上形成很大的静态力矩,影响传感系统的初始设定状态,尤其是垂直传感器的预紧状态,长时间使用后精度难以保证,零点漂移也较大。但其平衡精度仍然能满足一般运营车辆的要求,其灵敏度能达到 10 g。

立式车轮平衡机虽然装卸车轮不如卧式车轮平衡机方便,但其车轮质量直压在主轴中心线上,不会形成很大的力矩,垂直传感器受到的静载也比车轮质量小。

应变件是一块与工作台面同大的方形应变板,水平传感器设计成左右各一个,比卧式车轮平衡机的单个水平传感器的力学结构要稳定得多,方形应变板上开有多个空槽以减小应变板的刚性,从而大大提高了传感系统的灵敏度。

因此,立式车轮平衡机的精度极高,灵敏度可达到 3 g,且具有良好的重复性和稳定性。

5. 车轮平衡机的使用

1) 就车式车轮平衡机的使用

被测车轮事先由举升器举离地面,并将车桥坐落于传感器支架上(图 5-8)。

操作人员骑于车上,推动手把,使摩擦轮紧压于被测车轮上,起动电机带动摩擦轮拖动车轮以相当于 110 km/h 的车速旋转,车轮的不平衡质量产生的不平衡力随即被力传感器感知并转变成电量,这一电信号由电缆传入驱动小车内的电测系统予以计量和处理。

光电传感器拾取车轮的初相位信号和转速信号,经电测电路处理后得到不平衡质量的数值和相位值,通过显示面板的 4 和 5 两组数码管进行显示,如图 5-13 所示。

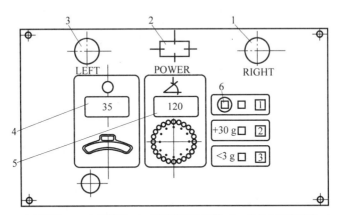

1—右转按钮;2—电源开关;3—左转按钮;4—质量显示数码管;5—相位显示数码管;6—指示灯。

图 5-13 就车式车轮平衡机显示面板

测试前须在被测轮胎侧面任意处贴装白色反光标志,为使光电元件正常工作,胎侧距光电管不得超过 5 cm,检测程序分 3 步进行。

(1) 待摩擦轮与轮胎压紧后按下右转按钮(左转按钮也可),驱动车轮旋转。待转速上升到适当值时,分离摩擦轮并释放按钮,电路即可记录与不平衡力及其相位有关的原始数据并存入 CPU。此时,仪表板上的质量显示数码管与相位显示数码管会闪烁,显示这组未经标定的不平衡质量和相位。

(2) 在反光标志处加装计算机预设的标定质量(如小客车为 30 g,大货车为 300 g)。再次按下试验按钮,重复上述操作,用已知预设质量对振动系统的刚性和结构参数进行计算。当转速上升到设定值时指示灯即点亮,计算机将第一次所测得的变量自动处理成常量显示于仪表板上,此即为就车式平衡机的自标定功能。

这时将显示的质量加装在所显示的相位处,然后除去标定重块。

(3) 进行剩余不平衡量检测,以确认剩余不平衡量是否满足有关法规的要求。如果达不到要求,可进行第二次复试,如仍达不到标准要求,只能拆下轮胎使用较高精度的离车式车轮平衡机进行平衡。

如果是驱动桥,则可用发动机拖动车轮旋转,其他操作如同前述。对于平衡要求较高的车辆,为了消除阻尼造成的相位误差,平衡时可令车轮左右各转一次,取两次的平均值为最后测定值。

这里必须着重指出,所有平衡机都有最大不平衡量限值,严重失衡的车轮是不能上机平衡的。

2) 离车式车轮平衡机的使用

离车式车轮平衡机的参数显示和操作系统因采用 CRT 显示,或用发光二极管显示,其外形结构差异很大,但其基本操作内容则大同小异。前者显示形象美观,并有屏幕提示便于操作,但造价较高;后者结构简单,工作可靠,参数调整方便,成本低廉。

如图 5-14 所示就是最为典型的一种操作面板。旋钮 8 设定轮胎宽度 B,旋钮 7 设定轮辋直径 D,旋钮 6 则设定安装尺寸 C。对于立式平衡机,C 值是胎面至顶面安全罩的距离(安全罩转下处于工作状态);对于卧式平衡机,C 值是胎面至平衡机箱体的距离。

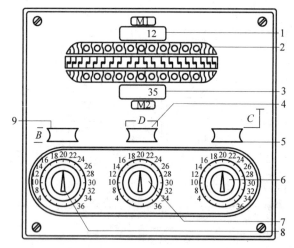

1—上平衡量;2—平衡相应指示;3—下平衡量;4—轮辋直径;5—安装位置;6—安装位置设定旋钮;
7—轮辋直径设定旋钮;8—轮胎宽厚度设定旋钮;9—轮胎宽度。

图 5-14 操作面板

车轮由专用的定位锥和紧固件安装就绪后即可起动电机实施平衡,待转数周期累积足够时,上下(或左右)不平衡值 M_1 和 M_2 即有数字显示,此时即可停车。

待车轮完全停止后可用手转动车轮,这时发光二极管会随转动而左右(或上下)跳闪,如将上排光点调至中点,这时就可在车轮的轮辋上平面正对外缘(操作者方向)处加装 M_1,显示的加装平衡重处见图 5-15,用同样方法加装 M_2 值平衡重处。

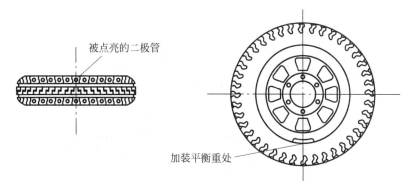

图 5-15 加装平衡重处

加装完毕后进行第二次试验观察剩余不平衡量是否满足有关法规要求。具体的操作步骤各机型略有差异,使用者应按所用机型的使用说明书进行操作。

车轮在平衡机主轴上的定位至关重要,为了确保不同形式和不同规格的车轮的中心都能与主轴中心严格重合,所有离车式车轮平衡机均配有数个大小不等的定位锥体,如图 5-16 所示。

图 5-16 定位锥体

锥体内孔与主轴高精度配套,外锥面与轮辋中心孔紧密接合,并由专用快速蝶形压紧螺母紧压于主轴定位平台上,如图 5-17 所示。注意车轮的外侧向下(立式平衡机)或向内(卧式平衡机)。

为了方便用户,离车式平衡机都随机配备一个专用卡尺(图 5-18),以供用户测量轮辋直径 D 和轮胎宽度 B,因为轮胎宽度用直尺是难以测量的。为了适应不同计量制式和刻度,平衡机上的所有标尺一般都同时标有英制和公制刻度。

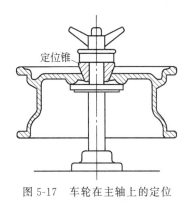

图 5-17 车轮在主轴上的定位

图 5-18 平衡机的专用卡尺

6. 平衡重

车轮平衡机的平衡质量俗称平衡重,也称配重,如图 5-19 所示。

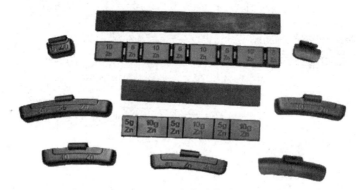

图 5-19　车轮平衡重

目前,通常使用的车轮平衡重有卡夹式和粘贴式两种形式。卡夹式配重用于大多数轮辋有卷边的车轮(图 5-20);对于铝镁合金轮辋,因无卷边可夹,则使用粘贴式配重,其外弯面有不干胶,可粘贴于轮辋内表面(图 5-21)。

图 5-20　卡夹式配重用于轮辋有卷边的车轮

图 5-21　粘贴式配重用于轮辋无卷边的车轮

标准的配重有英制和公制两种系列。英制系列以盎司(oz)为基础单位,而公制系列则以克(g)为基础单位。我国生产的车轮平衡配重分为 5～80 g(以 5 g 进阶)、90～120 g(以 10 g 进阶),以及 150 g、200 g、250 g、300 g,共 24 挡。

7. 车轮平衡机使用注意事项

(1) 离车式平衡机的主轴固定装置和就车式平衡机的支架上都装入了精密的位移传感器和易碎裂的压电晶体传感器,因此严禁冲击和敲打主轴或传感器支架。

(2) 在检修平衡机时,传感器的固定螺栓不得任意松动。因为该螺栓不是一般的紧固件,其作用是向压电晶体传感器提供必要的预紧力,当这一预紧力发生变化时,电测过程将完全失准。

(3) 市场上供应的配重最小间隔为 5 g,因此苛求车轮平衡机的精度和灵敏度并无太大的实际意义。特殊情况下,如高速跑车和赛车,则可使用特制的平衡重块。

(4) 必须明确平衡机的机械系统和电测电路都是针对正常车轮使用条件下平衡失准或

轻微受损但仍能使用的车轮而设计的,因交通事故而严重变形的轮辋或胎面大面积剥离的车轮是不能上机进行平衡作业的。

一方面不平衡量过大的车轮旋转时的离心力可能损伤平衡机的传感系统,另一方面超值的不平衡力可能溢出电测范围而使设备自动拒绝工作。

(5) 当不平衡量超过最大配重时可用两个以上配重并列使用(图 5-22),但这时要注意因多个配重占用较大的扇面会使其有效质量低于实际质量。因扇面边缘的质量所处半径 R_2 小于计算半径 R_1,如图 5-22 所示。这种情况不仅影响该面的平衡力,而且还会波及左右两面的力矩值(动平衡量)。因此,在使用多个平衡重时须慎重处理。

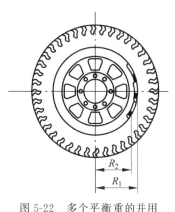

图 5-22 多个平衡重的并用

5.3.3 悬架特性技术要求

(1) 悬架特性。对于最大设计车速大于或等于 100 km/h,轴载质量小于或等于 1500 kg 的载客汽车,可采用悬架检测台或平板检测台(两者任选其一)进行悬架特性检测。

① 当采用悬架检测台检测悬架特性时,被检车辆的车轮在受外界激励振动下测得的吸收率(被测汽车共振时车轮的最小动态垂直载荷与静态垂直载荷的百分比值)应不小于 40%,同轴左右轮吸收率之差不得大于 15%。

② 当采用平板检测台检测悬架特性时,被检车辆制动时测得的悬架效率应不小于 45%,同轴左右轮悬架效率之差不得大于 20%。

(2) 装备动力转向(或助力转向)系统的车辆,其卸载阀的工作时刻应符合原厂规定的技术条件。

(3) 汽车应具有适度的不足转向特性,以使车辆具有正常的操纵稳定性。

(4) 转向轮转向后应能自动回正,在平坦、硬实、干燥和清洁的道路上行驶不应跑偏,转向盘不应有摆振或其他异常现象。

(5) 转向盘应转动灵活,操纵方便,无阻滞现象。车轮转向过程中不应与其他部件有干涉现象。

(6) 转向节及转向节臂,转向横、直拉杆及球销应无裂纹和损伤,且球销不应松旷。对车辆进行改装或修理时,横直拉杆不应拼焊。

5.3.4 悬架特性试验台与悬架特性检测

1. 汽车悬架装置检测的意义

悬架装置是保证汽车平顺性的一个重要组成,它是将车身和车桥弹性连接的部件。汽车悬架装置通常由弹性元件、导向装置和减振器三部分组成。路面作用于车轮上的垂直反力(支撑力)、纵向反力(牵引力和制动力)和侧向反力以及这些反力所形成的力矩都要通过悬架传递到车架（或承载式车身）上，以保证汽车的正常行驶。

其主要功能是：缓和由路面不平引起的振动和冲击，以保证汽车具有良好的平顺性；迅速衰减车身和车桥的振动；传递作用在车轮和车身之间的各种力和力矩；保证汽车行驶时必要的安全性和操纵稳定性。

同时，汽车悬架装置对汽车的安全性、操纵稳定性、通过性、燃料经济性等诸多性能都有影响。因此，汽车悬架装置的各元件品质和匹配后的性能，对汽车行驶性能都有着重要影响。

在设计汽车悬架时，首先，要保证汽车具有良好的平顺性，对乘用车和大客车在所有载荷范围内其固有频率尽可能不变，并且能够使车身的振动迅速衰减。

其次，要保证汽车有良好的行驶平衡性，悬架导向机构应使汽车具有适度的不足转向特性。对于乘用车，其簧载质量在侧向力作用下，侧倾应较小；在制动时应有抗"点头"作用，在加速时应有抗"仰头"作用。

再次，要保证具有一定的使用寿命，质量轻，安全可靠。另外，在汽车投入营运和使用以后，要求同一车桥上的左、右悬架高度应保持一致，防止汽车装载后发生偏斜，影响汽车行驶的稳定性；钢板弹簧不得有裂纹、断片和缺片现象，保证悬架具有原设计的承载能力、刚度和频率特征；中心螺栓和U形螺栓须紧固，防止在运行中有松动现象出现，保证行驶安全；装设有减振器的车辆，其减振器应能保持正常的工作性能，不得有损坏和缺油、漏油等影响其正常工作的故障。

汽车悬架装置最易发生故障的元件是减振器，而减振器对汽车行驶平顺性和操纵稳定性影响都很大。有研究表明，大约有四分之一的汽车上至少有一个减振器工作不正常；而有故障的减振器在行驶中会使车轮轮胎有30%的路程接地力减少，甚至不与地面接触。

其不良后果是：汽车方向发飘，特别是弯道行驶时车身晃动加剧，难以控制；制动易发生跑偏或侧滑；轮胎磨损异常，车身长时间的余振影响乘坐舒适性；车轮轴承、车轴接头、转向拉杆、稳定器等部件出现过载、磨损速度加快等问题。

随着道路条件的改善，尤其是高速公路的发展，不仅是乘用车，货车和大客车以100 km/h车速行驶的情况也很常见。现代乘用车设计的最高车速已超过150 km/h，有的甚至超过200 km/h。在高速行驶状态下，汽车的操纵稳定性和安全性尤为重要。

为保证汽车安全行驶，汽车的操纵稳定性日益受到重视。影响汽车操纵稳定性的直接因素固然是轮胎特性，但轮胎与车身相连的部件是悬架装置，其性能和品质的好坏直接影响操纵稳定性、平顺性和行驶安全性，所以检测悬架装置的工作性能，尤其是减振器的工作性能，对于保证汽车乘坐舒适性、操纵稳定性和行驶安全性是十分重要的。

汽车悬架和转向系各部的间隙在使用中会逐渐增大，致使汽车行驶中出现跳动增加、横摆加剧、转向盘自由行程加大（引起汽车转向盘抖振）、转向轮摆头、行驶跑偏、轮胎异常磨损、行驶噪声增大和各种冲击增强等现象，严重地影响了汽车操纵稳定性、行驶安全性和使用寿命。

为了保证车辆在高速行驶下的性能，对汽车悬架中的弹性元件、减振器及其组合进行经常性的检测，使其保持良好的工作状态是很重要的。汽车悬架装置检测台就是对汽车悬架特性进行快速检查的设备，国内各综合检测站已经开展这项检测。

检查汽车悬架装置的品质和性能，过去修理厂和检测站主要是通过人工检视，目视弹簧是否有裂纹,弹簧和导向装置的连接紧固螺栓是否松动,减振器是否漏油、缺油和损坏,凭经验判断是否需要更换或修理减振器。显然,这种方法主要靠经验,主观因素大,准确度不高。

针对汽车悬架装置的检测主要是测试减振器的性能,因为减振器和与之相连的弹性元件等构成了复杂的系统,在评价减振器性能的同时,也就对悬架装置的性能作出了综合的评价。检测汽车悬架性能的设备是悬架装置检测台。

2. 汽车悬架和转向系间隙检测仪

1) 悬架和转向系间隙检测原理

汽车悬架和转向系间隙过大,可能出现汽车转向盘抖振、行驶跑偏、乘坐性不良、轮胎异常磨损和行驶噪声等故障现象,这些故障现象只有在汽车行驶中才会出现,汽车停止时检查费时费力,不易觉察。

如图 5-23 所示,将汽车车轮置于检测平板上,通过平板前、后、左、右等方向的强制移动,给车轮施加各个方向的作用力,模拟汽车在颠簸路面上运动时车轮的受力,就可充分暴露悬架和转向系各零部件的技术状态和各连接处的松紧程度,从而可快捷、准确地判断故障部位。

2) 汽车悬架和转向系间隙检查仪的组成

汽车悬架和转向系间隙检查仪的组成如图 5-24 所示。该检查仪主要由电控箱、手电筒开关、泵站和左右测试机构等组成。

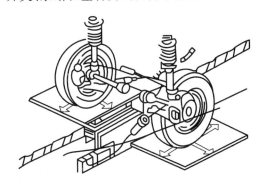

图 5-23 悬架和转向系间隙检测原理

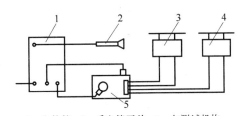

1—电控箱;2—手电筒开关;3—左测试机构;
4—右测试机构;5—泵站。

图 5-24 悬架和转向系间隙检查仪的组成

(1) 手电筒开关。手电筒开关由左、右测试板移动方向控制按键和照明两部分组成。按键用于控制电控箱中各继电器的动作,照明部分可方便检测时对各检查部位的观察。

(2) 电控箱。电控箱主要由控制电路和保护电路两部分组成。在手电筒按键的控制下,电控箱中油泵电动机和电磁阀继电器动作,给泵站中油泵电动机和相应的电磁阀供电。保护电路具有油泵电动机过载和电路漏电保护功能。

(3) 泵站。泵站由电动机、油泵、电磁阀、滤油器、溢流阀和压力表等组成。电动机带动油泵工作建立一定的油压;电磁阀在电控箱中继电器作用下控制高压油流向相应的油缸,为测试板推动车轮提供动力。

(4) 测试机构。包括左测试机构和右测试机构。按测试板可移动的方向不同,测试机构可分为前、后双向移动式,前、后、左、右四向移动式和前、后、左、右、左前、左后、右前、右后八向移动式 3 种类型。

可移动方向数不同,测试机构复杂程度也不同。图 5-25 所示为前、后双向移动式测试机构的结构,它主要由润滑孔、轴承座、动力油缸、导向杆和箱体等组成。

检测时,在手电筒左、右测试板移动方向控制开关作用下,控制电路控制油泵电动机和电磁阀继电器动作。在电动机带动下,油泵输出高压油。电磁阀在继电器作用下控制高压油流向对应的油缸,另一油缸处于卸荷状态。在动力油缸作用下,测试机构的测试板及其上的悬架与转向系部件,按导向杆给定的方向移动。

换向后,另一油缸产生动力,前一油缸处于卸荷状态,于是测试机构的测试板及其上的悬架与转向系部件,按导向杆给定的相反方向移动,实现了前、后双向对悬架与转向系间隙的检测。

意大利 VAMAG 公司 4PLDT 型测力平板式制动试验台具有悬架性能检测功能,现将其检测原理作简要介绍。

汽车是一个复杂的多质量振动系统,为了便于分析,需要进行简化。若汽车在试验台上制动时,没有横向绕纵轴的角振动,只考虑汽车垂直振动和绕横轴的纵向角振动,忽略汽车轮胎的阻尼,并把悬架质量 M 分解为前桥上的质量 M_1、后桥上的质量 M_3 以及重心 c 上的质量 M_2,则汽车振动系统可简化为图 5-26 所示的平面振动模型。

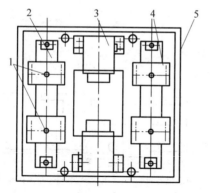

1—润滑孔;2—导向杆;3—动力油缸;4—轴承座;5—箱体。

图 5-25 双向移动式测试机构

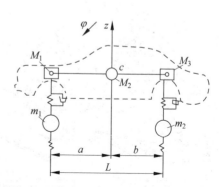

图 5-26 双桥汽车简化的平面振动模型

根据振动知识可知,汽车以一定初速度驶上制动测试平板并施以紧急制动时,由于汽车质心惯性力的作用,必然引起汽车前、后桥振动子系统发生振动,从而导致各车轮对测试平板垂直作用力的交替变化,通过测量、分析安置在测试平板四角的压力传感器输出的电信号就可了解各轮制动振动情况。

对各车轮悬架系统而言,由确定的质量、弹簧和减振器组成的振动系统,在制动惯性力作用下,其振动衰减具有一定的规律性。

若悬架系统中弹簧和减振器性能不良,必然引起振动过程的改变,因此通过检测制动时各测试平板所受垂直作用力的变化过程,进行分析、对比就可确定汽车悬架系统中弹簧和减振器的技术状况。

3）悬架和转向系检测方法

(1) 接通电控箱上的总电源,电控箱上若有空气开关则闭合空气开关。

(2) 将手电筒上工作开关按下,手电筒上工作灯应亮,电控箱上绿色指示灯应亮,此时电动机应转动,油泵工作。若有异常应检查排除。

(3) 按下手电筒上某一测试板向前或向后键,系统升压,当检测板移动到一侧极限位置时,检查压力表油压是否正常,否则调节溢流阀旋钮,使其达到要求值。

(4) 检查左、右检测板表面是否沾有泥、油、沙等杂物,若有应清除之。

(5) 车辆应运行至正常工作温度;检查轮胎气压是否符合规定,否则应调整到规定值;检查轮胎上是否有泥土和沙子,若有应清除。

(6) 将前桥置于左、右检测板上,尽量使车轮在检测板上居中停放,车上引车员踩紧制动器并抱住转向盘,车下检验员按动手电筒开关上控制左、右检测板运动的按键——"前、后移动"键,使悬架做向前、向后的运动。对断开式前桥,需要注意观察车轮与制动底板(或制动盘),上、下摆臂和主销(及衬套),上、下球头销等处的运动是否正常;对整体式前桥,需要注意观察车轮与制动底板,U形螺栓,钢板弹簧和前、后吊耳等处是否正常。

(7) 车轮保持上述停放状态,按下手电筒开关上控制左、右检测板运动的按键——"左、右移动"键,使悬架受到左、右切向力的作用。对于断开式前桥,需要注意观察车轮和轴头、减振器和螺旋弹簧、横向稳定杆和摇臂等部位是否正常;对整体式前桥,需要注意观察车轮和轴头、减振器及衬套、横直拉杆与球头是否正常。

(8) 根据所测汽车悬架及转向系结构特点,选择左右检测板不同运动方向组合方式,检查相关节点工作情况。

(9) 前桥检测完毕,将后桥(或中桥)开上检测板,用上述检测方法进行检测。

(10) 检测完毕,关掉手电筒工作开关,再关掉空气开关及总电源,工作结束。

4）汽车悬架和转向系间隙检查仪的维护

(1) 检查仪不使用时,应保持检查平板及其周围环境的清洁,防止脏物侵入检查仪。

(2) 每使用1个月应按厂家规定油品对各润滑点进行润滑;通过液压系统压力表指示最大压力值大小判断液压系统密封性,若最大压力过低应进一步检查液压系统各零部件,若有泄漏应紧固或视情更换零部件。

(3) 每使用3个月,除进行第(2)项维护作业外,应检查液压油的数量和脏污程度,油量不足或液压油过脏应按厂家规定油品进行补充或更换。

3. 悬架装置检测台

汽车悬架装置工作性能的检测方法有经验法、按压车体法和试验台检测法三种类型。

经验法是通过人工外观检视的方法,主要从外部检查悬架装置的弹簧是否有裂纹,弹簧和导向装置的连接螺栓是否松动,减振器是否漏油、缺油和损坏等。

按压车体法既可以用人工按压车体,也可以用试验台的动力按压车体。当采用试验台动力按压车体时,试验台如图5-27所示。支架在固定于地面的导轨上移动。测量时,固定在支架上的测量装置随支架在导轨上移动,使汽车保险杠处于推杆下。接通电机,凸轮旋转,压下推杆,车身被压低,压缩量与汽车实际行驶时静态与动态的载荷引起的压缩量之和相一致。压到最低点时推杆松开,同时车身回弹并作衰减振动。此时,光脉冲测量装置接

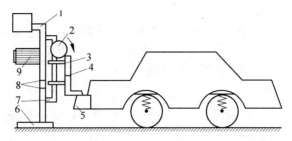

1—支架；2—凸轮；3—推杆；4,8—光脉冲测量装置；5—汽车保险杠；
6—水平导轨；7—垂直导轨；9—电动机。

图 5-27 按压车体法试验台

通,得到相邻两个振动峰值,按指数衰减规律求得阻尼值,与厂家或有关标准对照,以此评价前(后)减振器的性能。这种检测方法不够方便。另外,对同一桥左右悬架装置不能独立评价,因而有可能一个性能良好的悬架装置掩盖了同桥另一个性能欠佳的悬架装置。

人工按压法也是使车体上下运动,观察悬架装置减振器和各部件的工作情况,凭经验判断是否需要更换或修理减振器和其他部件。

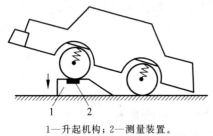

1—升起机构；2—测量装置。

图 5-28 跌落式悬架装置检测台

显然,上述两种方法主要是靠检查人员的经验,因此存在主观因素大、准确度不高,只能定性分析、不能定量分析等缺点。

在 20 世纪 80 年代,国际上出现了能快速检测、诊断悬架装置工作性能的悬架装置检测台。我国现行的交通行业标准 JT/T 448—2021《汽车悬架装置检测台》对汽车悬架装置检测台的技术要求作出了明确的规定。根据激振方式不同,悬架装置检测台可分为跌落式(图 5-28)和谐振式(图 5-29)两种类型。其中,谐振式悬架装置检测台根据检测参数的不同,又可分为测力式和测位移式两种类型。

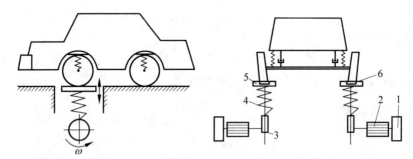

1—蓄能飞轮；2—电动机；3—偏心轮；4—激振弹簧；5—台面；6—测量装置。

图 5-29 谐振式悬架装置检测台

跌落式悬架装置检测台在测试前,先通过举升装置将汽车升起一定高度,然后突然松开支撑机构,车辆落下产生自由振动。用测量装置测量车体振幅或者用压力传感器测量车轮对台面的冲击压力,对振幅或压力波形分析处理后,评价汽车悬架装置的工作性能。

谐振式悬架装置检测台通过电动机、偏心轮、激振器(由蓄能飞轮和弹簧组成),迫使检测台台面及被检汽车悬架装置产生振动。

在开机数秒后断开电动机电源,从而由蓄能飞轮产生扫频激振。由于电动机的频率比车轮固有频率高,因此蓄能飞轮逐渐降速的扫频激振过程总可以扫到车轮固有振动频率处,从而使台面-汽车系统产生谐振。

通过检测激振后振动衰减过程中力或位移的振动波形曲线,得到频率和衰减特性,便可判断悬架装置减振器的工作性能。

测力式悬架装置检测台用于检测振动衰减过程中力的大小,测位移式悬架装置检测台用于检测振动衰减过程中位移的大小,其结构简图如图 5-30 所示。由于谐振式悬架装置检测台性能稳定、数据可靠,因此应用广泛。

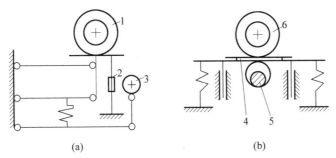

1,6—车轮;2—位移传感器;3—偏心轮;4—力传感器;5—偏心轴。

图 5-30 测位移式和测力式悬架装置检测台结构简图

(a)测位移式;(b)测力式

谐振式悬架装置检测台一般由机械和电子电气控制两部分组成。

(1)机械部分。谐振式悬架装置检测台的机械部分,由箱体和左右两套相同的振动系统构成,结构简图如图 5-31 所示。

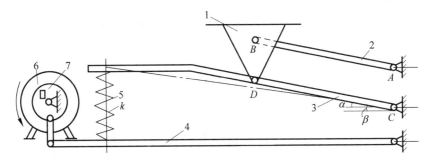

1—支撑台面;2—上摆臂;3—中摆臂;4—下摆臂;5—激振弹簧;6—驱动电机;7—偏心惯性结构。

图 5-31 谐振式悬架装置检测台单轮支撑结构简图

图 5-31 所示为检测台单轮支撑结构。由于振动系统左右对称,故另一侧可省略。每套振动系统均由上摆臂、中摆臂、下摆臂、支撑台面、激振弹簧、驱动电机、蓄能飞轮等组成。

上摆臂、中摆臂和下摆臂通过 3 个摆臂轴和 6 个轴承安装在箱体上。上摆臂和中摆臂与支撑台面连接,并构成平行四边形的四连杆机构,以保证上下运动时能平行移动,以及台面受载时始终保持水平。中摆臂和下摆臂端部之间装有弹簧。

驱动电机的一端装有蓄能飞轮,另一端装有凸缘。凸缘上有偏心轴。连接杆一端通过轴承和偏心轴连接,另一端和下摆臂端部连接。

检测时,将汽车驶上支撑平台,启动测试程序,驱动电机带动偏心机构使整个汽车-台面系统振动。激振数秒钟达到角频率为 ω_0 的稳定强迫振动后,断开驱动电机电源,接着由蓄能飞轮以起始频率为 ω_0 的角频率进行扫频激振。

由于停在台面上车轮的固有频率处于 ω_0 和 0 之间,因此蓄能飞轮的扫频激振总能使汽车-台面系统产生谐振。断开驱动电机电源的同时,启动采样测试装置,记录数据和波形,然后进行分析、处理和评价。

(2) 电子电气控制部分。谐振式悬架装置检测台电子电气控制部分,主要由计算机、传感器、A/D 转换器、电磁继电器及控制软件等组成。

传感器一端固定在箱体上,另一端固定在台面上。通过传感器测量汽车的振动参数(振动幅值、振动频率、相位),将采集的数据通过信号放大、低通滤波等前期处理后,将采集信号输入计算机,进行信号分析和处理。

控制软件是悬架装置检测台电子电气控制部分与机械部分联系的桥梁。软件不仅实现对悬架装置检测台测试过程的控制,同时也对悬架装置检测台所采集的数据进行分析和处理。

分析系统在接到采样信号后,对采样信号进行快速傅里叶变换分析,获得汽车在衰减振动过程中不同频率时的振幅等参数,并最终将检测结果显示并打印出来。

4. 国外悬架装置工作性能的诊断标准

汽车车轮和道路的接触状态可用车轮作用在地面上的接地力(亦称抓地力)来表征。依据汽车行驶中车轮作用在道路上接地力的变化可评价汽车悬架装置的品质和性能。

目前,大多数悬架装置检测台基本上都是利用检测车轮和道路接地力的原理来快速评价悬架装置的品质和性能的。

车轮接地性指数可以表征悬架装置的工作性能。车轮接地性指数是汽车行驶中车轮与路面间最小法向作用力与其法向静载荷的比值,即代表车轮与路面间的最小相对动载荷,用 A 表示,在 $0\sim100\%$ 范围内变化。

车轮接地性指数表明了悬架装置在汽车行驶中确保车轮与路面相接触的最小能力。车轮接地性指数是反映汽车行驶安全性的一个重要参数。

汽车行驶中,所有车轮的接地性指数并不完全相同。这是因为各轮悬架装置工作性能不一、各轮承受载荷不一、各轮气压不一等原因造成的。如果在检测台上,人为地使各轮承受的载荷及轮胎气压一致,那么,车轮接地性指数就主要决定于悬架装置的工作性能。因此,完全可以用车轮接地性指数评价悬架装置的工作性能。

在国外,特别是在一些欧美国家,悬架装置检测台已被广泛应用于检测汽车悬架装置工作性能。

欧洲使用的悬架装置检测台主要的生产厂家有德国的 HOFMANN 公司和意大利的 CEMB 公司等。它们生产的悬架装置检测台也是由驱动电机、偏心轮、蓄能飞轮、弹簧、台板和力传感器等组成的。

检测中,检测台台面连同其上的被检汽车按正弦规律做垂直振动,振幅固定而频率变化。力传感器感应到车轮作用到台面上的垂直作用力,并将力信号存入存储器。当对全车所有车轮悬架装置检测完后,微机将力信号进行分析和处理,便可获得车轮的接地性指数。

悬架装置检测台测得的车轮接地性指数与刚性台面（相对轮胎）的振幅有关。车轮接地性指数是刚性台面振幅的函数。因此，为获得一个良好的测量结果可比性，检测台台面的振幅最好保持不变。

欧洲减振器制造协会（EUSAMA）推荐的评价车轮接地性的参考标准见表5-6。

表5-6　车轮接地性参考标准

车轮接地性指数/%	车轮接地状态	车轮接地性指数/%	车轮接地状态
80～100	很好	1～39	弱、不够
60～79	好	0	车轮与路面脱离
40～59	足够		

需要指出的是，表5-6中的车轮接地性指数是在悬架装置检测台台面振幅为6 mm时测得的，这也是大部分悬架装置检测台使用的激振振幅。

表5-6中的参考标准适用于大多数汽车，但非常轻的小型乘用车和微型车除外。这是因为这一类汽车同一车桥（一般为后桥）的两车轮接地性指数非常低，而它们的悬架装置是正常的。

评价汽车悬架装置一直是采用平顺性作为评价指标，它是以人体所能承受的加速度均方根值来评价的。但这种评价方法不适合在用汽车的快速检测分析和评价。

车轮接地性指数评价方法不仅考虑了悬架装置对汽车平顺性的影响，更重要的是考虑了对汽车操纵稳定性和行驶安全性的影响。考查的是汽车在工作条件最差的情况下，即地面激振使悬架达到共振时，车轮与地面的接触状态。这是一个比较直观的评价指标，既能够快速检测，又能够综合评价汽车悬架装置的弹簧与减振器的匹配性能及品质。

5. 我国汽车悬架检测标准

目前，我国整车制造厂（含汽车零部件制造厂）多以悬架吸收率（suspension absorptivity）作为悬架特性的评价指标，对悬架特性予以评价。

对于谐振式悬架装置检测台，采用悬架吸收率作为悬架特性的评价指标。

悬架吸收率的定义为：被测车轮（包括汽车的悬架装置）、车架（或车身）发生共振时，车轮的最小动态垂直载荷与该车轮的静态垂直载荷之比，以百分数（%）表示，即

$$\lambda = \frac{F_{\min}}{W} \times 100\% \tag{5-2}$$

式中，λ 为悬架吸收率，%；$F_{\min}$ 为车轮的最小动态垂直载荷，N；W 为该车轮的静态垂直载荷，N。

对于平板式检测台，采用悬架效率（suspension efficiency）作为悬架特性的评价指标。悬架效率的定义为

$$\eta = \left\{ 1 - \left| \frac{F_B - W}{F_A - W} \right| \right\} \times 100\% \tag{5-3}$$

式中，η 为悬架效率，%；F_A 为悬架衰减振动过程中车轮的最大动载荷，N；F_B 为悬架衰减振动过程中车轮的最小动载荷，N；W 为该车轮的静态垂直载荷，N。

采用谐振式悬架装置检测台检测汽车悬架特性时，悬架吸收率应不小于40%，同轴左右车轮悬架吸收率之差不得大于15%，被检车辆同时满足这两项要求为合格。

采用平板式检测台检测汽车悬架特性时,悬架效率应不小于45%,同轴左右车轮悬架效率之差不得大于20%,被检车辆同时满足这两项要求为合格。

6. 悬架特性检测

1) 用谐振式检测台检测

(1) 汽车轮胎规格、气压应符合规定值,车辆空载,不乘人(含驾驶人)。

(2) 将车辆前桥(或后桥)车轮驶上谐振式检测台,使轮胎位于台面的中央位置。

(3) 启动检测台,使激振器迫使汽车悬架产生振动,使振动频率超过振荡的共振频率。

(4) 在共振点过后,将激振源关掉,振动频率逐渐降低,并通过共振点。

(5) 记录衰减振动曲线,纵坐标为动态轮荷,横坐标为时间。测量共振时的动态轮荷,计算并显示动态轮荷与静态轮荷的百分比及其同桥左右轮百分比的差值。

2) 用平板式检测台检测

(1) 平板式检测台平板表面应干燥,没有松散物质及油污。

(2) 驾驶人将车辆对正平板检测台,以 5~10 km/h 的速度驶上平板,置变速器于空挡,急踩制动,使车辆停住。

(3) 测量制动时的动态轮荷,记录动态轮荷的衰减曲线。

(4) 计算并显示悬架效率和同桥左右轮悬架效率的差值。

7. 悬架的安全技术检验

GB 38900—2020《机动车安全技术检验项目和方法》要求,对在用机动车进行安全检验时,货车(三轮汽车除外)、挂车、专项作业车的后轴钢板弹簧片数应与机动车登记信息一致,且不应有明显增宽、增厚情形。

虽然现行国家标准 GB 38900—2020《机动车安全技术检验项目和方法》并未对在用机动车的悬架吸收率(或悬架效率)作出明确要求,但上述关于悬架吸收率(或悬架效率)的检测和评价方法,对于整车制造厂(含汽车零部件制造厂)确保汽车悬架的产品品质,依然具有现实意义。

复习思考题

1. 如何进行离合器打滑检测?
2. 如何进行传动系游动角度检测?
3. 如何进行转向盘转矩转角检测?
4. 按检测方式区分,车轮平衡机可分为哪两种?
5. 简述汽车悬架特性的检测方法。

第6章 汽车车轮定位检测

📖 **教学提示**：车轮定位参数正确与否，对汽车的行驶安全和运行经济性有重要影响。车轮定位参数需要定期检测，以便及时调整或修理，确保汽车技术状态良好。

📖 **教学要求**：本章主要介绍车轮定位参数及其检测和调整方法，重点内容是车轮定位参数的检测和调整方法。要求学生了解车轮定位参数，熟悉车轮定位参数的检测和调整方法，掌握车轮定位参数检测调整的基本技能。

6.1 车轮定位参数

为使转向车轮操纵轻便、行驶稳定可靠和减少轮胎的偏磨损，在转向车轮上设计有主销后倾角 γ、主销内倾角 β、车轮外倾角 α 和前轮前束等参数，称为转向桥车轮定位。由于汽车转向轮一般是前轮，故习惯上称为前轮定位。

后轮外倾角和后轮前束称为后轮定位。其作用是使前后轮胎的行驶轨迹重合，以减少高速行车时前后车轮轮胎的横向侧滑量和轮胎的偏磨损。前轮定位和后轮定位合称为四轮定位。

6.1.1 前轮定位

1. 主销后倾角 γ 和主销内倾角 β

设计转向桥时转向主销倾斜安装在转向节上，形成主销后倾角 γ 和主销内倾角 β，使转向轮具有自动回正作用，以保证汽车直线行驶，亦即汽车在行驶中，转向轮偶然受到外力作用(如碰到石块)或转向盘稍作转动而偏离直线行驶时，有自动回复到直线行驶的能力。

主销后倾角(caster angle)是在汽车纵向平面内，主销上部向后倾斜而与车轮中心的垂线形成的角度 γ，如图 6-1 所示。

车轮具有主销后倾角后，主销的延长线与地面的交点 a 成为车轮摆动的支点，它位于车轮与路面接触点 b 的前面。当汽车直线行驶时，若转向轮偶然受到外力作用而稍有偏转，如向右偏，将使汽车行驶方向向

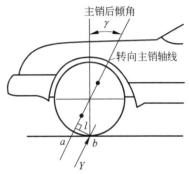

图 6-1 主销后倾角 γ

右偏离。这时由于离心力的作用,在车轮与路面接触点 b 处,路面对车轮作用的侧向反作用力 Y 形成绕主销轴线的回正力矩 Yl,方向与车轮偏转方向相反。回正力矩将使车轮回复到原来中间位置,从而保证汽车稳定地直线行驶。

由于回正力矩与力臂 l 成正比,而力臂 l 的大小取决于主销后倾角,所以主销后倾角不宜过大,否则转向时,须在转向盘上施加较大的力,导致转向盘沉重。一般 γ 角不超过 $2°\sim 3°$。

目前,乘用车广泛采用低压胎,轮胎与地面接触面增大,从而引起回正力矩的增加,因此 γ 角可减小到接近于零,甚至为负值,但不超过 $-1°$。

主销内倾角(steering axis inclination,SAI)是在汽车横向平面内,主销上部向内倾斜而与垂线形成的角度 β,如图 6-2(a)所示。

主销内倾角 β 有以下两个作用。

(1) 具有自动回正的能力。当转向车轮在外力作用下,由中间位置偏离一个角度(为了解释方便,图 6-2(b)中画成 $180°$,即转到细线所示位置)时,车轮的最低点将陷入路面以下,但实际上车轮下边缘不可能陷入路面以下,而是将转向轮连同整个汽车前部向上抬起一个相应的高度,这样汽车本身的重力有使转向轮回复到原来中间位置的效应。

(2) 转向轻便。主销内倾角 β 还使主销轴线与路面交点到车轮中心平面与地面交线的距离 c 减小(图 6-2(a)),从而减小转向时驾驶人加在转向盘上的力,使转向操纵轻便,同时也可减少从转向轮传到转向盘上的冲击力。

但 c 值也不宜过小,即主销内倾角 β 不宜过大,否则在转向时,在车轮绕主销偏转的过程中,轮胎与路面间将产生较大的滑动,从而增加轮胎与路面的摩擦阻力,这样不仅使转向变得很沉重,而且会加速轮胎的磨损。故主销内倾角一般不大于 $8°$。

2. 车轮外倾角 α 和前轮前束 $A-B$

除主销后倾和内倾两个角度用于保证汽车稳定直线行驶以外,车轮中心平面也不是垂直于地面的,而是向外倾斜一个角度 α,称为车轮外倾角(camber angle),如图 6-3 所示。外倾为正,内倾为负。

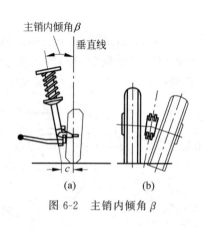

图 6-2 主销内倾角 β

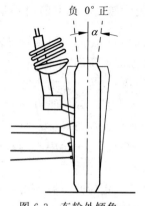

图 6-3 车轮外倾角 α

车轮外倾角有以下四个作用。

(1) 转向轻便。车轮外倾的存在，使轮胎接地点向内缩以减小偏距，从而使转向轻便。

(2) 减小轮胎偏磨损。如果空车时车轮的安装正好垂直于路面，则满载时车桥将因承载变形，而可能出现车轮内倾。这样会加速汽车轮胎的偏磨损。外倾角也不宜过大，否则轮胎也会产生偏磨损。

(3) 保护轴头螺母。如果没有车轮外倾角，满载后车轮会内倾，则轮毂向外压靠在轮毂外轴承上，加重轴承和轮毂紧固螺母的负荷，降低它们的使用寿命。因此为使轮胎磨损均匀和减轻轮毂外轴承的负荷，安装车轮时需预先使车轮有一定的外倾角，以防止车轮内倾。

(4) 保持轮胎与拱形路面垂直，减少轮胎偏磨损。车轮有了外倾角可与拱形路面相适应。车轮外倾角一般为 $30'\sim1°$。

但车轮外倾角的存在，会使车轮在滚动时类似滚锥而向外滚开，由于转向横拉杆和车桥的约束使车轮不可能向外滚开，车轮将在地面上出现边滚边滑的现象，从而加重轮胎的磨损。为了消除车轮外倾角所带来的副作用，保持汽车正直行驶，车轮应设置前束。

前桥左、右车轮的旋转平面不平行，车轮前端胎面中心线间的距离 B 小于车轮后端胎面中心线间的距离 A，称为前轮前束 $A-B$(wheel toe)，如图 6-4 所示。

对于每个车轮来说，前端偏向汽车中心纵轴线为正前束，前端偏离汽车中心纵轴线为负前束（又称前张）。总前束(total toe)是左轮前束和右轮前束之和。

前轮前束可通过改变横拉杆的长度来调整。调整时，可根据各厂家规定的测量位置，使两轮前后距离差 $(A-B)$ 符合所规定的前束值。一般前束值都小于 $8\sim12$ mm。

3. 包容角

包容角(included angle)是主销内倾角与车轮外倾角之和，如图 6-5 所示。

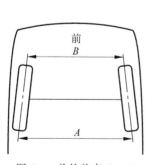

图 6-4 前轮前束 $A-B$

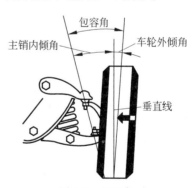

图 6-5 包容角

因为包容角是由刚性零件（转向铰节组件或麦弗逊式减振器）确定的，所以它一般是不可调的。当这些零件变形时主销内倾角将发生变化。因此，包容角是一个用来诊断车轴磨损及减振器变形的有力参数。

各种车型的转向轮定位值，各汽车制造厂均有规定。大众途观汽车的转向轮定位值见表 6-1。

表 6-1　大众途观汽车的转向轮定位值

前桥	标准底盘	后桥	标准底盘
总前束(无负载)	$10'\pm10'$	总前束(无负载)	$10'\pm10'$
车轮外倾角	$-27'\pm30'$	车轮外倾角	$-1°27'\pm30'$
两侧车轮外倾角允许偏差值	最大 $30'$	两侧车轮外倾角允许偏差值	最大 $30'$
转向 $20°$ 时左、右车轮前张角的差值	$1°36'\pm20'$	—	—
主销后倾角	$7°34'\pm30'$	—	—
离地高度	(430 ± 10) mm	离地高度	(440 ± 10) mm

6.1.2　后轮定位

直到 20 世纪 70 年代后期,大多数汽车都采用后轮驱动、整体式后桥和非承载式车身结构。这类汽车不需要考虑后轮定位的问题。但随着采用前轮驱动、四轮独立悬架、承载式车身结构的汽车的出现,产生了后轮定位问题,后轮定位失准也会造成直线行驶稳定性不好、轮胎异常磨损等问题。

1. 推力角

后轮定位是通过推力线体现的。推力线是经过后桥中心且和后桥中心线垂直相交的一条假想线,指向汽车前进方向。汽车纵向几何中心线也是一条假想线,它是通过汽车前桥和后桥中心的直线。

图 6-6(a)表示推力线和汽车纵向几何中心线重合,汽车的直线行驶稳定性好;图 6-6(b)表示推力线和汽车纵向几何中心线不重合,后轮沿推力线给汽车一个力矩,引起汽车跑偏,汽车的直线行驶稳定性不好。

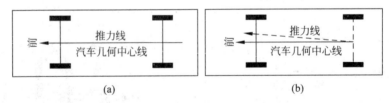

图 6-6　推力线与汽车纵向几何中心线
(a) 后桥安装正确(推力线和汽车几何中心线重合);(b) 后桥安装偏斜(推力线和汽车几何中心线不重合)

推力角(thrust angle),也叫推进角或驱动偏向角,是指推力线和汽车纵向几何中心线不重合时,推力线与纵向几何中心线形成的夹角。推力线朝左,推力角为正;推力线朝右,推力角为负。后轮推力角是两后轮前束角差值的一半。

推力角并非设计参数,而是一种故障状态参数,如左后轮和右后轮的前束不等、后轴安装偏斜、车轴偏角等,会产生推力角。

推力角的存在会使汽车的行驶轨迹偏斜。当推力线向汽车几何中心线的左侧偏斜时,后轮将使汽车顺时针转向,如果驾驶人松脱转向盘,汽车会自行向右转。若想使汽车保持直线行驶,需使汽车前轮不断向左偏转进行补偿,这将造成轮胎的羽片状磨损。

2. 后轮外倾角和前束角

后轮外倾角的概念同前轮外倾。许多前驱动汽车的后轮具有轻微的负车轮外倾角，以便改进转向稳定性。

推力角为零时，后轮单独前束角是指车轮中心线与汽车几何中心线的夹角，左后轮和右后轮的单独前束角应相等。两后轮的前束不一致会形成推力角而引起跑偏。

3. 车轴偏角

对于车轮安装角度正常的汽车，其左侧前后两个车轮中心线之间的距离应该与右侧前后两个车轮中心线之间的距离相等，即左右轴距相等。若车轮前束值失准或车辆发生了严重的碰撞事故，则会导致同一车轴上两个车轮的位置发生变化，使右前轮相对于左前轮向前（图 6-7）或向后偏移。

车轴偏角（wheel set-back）是指同一车轴左右两个车轮的位置发生变化后，其实际轴线与理论轴线之间的夹角，如图 6-7 所示。此时，一个车轮较另一个车轮后退些。

右侧车轮如果向前偏移，则车轴偏角为正；右侧车轮如果向后偏移，则车轴偏角为负。

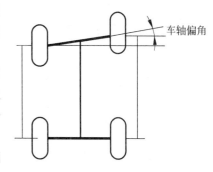

图 6-7 车轴偏角

车轴偏角不是设计角度，而是车辆由于碰撞事故或调整不当而产生的。车轴偏角的出现将导致左右轴距的差异，这时汽车会出现跑偏及操纵不稳现象，行驶方向将偏向轴距较小的一侧。

车轴偏角只有高档的四轮定位仪（需有 8 个传感器）才能测量出来，测量车轴偏角时，要先确定前束正确，因为不正确的前束，测量时会产生不正常的车轴偏角数值。

6.1.3 车轮定位检测

汽车车轮定位（wheel alignment）检测有动态和静态两种方法。

1. 动态测量法

动态测量法是汽车在低速直线行驶的状态下，通过测量车轮作用在测试设备上的侧向力或由侧向力产生的侧滑量来检测车轮定位角。这种测试方法不需要辅助的安装作业，操作简便。由于它反映了各定位参数的综合作用，因而可保证汽车严格按直线行驶，适用于汽车转向轮定位的快速检测。

动态测量法的检测设备有两种形式：汽车车轮侧滑试验台和滚筒式车轮定位检测台。前者检测由转向轮定位产生的侧向滑移量，设备简单，应用较普遍。后者的测量是在旋转滚筒上进行的，通过检测滚动的车轮对安装在摆动支架上的滚筒的横向推力，可精确测出车轮的前束、外倾及侧滑量。

滚筒式车轮定位检测台使用方便、检测快速准确,但其结构较复杂、价格较高,因而应用尚少。

2. 静态测量法

静态测量法是根据轮胎旋转平面与车轮各定位角间存在的直接或间接关系,在汽车车轮静止不动的状态下对车轮定位值进行几何检测。这种方法的设备操作较复杂,不适合快速检测,而且在静止状态下测量各轮定位值,很难保证汽车(特别是在高速行车时)严格按直线行驶。静态测量法的检测设备称为车轮定位仪。

6.1.4 车轮定位调整

1. 几何中心线定位调整法

几何中心线定位调整法是以汽车几何中心线为参考基准,将两个前轮的前束调整到规定值。长期以来都是用这种方式进行车轮定位调整。如果后轮安装正确,即推力线与几何中心线重合,这种方法定位调整效果很好。而当后轮位置不正确时,这种定位调整方法会造成前轮前束调整不当。

2. 推力线定位调整法

推力线定位调整法是将后轮的推力线作为参考基准来进行前轮前束的调整。当推力线和几何中心线不重合时,前轮、后轮与汽车几何中心线不平行。当汽车直线行驶时,四个车轮并不指向正前方,会导致轮胎表面羽片状磨损。

3. 完全四轮定位调整法

完全四轮定位调整法是首先测量推力线和汽车几何中心线的相对位置(即测量推力角),然后测量每个后轮的前束角并调整至技术参数要求,即使推力线与几何中心线重合。最后,前轮前束的调整用重合的推力线和几何中心线作为参考基准。

调整的结果是使四个车轮都平行于几何中心线,而且在直线行驶时,转向盘处于中心位置。现代的计算机车轮定位系统能使四轮定位正确。

6.1.5 何时进行车轮定位检测

汽车发生碰撞事故维修后、换装新的悬架或转向及有关配件后、新车行驶 3000 km 后,以及每行驶 10 000 km 或 6 个月后,出现下列问题时需要进行车轮定位检测:
(1) 直线行驶时,感觉需要紧握转向盘,往左边或右边拉,才能确保汽车直线行驶。
(2) 感觉车身发飘或摇摆不定,方向很难操纵。
(3) 前轮或后轮单边磨损或快速吃胎。
(4) 安装新轮胎后,发现跑偏或吃胎。

6.2 汽车车轮侧滑检测

6.2.1 车轮侧滑的产生原因

为保证汽车转向车轮做无横向滑移的直线滚动,要求车轮外倾角和车轮前束有适当配合。转向轮外倾角产生的外张力与转向轮前束产生的内束力相互抵消,以保持转向轮沿直线方向行驶,如图6-8所示。

当转向轮外倾角和前束在使用过程中发生变化,两参数的平衡被破坏,使轮胎处于边滚边滑的状态时,将产生侧向滑移现象,称为车轮侧滑。

如果前轮外倾角过大时,车轮在滚动中因外倾角引起的向外的侧向力不能被前束所引起的向内的侧向力所抵消,车轮向外产生侧滑。反之,当前束过大时,车轮向内产生侧滑。

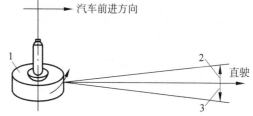

1—转向车轮;2—车轮前束;3—车轮外倾。

图6-8 车轮外倾角和前束综合作用结果

6.2.2 汽车前轮侧滑量对汽车使用性能的影响

1. 对汽车动力性、燃料经济性及制动性的影响

汽车前轮侧滑量过大会使汽车的行驶阻力增加,对汽车的动力性、燃料经济性及制动性均不利。据统计,中型货车的前轮侧滑量从 0.2 m/km 增至 5.2 m/km 后,滚动阻力增加约 30%,加速性能降低约 7.5%,等速行驶时燃料消耗量增加5%左右。

2. 对操纵稳定性的影响

前轮侧滑量过大,直接影响汽车的操纵稳定性,表现为跑偏、高速时方向发抖、发飘。据统计,中型货车的前轮侧滑量每增大 1 m/km,汽车直线行驶偏移量增加 34～36 cm/100m。

3. 对轮胎磨损的影响

汽车前轮侧滑量增大,会使轮胎磨损加剧,引起轮胎偏磨,导致轮胎使用寿命下降。据统计,中型货车的前轮侧滑量从 1 m/km 增加到 5 m/km 后,轮胎磨损增加 140%。

6.2.3 汽车车轮侧滑试验台的检测原理

检测前轮侧滑量的主要目的是判断汽车前轮前束和外倾角这两个参数配合是否适当,而非测量这两个参数的具体数值。可用汽车车轮侧滑试验台(side slipe tester)检测侧向滑移量的大小与方向,其实质是让汽车驶过可横向自由滑动的滑动板,由于前轮前束和外倾角匹配不当而产生侧向作用力,滑动板将产生侧向滑动,测量滑动板移动的大小和方向以表示汽车前轮侧滑量。

1. 侧滑试验台的分类

侧滑试验台按照测量参数不同,可以分成滑板式侧滑试验台和滚筒式侧滑试验台两大类。

(1) 滑板式侧滑试验台是通过测量滑板的滑动量来检测车轮侧滑量的。按滑动板数不同,分为单滑板式侧滑试验台(图6-9)和双滑板式侧滑试验台(图6-10)两种。

图6-9 单滑板式侧滑试验台

图6-10 双滑板式侧滑试验台

(2) 滚筒式侧滑试验台(图6-11)是通过测量车轮的侧向力来检测车轮侧滑量的。

2. 双滑板式侧滑试验台的工作原理

1) 仅有车轮前束作用时的侧滑量

假设左、右车轮只有前束而无外倾角时,如果左、右滑动板的初始距离为 L,汽车向前行驶一段距离 D 后,在车轮侧向推力的作用下,车轮通过附着作用带动滑动板向外侧滑动,使两板距离变为 L',如图6-12所示。

图6-11 滚筒式侧滑试验台

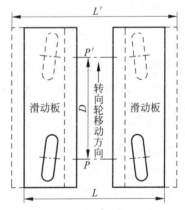

图6-12 仅车轮前束(滑动板向外侧滑动)

车轮侧滑量 X_t 为

$$X_t = \frac{L' - L}{2D} \tag{6-1}$$

式中，X_t 的单位为 mm/m，表示每前进 1 m 时的横向滑移数。

若左、右轮的侧滑量相等，则单个车轮侧滑量 $S_t = X_t/2$。

2）仅有车轮外倾角作用时的测滑量

假设左、右轮只有车轮外倾角而无前束，左、右滑动板的初始距离为 L，汽车向前行驶一段距离 D，因车轮有向外侧滚动的趋势，但受车桥的约束作用，车轮不能向外滚动，而通过车轮与滑动板间的附着作用带动滑动板向内运动（图 6-13），使两板距离变小为 L'，这时的侧滑量 X_c 同式(6-1)，但数值为负。

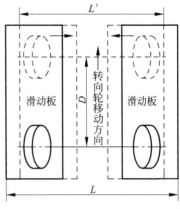

图 6-13　仅车轮外倾角（滑动板向内侧滑动）

3）总的侧滑量

由于滑动板仅有车轮前束作用时的侧滑量为正，而滑动板仅有车轮外倾角作用时的侧滑量为负，所以总的侧滑量 $X = X_t + X_c$。

3. 单滑板式侧滑试验台的工作原理

单滑板式侧滑试验台仅用一块滑板，如图 6-14 所示。汽车左前轮从单滑动板上通过，右前轮在地面上行驶。

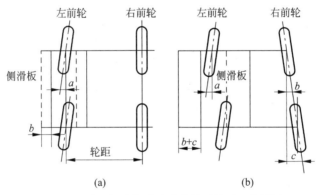

图 6-14　单滑板式侧滑试验台的测量原理分析图

若右前轮正直行驶无侧滑，而左前轮向内侧滑时，通过车轮与滑动板间的附着作用带动滑动板向左移动距离 b，如图 6-14(a) 所示。

若右前轮也具有侧滑，同样右前轮相对左前轮也会向内侧滑，此时，滑动板向左移动距离 c，且由于左前轮同时向内侧滑的量为 b，则滑动板的移动距离为两前轮向内侧滑量之和，即 $b+c$，如图 6-14(b) 所示。

上述 $b+c$ 的数值可反映出汽车左、右车轮总的侧滑量及侧滑方向。也就是说，采用单板式侧滑试验台测量汽车的侧滑量时，虽然是一侧车轮从滑动板上通过，但测量的结果并非单轮的侧滑量，而是左、右轮侧滑量的综合反映。此侧滑量与汽车驶过台板时的偏斜度无关。根据这一侧滑量可以计算出单侧车轮的侧滑量，即单轮的侧滑量为 $(b+c)/2$。

6.2.4 侧滑的检测标准

侧滑试验台就是用上述原理来测量车轮侧滑量的,其实际显示的侧滑值是左、右车轮侧滑量的平均值。侧滑量的单位用 m/km 表示,即汽车每行驶 1 km 产生侧滑的距离。

《机动车运行安全技术条件》(GB 7258—2017)规定:用双滑板式和单滑板式侧滑试验台检测汽车转向轮的横向滑移量时,侧滑量应在±5 m/km 之间。

6.2.5 双滑板式汽车车轮侧滑试验台的结构

双滑板式侧滑试验台在国内应用广泛,主要由测量装置、指示装置和报警装置等组成,典型的电气式双板侧滑试验台结构如图 6-15 所示。

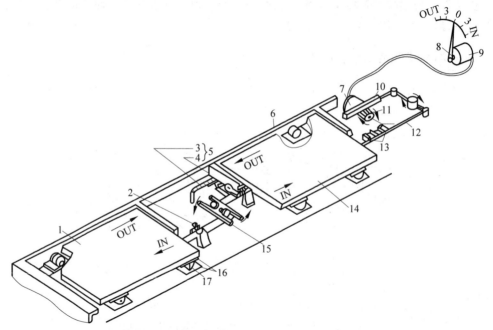

1—左滑动板;2—导向滚轮;3—回位弹簧;4—摆臂;5—回位装置;6—框架;
7—产生电信号的自整角电机;8—指示装置;9—接收电信号的自整角电机;10—齿条;
11—小齿轮;12—连杆;13—限位开关;14—右滑动板;15—双销叉式曲柄;16—轨道;17—滚轮。

图 6-15 电气式双板侧滑试验台

1. 测量装置

该装置由框架、左右两块滑动板、连杆机构、回位装置、滚轮装置、导向装置、锁止装置、位移传感器及信号传递装置等组成。它能测出车轮侧滑量并传递给指示装置。

滑动板的长度一般有 500 mm、800 mm、1000 mm 三种。滑动板上表面制有 T 形纹或十字形纹,以增加与轮胎之间的附着力。滑动板的下部装有滚轮装置和导向装置,两滑板之间连接有连杆机构、回位装置和锁止装置。

双滑板式侧滑试验台是双板联动的,如图 6-16 所示。

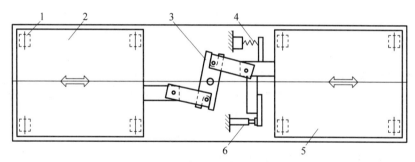

1—滚轮;2—左滑动板;3—连杆机构;4—复位弹簧;5—右滑动板;6—位移传感器。

图 6-16　双滑板式侧滑试验台

测量装置可保证在侧向力的作用下,两滑动板只能在左右方向上作等量位移,而且要么均向内移动,要么均向外移动,在前后方向上不能移动。当车辆在滑动板上前进时,如车轮正前束(IN)过大,则滑动板向外侧滑动;如车轮负前束(OUT)过大,则滑动板向内侧滑动;当侧向力消失时,在回位装置的作用下,两滑动板自动回到零位;当闭锁(lock)锁止装置时,两滑动板被锁止。

按滑动板位移量传递给指示装置方式的不同,测量装置可分为机械式和电气式两种。

(1) 机械式测量装置。该装置是把滑动板与指示装置机械地连在一起,通过连杆和 L 形杠杆等零件,把滑动板位移量直接传递给指示装置的一种结构形式。这类装置近年来已逐渐被淘汰。

(2) 电气式测量装置。该装置是把滑动板的位移量通过位移传感器变成电信号,再经放大与处理后传输给指示装置的一种结构形式。位移传感器有自整角电机式、电位计式和差动变压器式等多种形式。以自整角电机作为位移传感器的电气式测量装置如图 6-15 所示。

2. 指示装置

指示装置可分为机械式和电气式两种,电气式指示装置又可分为数字式和指针式两种。指针式如图 6-17 所示,它能把测量装置传递过来的滑板侧滑量,按汽车每行驶 1 km 侧滑 1 m 定为一格刻度,车轮向外侧滑动和向内侧滑动分别有 7 格以上的刻度指示。检测人员从指示仪表上就可获得车轮侧滑量的定量数值,并根据指针偏向"IN"或"OUT"的方向确定出侧滑方向。

早期生产的侧滑试验台的指示装置大多是指针式的,目前国产的侧滑试验台已全部用数码管显示或液晶显示。

随着设备研发水平的提高,智能型侧滑试验台逐渐出现在检测站和大型一类维修企业。智能型侧滑试验台的指示装置以数字和图形方式显示测量数据,能够及时记录侧滑量的大小,并能将数

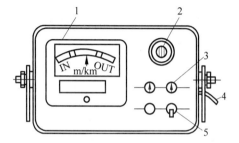

1—指示仪表;2—报警用蜂鸣器或信号灯;
3—电源指示灯;4—导线;5—电源开关。

图 6-17　指针式指示装置

据进行锁存,以保证车轮驶离侧滑台后,操作人员仍能读取侧滑量的显示值。当后轮通过或前轮后退通过滑板时,自动清零复位,准备下次测量。

3. 报警装置

在检测车轮侧滑量时,若侧滑量超过规定值,报警装置能够根据测量装置的限位开关等发出的信号,用蜂鸣器或信号灯报警,以便快速判定检测结果是否合格,为检测工作节约时间。

6.2.6 侧滑试验台的使用和维护

1. 侧滑试验台的使用

1) 检测前的准备

(1) 滑动板应左右运动自如并能回到原始位置,显示仪表能自动回零位。接通电源,左右晃动滑动板,待滑动板停止不动后,检查仪表显示是否为零。如发现失准,可按下校准键或调节调零电阻,使侧滑量显示值为零。

(2) 检查侧滑试验台及周围场地有无油渍、泥污和石子等杂物,并清理干净。

(3) 清除轮胎花纹内的石子、杂物,保持胎面干燥。

(4) 检查汽车轮胎气压是否符合出厂规定值。

2) 检测步骤

(1) 松开滑动板的锁止杆,接通电源。

(2) 将汽车对正侧滑试验台(对于单板式,将汽车的一侧对正滑动板),然后汽车沿行车线以 3~5 km/h 的低速平稳驶过滑动板。

(3) 当被检车轮从滑动板上完全通过后,读取侧滑的数值和方向。

(4) 检测结束后,锁止滑动板,切断电源。

3) 检测时的注意事项

(1) 不允许超过容许吨位的汽车驶上侧滑试验台,以防损坏侧滑试验台。

(2) 汽车通过侧滑试验台时,不允许汽车在侧滑试验台上转向或制动,也不应该突然加速、减速或踩离合器踏板,这样会改变前轮受力状态,影响测量精度和侧滑试验台的使用寿命。

(3) 汽车通过侧滑板的速度为 3~5 km/h(相当于人中速行走的速度)。车速过高会因滑动板的惯性力和仪表的动态响应迟滞而影响测量精度。速度过低也会引起数据失真和误差。

(4) 轮胎气压不符合规定,轮胎上有水、油或花纹中嵌有小石子,都会改变轮胎与滑动板间的作用力,而影响侧滑量精度。

2. 侧滑试验台的维护

(1) 侧滑试验台使用完毕,应锁止滑动板,以防因人或汽车引起的晃动而损坏测量元件。

（2）保持侧滑试验台表面及周围环境清洁，及时清除泥、水和油污，以防止它们脏污侧滑台。

（3）不应在侧滑试验台上停放汽车或堆放杂物，以防滑动板及测量元件变形或损坏。

3. 侧滑试验台的检定和调整

汽车侧滑试验台长期使用后，由于零部件磨损变形等会造成测量精度下降，为此需定期（一年或半年）进行检定和调整，以保证测试工作的准确性和可靠性。

1）侧滑试验台的检定

侧滑试验台的检定需按设备使用说明书的规定进行，以确保符合使用要求。

2）侧滑试验台的调整

造成侧滑试验台示值超差有以下两方面原因。

（1）机械方面的原因。主要是滑动板及联动机构等机械构件的制造缺陷，以及长期使用后机件磨损、间隙增大所致。

（2）电气方面的原因。仪表内电子器件日久老化，或使用过程中的操作不当造成零点漂移或阻值变化所致。

出现超差后的调整方法如下。

（1）根据以下两种方式调整仪表零位。

① 电零位调整：利用仪表上的零位调整电位器，改变电阻值的大小进行调整。

② 机械零位调整：当电零位调整无法将仪表显示调零时，可通过机械零位调整。如改变传感器的安装位置、改变滑臂转动角度等。

（2）调整示值超差。当仪表示值偏大或偏小时，可通过仪表板的增益电位器进行调整。有些仪表板上设有两只增益电位器，可分别对滑动板向外和向内进行调整。

（3）调整动作力超差。滑动板动作力超差时，可调整回位弹簧预紧力，必要时可更换回位弹簧。在测定滑动板动作力时，常可发现在滑动板移动过程中，动作力不均匀，当滑动板移到某一点时，动作力突然增加，造成动作力超差。其主要原因是滑动板卡滞所致，应检查滑动板有无弯曲变形、下滑动板导轨不平，上下滑动板间润滑不良或有污物。机体变形应调平校正，并进行清洁和润滑作业。

6.3 汽车四轮定位检测

6.3.1 车轮定位仪发展概况

车轮定位仪按出现的先后顺序分为气泡水准式、光学投影式和拉线式、CCD 式、3D 图像式等。早期的车轮定位仪为前轮定位仪，即只对转向轮车轮定位参数进行测量，如气泡水准式和光学投影式等。

现代的车轮定位仪均为四轮定位仪，可同时测量前轮和后轮定位参数，为汽车的四轮定位参数调整提供依据，如拉线式、CCD 式、3D 图像式等。从使用情况看，前轮定位仪和拉线式四轮定位仪已趋淘汰，而 CCD 式四轮定位仪目前使用较多。

目前国内销售的四轮定位仪品牌较多，如德国百世霸(Beissbarth)、德国博世(Bosch)、美国战车(John Bean)、美国大熊(Bear)、美国太阳(Sun)、美国猎人(Hunter)、丹麦奥托普(Opto-plus)、意大利科基(Corchi)、英国机灵狗(Supertracker)、丹麦好客来(Autek)、韩国卡玛世(Camax)、韩国小松(Komate)、中国台湾车安(Injet)和中国元征(Iview-100)等。

6.3.2 前轮定位仪

1. 气泡水准式前轮定位仪

气泡水准式前轮定位仪由三只带刻度的气泡式水准器组成，其端部的永久磁铁在测量时吸附在被测车轮的轮毂端面，可测量车轮外倾角、主销内倾角和主销后倾角。配备前束尺或标杆、标尺和聚光器，可测量车轮前束。气泡水准式车轮定位仪的价格低廉、携带方便，但由于是通过水准仪上的水泡管的刻度直接读数，故精度较低。

2. 光学投影式前轮定位仪

光学投影式前轮定位仪由车轮镜架、车轮镜、投光器、投影屏和定位装置等组成，如图6-18(a)所示。定位装置用于保证汽车的纵向轴线与投光器的光轴垂直。车轮镜由三块镜片组成，中心镜与车轮平面平行，两片侧镜与中心镜的夹角均为20°。

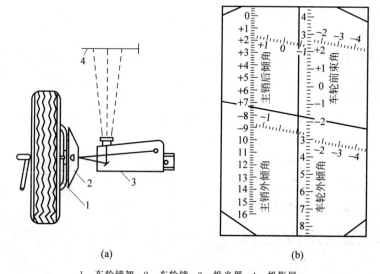

1—车轮镜架；2—车轮镜；3—投光器；4—投影屏。

图6-18 光学投影式前轮定位仪

(a) 光学投影式前轮定位仪测量系统；(b) 测量刻度线在投影屏上的影像

光学投影式前轮定位仪是利用光学投影原理，将车轮纵向旋转平面与车轮定位之间的关系投射在投影屏上测量车轮定位值的。测量时，通过车轮镜架在被测车轮上安装车轮镜，车轮镜垂直于车轮轴。投光器产生一种带有十字线的光线射向车轮镜，并从车轮镜反射到投光器，再通过折射镜组将十字光线投射到投影屏上。

十字光线的水平线与刻度的纵坐标相交的点即为车轮外倾角，十字光线的垂直线与刻度的横坐标相交的点即为车轮前束角,如图 6-18(b)所示。

6.3.3 四轮定位仪

1. 四轮定位仪的测量参数

四轮定位仪(four-wheels alignmenter)测量的参数有:前轮前束值(或角)、前轮外倾角、主销后倾角、主销内倾角、后轮前束值(或角)、后轮外倾角、汽车最大转向角、推力角、转向 20°时的前张角、汽车轴距和汽车左右轮轴距差等,如图 6-19 所示。

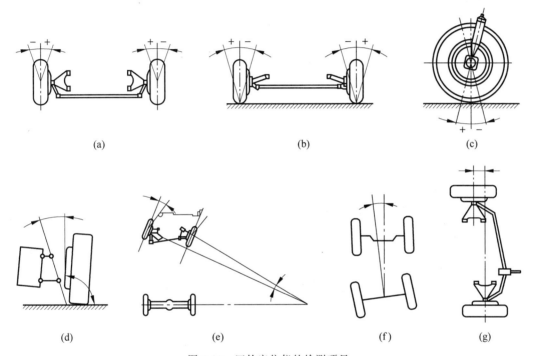

图 6-19 四轮定位仪的检测项目
(a) 车轮前束和前张角;(b) 车轮外倾角;(c) 主销后倾角;(d) 主销内倾角;
(e) 转向 20°的前张角;(f) 推力角;(g) 左右轴距差

2. 四轮定位仪的结构

四轮定位仪主要由定位平台、转盘、轮辋卡夹、附件、定位仪主机和测量机头等组成。

1) 定位平台

定位平台为汽车四轮定位检测和调整提供符合要求的场地,有地沟和举升器两种形式,如图 6-20 所示。

举升器造价较高,要求车间有相应的高度,操作人员使用方便。举升器的跑台经长期使用后,难免会出现变形,可能出现纵向倾斜(顺角)和左右两侧跑台高度偏差,因此每半年左右要校准一次。地沟结构简单、造价低,特别适合高度较低、不能使用举升器的车间,但需挖地坑。

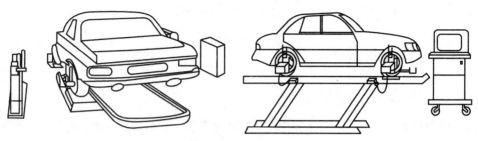

图 6-20 测试用地沟或举升器

2) 转盘

转盘由固定盘、活动盘、扇形刻度尺、游标指针、锁止销和滚珠等组成,如图 6-21 所示。活动盘上装有指针,以指示车轮转过的角度。有的转盘装有位移传感器,构成电子转盘,可将转盘转过的角度转换成电信号,并通过电缆传送给计算机。检测中应将锁止销取下,而检测前后可用锁止销将活动盘锁止,以便前轮上下转盘。

当汽车前轮置于转盘上转向时,活动盘不仅能保证前轮灵活偏转,而且能保证前轮发生横向和纵向位移。车轮绕主销转动时的运动轨迹如图 6-22 所示,C 为车轮接地中心,O 为转动前后车轮中心线的交点。

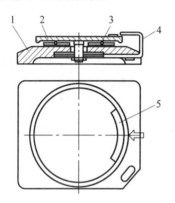

1—固定盘;2—活动盘;3—滚珠;4—游标指针;5—扇形刻度尺。

图 6-21 转盘的结构

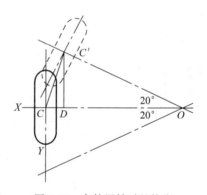

图 6-22 车轮回转时的轨迹

当车轮绕 O 回转 20°时,C 点将以 OC 为半径画圆弧移至 C' 点。由 C' 点向 CO 作垂线,并连接 CC'。可见,当车轮转动时,既有转角变化,又有位置变化(车轮接触点 C 沿 X 方向移动距离 L_{CD} 和沿 Y 方向移动距离 $L_{DC'}$)。为此,转盘的固定盘和活动盘之间装有滚珠(或滚柱)及保持架,以确保活动盘可转动自如。

由上述分析可见,转盘的作用有以下几点:

(1) 在主销倾角的检测中,便于静止汽车前轮转向,并转至规定的角度;

(2) 测试两前轮的最大转向角。

用转盘可测出前轮最大转向角(即左、右转向极限角)。检查时,先用锁止销将上转盘与底座锁住,转角指针对准"0"刻度。将汽车转向轮直线驶上转角仪(定位仪)转盘中心位置,保证车轮处于直线水平位置,转向盘位于直线行驶中心位置。拔下插销,开始测量。将转向盘分别向左和向右转到极限位置,即可测出左、右极限转向角。

3）轮辋卡夹

轮辋卡夹（图6-23）具有3～4个轮爪，材料大多使用轻铝合金。三爪夹具采用自定心方式。四爪夹具采用四点定位方式，误差点取值多，中心对正较好，精度较高。

通过转动手柄可自动定心固定在轮辋圈内侧，其轴销用于安装测量机头。轮爪头具有多种形式，可根据需要进行选择。轮辋卡夹装配正确与否对测试结果有很大的影响。在装配轮辋卡夹时，应使轮爪避开轮辋上平衡块处，同时务必使轮爪与轮辋接触均匀。

4）附件

附件包括制动杆、转向盘锁定杆等，如图6-24所示。制动杆可在测定主销倾角时，防止车轮滚动。转向盘锁定杆可防止在测前束时车轮转向。

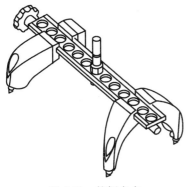

图6-23 轮辋卡夹

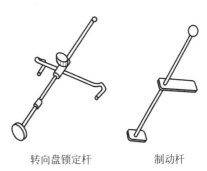

图6-24 附件

5）定位仪主机

除早期的拉线式四轮定位仪采用智能仪表作为主机外，其他四轮定位仪均采用PC机构成的虚拟仪表作主机，进行数据处理和测量结果的数显。定位仪主机包括计算机、打印机和机柜等，如图6-25所示。

计算机内有测量软件，计算机硬盘中存有各种车型定位参数的数据库和操作帮助系统等。检测时，四轮定位仪测量出汽车实际的四轮定位参数，并通过打印机输出检测结果。然后计算机自动与相应车型的原始定位参数进行比较，操作人员可按显示器提供的三维动画提示和实时帮助进行各车轮定位参数的调整。

6）测量机头

各种四轮定位仪的主要区别在于测量机头中传感器形式的不同，下面分别加以介绍。

图6-25 四轮定位仪主机

（1）拉线式

拉线式四轮定位仪采用角位移传感器测量车轮定位参数。角位移传感器实质上是一个带摆臂的滑线旋转电位计，摆臂旋转一定角度时，带动电位计的电刷转动，从而改变输出电阻，最终导致传感器的输出电压变化。

拉线式四轮定位仪的测量机头由机头上端盖5和上、下两个角位移传感器组成，如

图 6-26 所示。

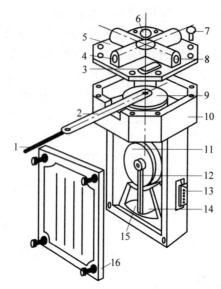

1—弹性拉线；2—拉线摆臂；3—水准泡；4—主销内倾角插孔；5—上端盖；6—锁紧旋钮；
7—螺钉；8—主销后倾角插孔；9—角位移传感器；10—传感器体；11—倾角传感器；
12—电位计摆臂；13—电缆接头；14—摆锤；15—阻尼工作室；16—侧端盖。

图 6-26 拉线式四轮定位仪的测量机头

机头上端盖布置有两个相互垂直的安装插孔 4 和 8，分别在测量主销内倾角和主销后倾角时使用。上面水平布置的角位移传感器 9 用于测量前束角和推力角。拉线摆臂 2 的一端有孔，用于挂弹性拉线 1。

测量时，用轻质的弹性拉线将固定在前后车轮测量机头上的拉线摆臂连接起来，传感器将输出与前束角成一定比例关系的电压，由仪表处理和显示。

测量机头的下部垂直布置有角位移传感器 11（又称倾角传感器），用于车轮外倾角、主销内倾角和主销后倾角的测量。电位计摆臂 12 的一端连有摆锤 14，摆锤的作用是保证电位计摆臂始终处于铅垂状态，当测量机头随车轮外倾角变化或车轮转动时，带动电位器电刷移动，改变输出电压，输出与车轮外倾角、主销内倾角和主销后倾角有一定关系的电压量，由仪表处理和显示。

早期的拉线式四轮定位仪只有两个测量机头，分两次对全车的四轮进行测量，先测两前轮，再测两后轮。后期的拉线式四轮定位仪采用四个测量机头，角位移传感器多用光电编码器或旋转变压器。

光电编码器为无接触测量、寿命较长，同时可直接输出数字信号，无需 A/D 转换。尽管如此，拉线式四轮定位仪还是操作较繁琐、测量精度不高，不便于进行全四轮测量。特别是测试场地不平时，车轮定位参数会有较大的误差。

(2) CCD 式

CCD(charge coupled device)即电荷耦合器件。光源发出的光通过光学成像系统照射在 CCD 光敏面的感光单元上，相应的感光单元产生电荷，经附加电路处理后，输出视频信号。

CCD 分为线阵型和面阵型两种,线阵型 CCD 光敏面上的感光单元排列成一行,而面阵型 CCD 光敏面上的感光单元排列成二维阵列。车轮定位仪多采用单色、线阵型 CCD,测量一个发光光源在 CCD 视野中的水平坐标。

CCD 输出的是数字信号,具有线性度好、温度稳定性高等优点。通过特殊滤波算法可以区分各种干扰光,是目前国外品牌广泛采用的光传感器件。但因 CCD 的接收频谱很宽(从紫外线、可见光到红外线均可接收),且对可见光更敏感,故把 CCD 作为接收器件的四轮定位仪设计难度很大。

目前,主流制造商多采用 2000 线到 3000 线的 CCD 来生产四轮定位仪,测量范围一般可以达到 ±20° 以上。理论上来讲,其光学分辨率都在 $0.015°\sim 0.025°$,而精度则多在 $0.05°$ 左右。

CCD 式四轮定位仪的测量机头(共四个)有两个 CCD 光学测量装置、两个倾角传感器和单片机处理系统,如图 6-27 所示。

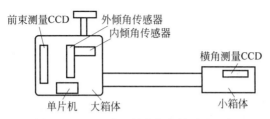

图 6-27 CCD 式四轮定位仪的测量机头

两个 CCD 光学测量装置分别位于大、小箱体内,用于测量前束角和推力角。两个倾角传感器(即外倾角传感器和内倾角传感器)互成 90° 放置,用于测量车轮外倾角和主销内倾角,其测量原理同拉线式四轮定位仪。

单片机处理系统对传感器的信号经微处理器进行数据处理,处理结果可直接通过电缆传输给计算机,但现在测量机头大多为无线机头,即通过测量机头内高频变送器,将测量结果发送到定位仪的接收器里。这种机头不需要电缆线束和车轮定位仪相连接,数据连续采集、连续发送,即使碰到固体障碍物也不影响数据传输。CCD 式四轮定位仪的测量机头的测量精度比拉线式要高。

CCD 光学测量装置由光源和 CCD 组成。检测时,一个测量机头光源发出的光由对应的测量机头的 CCD 接收,经放大滤波处理后送入计算机,就能进行前束角/横角的测量。测量机头大箱体内的 CCD 光学测量装置用于测量前束角,而小箱体内的 CCD 光学测量装置用于测量横角。

CCD 光学测量装置的光源有红外光和激光两种,如图 6-28 所示。相应的定位仪称为红外四轮定位仪和激光四轮定位仪。

红外光由红外发光管产生。目前用在四轮定位仪中的红外光主要作通信与测量用,其理论测量精度可以达到 $0.01°$,甚至更高。红外发光管在正常使用条件下至少可以使用 10 年。但因为任何物体或发光体都可以散发红外光,故如何去除外界红外光干扰和测量光的互相干扰是红外四轮定位仪的设计重点与难点。

图 6-28(a)是红外光测前束的原理。测量机头 1 中的红外发光管发出的光线以一定的角度照射在测量机头 2 的 CCD 上,CCD 上相应位置的感光单元被照射,该位置的信息由

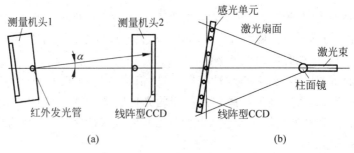

图 6-28 红外光和激光测前束
(a) 红外光测前束；(b) 激光测前束

CCD 发送到单片机处理后,再发送给定位仪主机。

激光是由激光器产生的一种能量集中、发散角和衍射极小的平行光。激光具有平行光的一切特性。如它通过一个柱面镜时,将发散成一个扇面。四轮定位仪常用红外波长的激光。激光有很多优点,比如极高的方向性、单色性、高亮度等,因而一般激光测量源很难被干扰,稳定性也很好。

但用于四轮定位仪的激光器,属于半导体激光器,寿命只有 5000 h 左右,理论测量精度低于 0.1°。而且激光对人眼有很大的伤害,出于保护劳动者的考虑,国家对这类产品有限制使用的法规。

图 6-28(b)所示是激光测前束的原理。假定一个测量机头发出激光扇面,被另一个测量机头上的线阵型 CCD 接收。如果接收激光的测量机头相对理想位置偏转,激光扇面就照在线阵型 CCD 上偏离中心的位置,通过适当的电路处理后再将该信息发送给定位仪主机。

四轮定位仪的测量机头之间、测量机头与主机之间需要互相传递信号与数据,最早是采用电缆来传输,而后用红外光或用高频无线电,最新采用的是蓝牙无线通信技术。

① 电缆。传输稳定可靠、速度快,但使用不方便,且传输线接插头插拔次数有限(500 次),电缆本身容易被拉、压、折断,更换电缆成本高。

② 红外光。传输速度快,使用较方便,使用寿命长,但容易受遮挡,对环境要求较高。

③ 高频无线电。传输速度快,使用较方便,使用寿命长,但容易受干扰,多套同时使用时容易出问题(不具备完善的通信协议,不具备跳频抗干扰能力,固定频点一旦被干扰必须由四轮定位仪生产厂派出专业技术人员才能解决)。

④ 蓝牙。蓝牙(bluetooth)无线通信是一种开放的低成本、短距离的无线通信技术。蓝牙工作在 2.4 GHz 的 ISM(industrial science and medicine)频段(2.402~2.480 GHz),采用时分双工(time-division duplex,TDD)方式工作,调制方式为参数 BT-0.5 的高斯频移键控(Gaussian frequency-shift keying,GFSK)。蓝牙无线通信具有宽大的通道(可快速传输大量的数据流)、完善的通信协议,使用方便,寿命长,通信稳定可靠。蓝牙设备间的有效通信距离为 10~100 m,蓝牙无线部分十分小巧,质量轻,可穿墙通信(只是在穿越障碍时,会损失功率,使通信距离缩短)。

(3) 3D 图像式

普通的四轮定位仪都有若干个复杂而又精密的测量机头,使用中如有磕碰,轻则降低精度,重则导致损坏。

3D 图像式四轮定位仪(图 6-29)将多个高分辨率的图像传感器安装在定位仪主机(或立

柱)上,而装夹在车轮上的测量机头由一个反光板代替,其上有若干个规定大小的反光斑。

由于测量机头上没有传感器和电路,就不怕摔、不易坏,也不会发生电路故障,因此无需维修和调整,这样大大降低了维护费用。

3D图像式四轮定位仪的图像传感器由一个半导体激光发射器[亦称激光二极管(laser diode,LD)]和一个CCD摄像机组成,如图6-30所示。

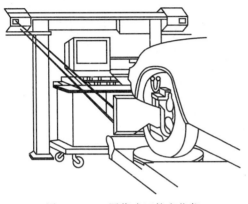

图6-29 3D图像式四轮定位仪

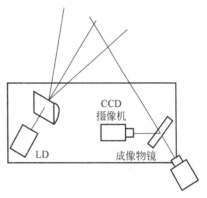

图6-30 图像传感器

CCD摄像机由成像物镜和面阵型CCD组成。半导体激光发射器(LD)发出的激光经柱面镜单方向拉伸形成一个光平面打在装夹在车轮上的反光板上,反光板的图像成像在CCD摄像机的图像平面上。经过图像采集卡采集,送入计算机内形成数字图像。

3. 四轮定位仪的测量原理

下面以德国百世霸牌CCD式四轮定位仪(图6-31)和美国战车公司生产的3D图像式四轮定位仪讲述其测量原理及使用。

1) CCD式四轮定位仪的测量原理

(1) 汽车的准备

进行四轮定位的汽车车轴状况必须良好,车轮的所有轴承间隙、转向间隙和主销间隙均须检查并经过调整,且轮胎气压符合出厂要求。经碰撞后的汽车必须先进行大梁校正,以保证车身左右对称点处于同一水平面上。

汽车驶上地沟(或举升器),使前轮正好位于转盘的中心。汽车驶入前,用锁止销将转盘锁紧,防止转动;汽车驶入后,则松开锁止销。

(2) 测量机头的安装

将轮辋自动定心夹具安装在四个车轮上,将测量机头安装到轮辋卡夹的轴销套上,如图6-32所示。

机头安装工作非常重要。在机头往轮辋卡夹的轴销上插套时一定要到位,以便导正。通过锁紧螺栓锁紧,防止机头松动,并与轮辋卡夹垂直,避免机头倾斜。

图6-31 德国百世霸牌CCD式四轮定位仪

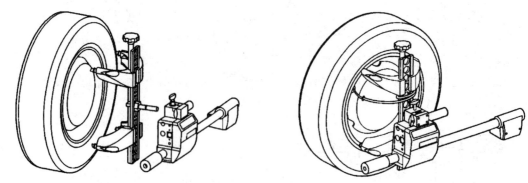

图 6-32 测量机头在车轮上的安装

机头稍有倾斜就会造成外倾角和内倾角数据测量的失准。

由于机头壳体是塑料制品,所以锁紧螺栓时不能过度用力,以免机壳上的螺孔出现裂缝,测不出准确数据。另外,机头要轻拿轻放,千万不能随意放在地上,以防磕碰、损坏。

(3) 轮辋偏摆补偿

由于汽车使用过程中造成的轮辋钢圈变形,造成轮辋转动过程中,轮辋端面左右偏摆(run out)。另外,夹具精度的限制也不可能使三爪支承点组成的平面与车轮轴心线绝对垂直。此两项误差引起的"摆差",造成轮辋卡夹轴销与车轮旋转平面不垂直而形成一定的夹角,且该夹角随夹具安装在轮辋上的位置不同而随机变化。

由于外倾角和前束角本身为微小值(分别为 $1°\sim2°$ 和 $5'\sim40'$),当轮辋偏摆严重时,会影响车轮定位数据的准确性,甚至得出错误的测试结果。所以在测量车轮定位参数前,应对轮辋偏摆进行补偿。

以右前轮为例(图 6-33(a)),当测量机头与夹具装在具有外倾角 α_o 的汽车转向轮上后,由于摆差的影响,车轮中心面 CD 与测量机头的侧平面不平行,向外倾斜角 α_{ck1},待倾角传感器的摆锤回位到铅垂位置后,传感器输出为 $\alpha_{0°实}$,则有

$$\alpha_o = \alpha_{0°实} - \alpha_{ck1} \tag{6-2}$$

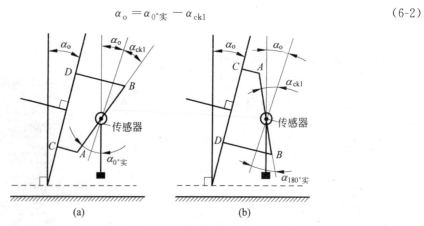

图 6-33 偏摆补偿原理

由于式(6-2)中 α_{ck1} 未知,它随夹具在轮辋上的安装位置而随机变化,因此无法测得外倾角 α_o。此时可采用如下解决办法:将测量机头与夹具中心枢轴的螺母松开,将夹具随车轮一起绕车轮枢轴逆时针(使汽车后退)方向转 180°,再将测量机头与夹具旋紧(测量单元

保持纵向水平),如图6-33(b)所示,则有

$$\alpha_o = \alpha_{180°实} + \alpha_{ck1} \tag{6-3}$$

由式(6-2)-式(6-3)得补偿公式:

$$\alpha_{ck1} = (\alpha_{0°实} - \alpha_{180°实})/2 \tag{6-4}$$

同理,前束的补偿公式为

$$\alpha_{ck2} = (\alpha_{90°实} - \alpha_{270°实})/2 \tag{6-5}$$

可见,轮辋偏摆补偿可通过将车轮举起,旋转车轮360°实现,由传感器检测倾角的变化,按式(6-4)和式(6-5)算出补偿量。

轮辋摆差补偿的测试步骤如下:

① 用千斤顶将汽车车轴顶起,使车轮离开地面,可自由旋转;

② 松开测量机头的锁紧螺栓,按下测量机头操作面板上的"补偿"键,进入"轮辋偏摆补偿"(run out)程序,并将车轮此刻的初始位置记为0°,然后操作人员缓慢转动车轮分别转至90°、180°、270°位置,计算机通过车轮0°、90°、180°和270°这四个位置的倾角传感器输出信号,运算得到偏摆补偿量;

③ 放下车轮,注意保持车轮在0°位置。

(4) 车轮前束和推力角的测量原理

在车轮前束检测前,应保证车体摆正且转向盘位于中间位置。为提高车轮前束(或前束角)的测量精度,常通过安装在车轮上的四个机头的前束和横角光学系统的光学镜头发出的共8条光束形成一个测量场,即一个封闭的矩形,如图6-34所示。

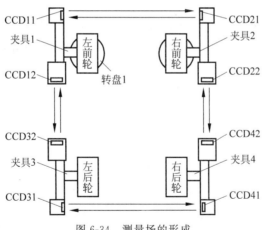

图6-34 测量场的形成

将被检汽车置于此矩形中,不仅可以检测前轮前束、后轮前束,还可检测出同轴左、右车轮的轴距差及推力角等。

当前束为零时,在车轮上的前束测量装置接收的光应照在零点位置,而当车轮(如左前轮)存在前束时(图6-35),其测量机头的前束测量装置的红外光电管发出的光束照射在左后轮测量机头的前束测量CCD上,会偏离原来的零点位置形成一个偏差值,该偏差值即表示左前轮的前束角。

同理,通过安装在后轮测量机头发出的红外光束照射在前轮测量机头的前束测量CCD上,可测出后轮前束角的大小和方向。

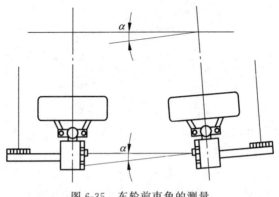

图 6-35 车轮前束角的测量

如果同轴左、右轮测量机头的横角测量装置发出的两条光束互相平行但不重合,说明左右两车轮不同轴,即车轮发生了错位。根据左、右轮测量机头的横角测量装置 CCD 上的偏差值,可算出同轴左右轮的轴距差。

(5) 车轮外倾角的测量原理

测量机头内的外倾角度传感器以重力方向作为参考基准,测出轮辋夹具轴销与水平平面的夹角 α',而夹角 α' 等于车轮外倾角 α,由此可直接测量得到车轮外倾角 α。

(6) 主销后倾角和主销内倾角的测量原理

主销后倾角 γ 和主销内倾角 β 不能由车轮的静止状态直接测出,只能采用建立在几何关系上的间接测量。

测量时需踩下制动踏板(或用制动踏板抵压杆将制动踏板压下以节省人力),使前轮处于制动状态,然后将转向轮在转盘上分别向内、向外转动一定的角度。此时主销后倾角 γ、主销内倾角 β 和车轮外倾角 α 都会随之改变。

在一定条件下,主销后倾角 γ、主销内倾角 β 都与车轮外倾角 α 的变化近似为线性关系。

下面以主销后倾角 γ 的测量为例进行说明。

将转向轮分别向内、向外转动一定的角度,根据几何关系可得

$$\gamma = \arctan \frac{\sin \alpha_i - \sin \alpha_o}{\sin \delta_o \sin \delta_i} \tag{6-6}$$

式中,γ 为主销后倾角;α 为车轮外倾角;δ 为转向轮转动角度,即转向盘转动角度;i 为车轮向内转动;o 为车轮向外转动。

为了提高测量精度,减小主销内倾角 β 对车轮外倾角 α 变化的影响,可采用相对测量法。也就是说,转向轮向内、向外转动的角度相同,即 $\delta_i = -\delta_o = \delta$,代入式(6-6)得

$$\gamma = \arctan \frac{\sin \alpha_i - \sin \alpha_o}{2\sin \delta} \tag{6-7}$$

由于主销后倾角 γ 和车轮外倾角 α 都很小,可以近似取 $\sin \alpha \approx \alpha$,$\tan \gamma \approx \gamma$,则

$$\gamma = \frac{\alpha_i - \alpha_o}{2\sin \delta} \tag{6-8}$$

上式表明,主销后倾角 γ 近似地与车轮外倾角 α 变化量成正比,其比例系数取决于转向

轮转动角度 δ，见表 6-2。

表 6-2　对应不同转向轮转动角度 δ 的比例系数值

$\delta/(°)$	5	10	14.5	20
$1/2\sin\delta$	5.74	2.88	2.00	1.46

通常转向轮向内和向外转动角度 δ 为 $20°$，则

$$\gamma = 1.46(\alpha_i - \alpha_o) \qquad (6-9)$$

式中，α_i、α_o 分别是转向轮向内和向外转动到 $20°$ 时，车轮外倾角的大小。

可见，只要测量出车轮外倾角的变化量 $\alpha_i - \alpha_o$，再乘以 1.46，即可得到主销后倾角 γ。

主销内倾角 β 的测量原理与主销后倾角 γ 完全相同，只是角度测量平面与主销后倾角 γ 测量时旋转了 $90°$。

（7）转向 $20°$ 时前张角的测量原理

汽车使用时，前轮的碰撞冲击、长期在凹凸不平的路面上行驶和经常采用紧急制动等，对汽车的冲击作用都可能引起转向梯形的变形。因此，会造成汽车在转向行驶过程中前轮异常磨损、操纵性变差，并间接影响汽车动力性和燃料经济性。

为了检测汽车转向梯形臂与各连杆是否发生变形，在四轮定位仪中均设置转向 $20°$ 前张角，即让被检汽车前轮停在转盘中心，左轮沿直线行驶方向向左转动 $20°$ 时进行测量，右轮沿直线行驶方向向右转动 $20°$ 时进行测量。具体测量如下：右前轮向右转 $20°$，读取左前轮下的转盘上的刻度值 X，则 $20° - X$ 即为所要检测的转向 $20°$ 时前张角。

一般汽车在出厂时都已给出 $20° - X$ 的合格范围，将测量值与出厂标准进行比较即可判别车轮的转向梯形臂与各连杆是否发生了变形。如果超出标准值或左右转向前张角不一致，则说明该车的转向梯形臂和各连杆发生了变形，需要进行校正、调整或更换梯形臂和各连杆。

2）3D 图像式四轮定位仪的测量原理

3D 图像式四轮定位仪是目前最先进的四轮定位系统，它应用高精密度三维成像技术和计算机图像处理技术实现非接触测量，给四轮定位测量技术带来革命性的突破。

前述的四轮定位仪以二维空间技术分别测量前束及外倾角，3D 图像式四轮定位仪则以三维空间技术同时测量前束和外倾角，测量快速、准确。

3D 图像式四轮定位仪具有以下主要特征。

（1）检测速度快，工作效率高。一辆汽车可在 5 min 内检测完毕。

（2）测量机头是用有机玻璃制成的，没有任何传感器。因为不是电子测量机头，所以不会因精密电子元件损坏而需重新校准，并且机头和定位仪主机间无电缆连接。

（3）由于采用三维空间定位技术，所以不需要倾角传感器，定位平台的不平度也不会影响测量精度。

（4）由于是测量车轮的转动轴线，所以轮辋的好坏和测量机头的安装是否准确都不影响测量精度。

（5）不需要进行测量机头的水平调整和轮辋偏摆补偿。定位时间可节省 20~30 min。

（6）测量时操作人员不需要碰测量机头。

美国战车公司生产的 3D 图像式四轮定位仪的组成如图 6-36 所示，实物如图 6-37 所示。

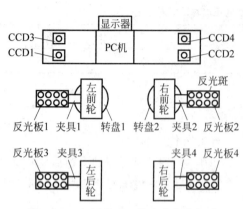

图 6-36　3D 图像式四轮定位仪的组成

图 6-37　美国战车 3D 图像式四轮定位仪

通过前后移动汽车,测量机头会随车轮转动,然后用 CCD 图像摄像头拍摄装在车轮上的测量机头(即多点反光板)随车轮滚动和转向的空间运动图像(图 6-38),由计算机三维图像处理系统对空间运动图像进行处理和坐标变换,通过比较测量机头的起始位置和终点位置图像,计算出每个车轮的转动轴线,直接计算出车轮前束角和车轮外倾角。

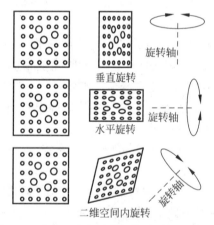

图 6-38　多点反光板随车轮转动时的运动图像

通过左右转动转向盘,系统比较两个不同位置,测量车轮转动轴线,直接计算出主销内倾角和主销后倾角。

3D 图像式四轮定位仪的测试过程如下。

(1) 操作人员输入车牌号码,系统就能自动调取上次检测记录的数据,以便对比。输入被检汽车车型的首个字母,计算机便给出以该字母为车型首字母的所有车型名称。用户选取后,计算机从硬盘中调出该车型的车轮定位参数的厂家规定值,这样就无需查阅维修手册了。

(2) 在定位操作时,将汽车开上举升器,前轮停在转盘上。由于四轮定位仪利用三维空间坐标确定四个车轮的空间位置,所以操作人员无需调平举升器和升起车轮进行轮辋摆差补偿,也不用降下车轮弹压汽车。

随后操作人员将测量机头安装在车轮上。两个专门设计的高分辨率摄像头对准车身两侧车轮上的测量机头,确定测量机头的三维空间位置(图6-39)。

图6-39 通过摄像头确定测量机头的三维空间位置

如果摄像机没找到测量机头,显示器屏幕上显示的机头图标为红色,并且远离车轮。当摄像机找到测量机头时,显示器屏幕上显示的机头图标变成蓝色,并且安装在车轮上。当四个测量机头都被找到后,系统自动进入"车辆移动"程序。

(3) 操作人员按显示器提供的帮助信息进行相关操作。检测时,操作人员按提示安装制动踏板抵压杆,然后需将汽车向后推动约 20 cm,显示器屏幕上显示"STOP"(停止),再将汽车向前推回转盘上原来位置即可。

通过这样简单的位置移动,直接测量出前束角和外倾角。然后通过左右转动转向盘,直接测出主销后倾角和主销内倾角。

通过上述操作,仅在 5 min 内就得到前束角、车轮外倾角、推进角、主销后倾角和主销内倾角等数据。汽车定位参数的所有测量数据汇总显示在显示器屏幕上,并可通过打印机打印出来。

另外,计算机软件具有车轮定位参数调整功能,以三维动画提示帮助信息,指导操作人员进行被检汽车的车轮定位调整。

复习思考题

1. 转向桥车轮定位参数有哪些?各有什么作用?
2. 何谓汽车的四轮定位?汽车的四轮定位参数有哪些?
3. 汽车车轮定位的检测有哪两种方法?
4. 简述侧滑试验台的分类及车轮侧滑的检测方法。
5. 目前,常用的四轮定位仪有哪几类?

第 7 章　整车技术状况检测

教学提示：汽车整车技术状况直接影响汽车行驶安全性和运行经济性，是汽车检测诊断的重要内容。汽车制动性是机动车年度安全检验的必检项目。

教学要求：本章主要介绍汽车动力性、燃料经济性和制动性能的检测，重点内容是汽车动力性和制动性能的检测。要求学生了解汽车动力性、燃料经济性和制动性能的评价指标，熟悉相应的检测设备，掌握汽车动力性、燃料经济性和制动性能的检测技能。

整车技术状况的检测，既可以在道路试验中进行，也可以在室内整车性能检测试验台上进行。本章主要介绍汽车动力性(驱动轮输出功率)、燃料经济性和制动性能的台架试验方法。

7.1　底盘测功机

7.1.1　底盘测功机的功能和分类

1. 底盘测功机的功能

判断汽车性能的传统方法是采用道路试验，它要求严格的道路条件和气候条件且试验时间较长。底盘测功机(chassis dynamometer)，也叫底盘测功试验台或转鼓试验台，如图 7-1 所示，是一种不解体检测汽车性能的室内试验设备。

图 7-1　底盘测功机

底盘测功机采用滚筒代替路面,用加载的方法模拟道路阻力,用飞轮模拟汽车的惯性,以便用室内试验方法代替道路试验。底盘测功机可以快速、准确地检测汽车动力性、燃料经济性,并对整车性能进行诊断,广泛用于汽车设计、制造、维修和检测部门。

汽车底盘测功机具有以下几种功能。

(1) 底盘输出功率测试。模拟汽车运行工况,可测量汽车在各种车速下的底盘输出功率,可绘出功率-转矩-车速曲线。

(2) 最高车速测试。由底盘测功机模拟道路阻力和迎风阻力,测量汽车在道路行驶时能够达到的最高车速。

(3) 加速、滑行测试。测量汽车在规定区间的加速、滑行距离和时间,可绘出车速-时间曲线。

(4) 车速/里程表校验。

(5) 油耗测试。由底盘测功机模拟道路阻力和迎风阻力,测量不同车速下的油耗,并绘出车速-油耗曲线。

(6) 高速下制动性能检测。由飞轮模拟汽车惯量,驾驶人缓慢制动观察减速度-时间变化曲线,可定性地分析防抱死制动系统(antilock braking system,ABS)的工作状况。

(7) 后桥差速锁试验。可对其中的一个车轮施加阻力,以检验差速锁性能。

(8) 在用汽车多工况排气污染物测试。

(9) 汽车技术状况检测、故障诊断。模拟汽车运行工况,检测底盘传动系阻力,诊断发动机故障及底盘异响与振动、离合器滑转(打滑)和变速器跳挡等故障。

2. 底盘测功机的分类

按照不同的分类方法,汽车底盘测功机可以分为不同的类型。

汽车底盘测功机按照工作原理不同,可分为测力式、惯性式和综合式三类。测力式底盘测功机可通过模拟道路阻力直接测量汽车驱动轮输出功率或驱动力;惯性式底盘测功机可通过模拟汽车行驶惯性来测量汽车的加速能力;综合式底盘测功机兼备测力式和惯性式两者的功能。现代汽车底盘测功机大多为综合式底盘测功机。

按照测功装置的形式不同,汽车底盘测功机可以分为水力式、电力式、电涡流式三种;按照冷却方式不同,汽车底盘测功机可以分为风冷式、水冷式、油冷式三种;按照滚筒装置承载能力不同,汽车底盘测功机又可以分为小型式、中型式、大型式、特大型式四种;按照滚筒的数量不同,汽车底盘测功机可分为单滚筒和双滚筒两类(图7-2)。

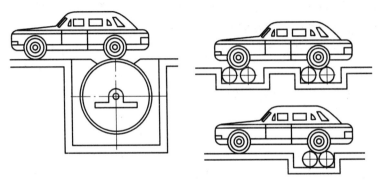

图 7-2 滚筒式底盘测功机

同一车桥上两个车轮仅用一个滚筒支撑的试验台称为单滚筒底盘测功机。其滚筒直径越大(多在 1500～2500 mm),车轮在单滚筒上的转动越接近于平路上的滚动。同时,轮胎的滑移率小,即滚筒表面的线速度能准确反映汽车的行驶速度,测试精度高。但该试验台制造成本高,主要用于科学研究。

同一车桥上两个车轮分别通过两个滚筒支撑的试验台,称为双滚筒底盘测功机。它的滚筒直径较小(185～500 mm),使轮胎的滑转率较大,滚动损失增加,故测试精度低。但该试验台制造成本低,在汽车检测维修作业中被广泛使用。

7.1.2 底盘测功机的工作原理

路面模拟是通过滚筒来实现的,即以滚筒的表面代替路面,滚筒的表面相对于汽车做旋转运动。检测时,被测汽车驱动轮支承在滚筒上,驱动轮带动滚筒转动,滚筒相当于活动的路面,模拟汽车和路面间的相对运动。底盘测功机原理如图 7-3 所示。

汽车在道路行驶过程中存在着惯性阻力、行驶阻力,要在试验台上模拟汽车道路运行工况,应解决如何模拟汽车整车的惯性阻力和行驶阻力的问题,这样才能用台架测试汽车运行状况的动态性能。

汽车加速、滑行时的惯性阻力由滚筒串接的飞轮组的转动惯量来模拟。底盘测功机上利用惯性飞轮的转动惯量来模拟汽车旋转体的转动惯量及汽车直线运动质量的惯量,采用电磁

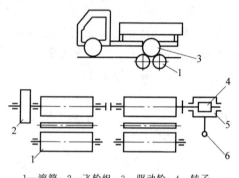

1—滚筒;2—飞轮组;3—驱动轮;4—转子;
5—定子;6—测力传感器。
图 7-3 底盘测功机原理图

离合器自动或手动切换飞轮的组合,在允许的误差范围内满足汽车的惯量模拟。

对于汽车在行驶过程中所受的空气阻力、非驱动轮的滚动阻力及爬坡阻力等,则采用功率吸收加载装置来模拟。与滚筒串接的加载装置用定子对转子施加制动作用,进行加载以增加滚筒转动的阻力。

汽车驱动轮为带动滚筒转动必须输出相应的动力以克服滚筒转动的阻力(即汽车行驶阻力)。汽车的行驶阻力可根据检测的需要进行调节和控制。汽车等速运转时,驱动轮输出的动力与滚筒系统的转动阻力平衡。

加载装置的定子对转子进行加载的同时,也受到大小相等、方向相反的力矩作用,此反力矩使定子绕其轴摆动并经一定长度的杆臂传给测力传感器。

驱动轮的转速由测速传感器测取。测量系统将测定的力矩及相应的转速,经计算求得驱动轮的输出功率或驱动力。

加载装置所吸收的功率、力矩和转速有如下的关系:

$$P_K = \frac{Mn}{9550} = \frac{FV}{3600} \tag{7-1}$$

式中,P_K 为加载装置所吸收的功率,kW;M 为加载装置所吸收的力矩,N·m;n 为滚筒转速,r/min;F 为测得的作用于定子上的反力,N;V 为汽车车速,km/h。

在左右挡轮、纵向约束装置等安全措施保障下,控制系统按照检测的需要,根据测力和测速传感器反馈的信息,向加载装置发出增减滚筒转动阻力的指令(即增减汽车行驶阻力),以调节和控制汽车驱动轮输出的功率,实现运行工况的模拟,进而实现对汽车底盘输出功率的检测。

7.1.3 底盘测功机的结构

功能齐备的汽车底盘测功机由滚筒装置,加载装置,测量装置,飞轮组件,反拖装置,举升、锁定、引导和安全装置,以及控制系统组成,其机械部分组成如图7-4所示。

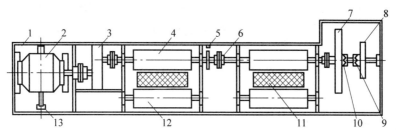

1—框架;2—电涡流测功器;3—变速器;4—主动滚筒;5—速度传感器;6—联轴器;7,8—飞轮;9,10—电磁离合器;11—举升器;12—从动滚筒;13—压力传感器。

图 7-4 底盘测功机机械部分结构示意图

1. 滚筒装置

滚筒装置是测功机的基本组成部件,其结构和性能将直接影响测功机的测试精度。双滚筒有主动、从动滚筒之分,与测功器相连的滚筒为主动滚筒,左右两个主动滚筒之间装有联轴器,左右两个从动滚筒处于自由状态。

滚筒一般为钢制空心结构,并经动平衡试验,通过滚动轴承安装在框架上。滚筒直径、表面状况、两滚筒的中心距是影响测功机性能的主要结构参数。

1) 滚筒直径

滚筒直径决定车轮与滚筒的接触状况。滚筒直径大时,滚筒曲率半径大,车轮在滚筒上运转接近在道路上行驶的状况,滑转率小,滚动阻力小,测试精确度高。滚筒直径小时,滚筒曲率大,车轮与滚筒的接触面积变小,接触比压大,滑转率大,轮胎变形和滑移以及车轮滚动的迟滞损耗大,车轮滚动阻力大。在较高试验车速下,轮胎的滚动损失一般可以达到传递功率的15%~20%,同时轮胎的摩擦功增加,长时间的高速运转会使胎面温度升高到临界值,导致轮胎早期损坏。

因此,滚筒直径应取得大些。国外已有滚筒直径为500 mm的双滚筒底盘测功机。但滚筒直径过大,将使滚筒加工难度加大。此外,在线速度相同的情况下,滚筒转速将随直径增大而降低,这就增加了底盘测功机匹配电涡流测功器的难度。

2) 滚筒表面状况

按滚筒表面状况的不同,可分为光滚筒、滚花滚筒、带槽滚筒和喷涂滚筒几种。滚筒表面状况越接近路面状况越好,但实际上很难做到与路面一致。由于滚花滚筒、带槽滚筒在试验时会使轮胎磨损严重,现已很少采用。

喷涂滚筒能提供较高的附着系数,但喷涂层易脱落,使用寿命短,且价格高。光滚筒是目前应用最多的一种形式,但附着系数较低。

3) 滚筒中心距

滚筒中心距是指底盘测功机前后两排滚筒支承轴线之间的距离。滚筒中心距依据滚筒直径选取,两者之间的关系为

$$A = (620 + d)\sin 31.5° \tag{7-2}$$

式中,A 为主动、从动滚筒中心距,mm;d 为滚筒直径,mm。

可见,当选用滚筒直径为 218 mm 时,其中心距为 437.9 mm。

滚筒中心距应保证汽车在试验时不会发生向前(或向后)越出滚筒的现象。当滚筒中心距一定时,若汽车车轮直径过大,安置角过小,试验时会很不安全;若车轮直径过小,则无法使用。

因此,一定规格的底盘测功机只适用于一定范围内的车型,当前尚无同时适用于重型车、中型车和轻型车的底盘测功机。

2. 加载装置(功率吸收装置)

用底盘测功机测试汽车性能和检测汽车的技术状况,就必须模拟汽车在道路上行驶时所受的各种阻力。汽车在道路上行驶时所受的外部阻力不同于在测功机上运转时的阻力。

在测功机上运转时只有驱动轮转动,所受的外部阻力较在道路上行驶时小,在测功机上不存在汽车在道路上行驶时所受的空气阻力、爬坡阻力及从动轮的滚动阻力。

这些外部阻力必须利用测功机的加载装置来模拟,以便使汽车受力状况和汽车在道路上行驶时一样。

加载装置的类型有水力式、电力式和电涡流式等。由于水力式功率吸收装置的可控性较电涡流式差,电力测功机的成本较高,因而双滚筒底盘测功机的加载装置普遍采用可控性好、结构简单、价格低的电涡流测功器(简称电涡流机)。它具有测试范围广、成本低、尺寸小、耗电少和易实现自动控制等优点。

1) 电涡流测功器工作原理

电涡流测功器主要由定子和转子两部分组成。汽车驱动轮输出的功率被电涡流测功器吸收,转化为电涡流,在转子或定子中转变为热量。

因此,为保证转子或定子的正常工作温度,电涡流测功器又分为水冷式和风冷式两类,分别用水或空气作为介质把电涡流转化的热量排出,实现迅速冷却。

(1) 水冷式电涡流测功器

水冷式电涡流测功器的结构如图 7-5(a)所示。定子的结构较复杂,由励磁线圈、涡流环和铁心组成,其内部沿圆周布置有励磁线圈和涡流环。转子为齿状圆盘,其外圆加工有均匀分布的齿和槽,齿顶与定子的涡流环留有一定的气隙。

当励磁线圈通直流电时,在其周围形成磁场,因而磁力线通过定子、气隙、涡流环和转子形成闭合磁路,如图 7-6(a)所示。

磁通的大小只和励磁线圈匝数和所通过的电流有关。由于通过转子齿顶的磁通大于齿槽的磁通,当转子旋转时,通过定子内圈涡流环上某点的磁通呈周期性变化。当转子齿顶通

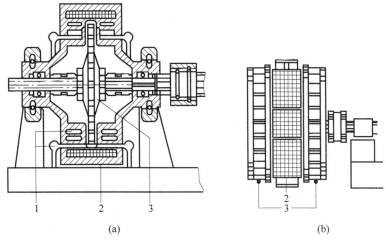

1—冷却室；2—带励磁线圈的定子；3—转子。

图 7-5 电涡流测功器

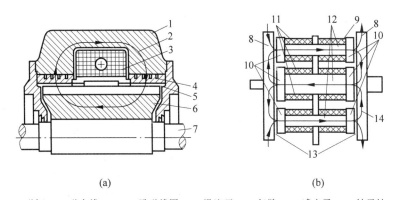

1—磁轭；2—磁力线；3，11—励磁线圈；4—涡流环；5—气隙；6—感应子；7—转子轴；
8—转子；9—定子；10—极靴；12—铁心；13—气隙；14—磁力线。

图 7-6 电涡流测功器的磁通分布

过这一点时，它的磁通最大，当转子齿槽通过时，它的磁通最小，亦即 $d\Phi/dt$ 在变化。由电磁感应定律可知，在定子涡流环内将产生感应电流以阻止磁通的变化，由于定子是铸成整体式的，因此产生的感应电流是封闭的，常称为涡电流。

涡电流和励磁线圈形成的磁场相互作用，使转子受到一个制动力矩（与滚筒旋转方向相反），起到加载作用。调节励磁电流可改变制动力矩的大小，从而形成被检汽车的外部阻力。同时，定子也受到一个与制动力矩大小相等、方向相反的力矩。

定子浮动装于支承座上，受外力作用后定子便可转动。通过测力装置可测得使定子转动的力矩的大小，从而测定汽车驱动轮经滚筒输出的功率。定子中产生的涡电流转化的热量由定子中的冷却水带走。

水冷式电涡流测功器与风冷式电涡流测功器相比，散热性能好，测试精度高，能测试较大的持续功率，且运转噪声小，但制造成本比风冷式要高。

（2）风冷式电涡流测功器

风冷式电涡流测功器的结构如图 7-5(b)所示。定子由励磁线圈、铁心和极靴组成。转子为风扇状结构,置于定子的左右两侧。当励磁线圈通直流电时,形成磁场,通过两相邻铁心、极靴、气隙和左右转子形成一闭合磁路,如图 7-6(b)所示。

由于各相邻极靴磁场方向不同,使左右转子上的磁场被调制成波幅脉振的磁场,该磁场随转子的旋转而旋转,并在左右转子上产生感应电流,即电涡流。同样,该电涡流与磁场相互作用使转子承受制动力矩的负荷。

风冷式电涡流测功器是靠风扇进行散热的,其功率消耗(称为风损功率 P_w)随着转速 n 的增加,按照与转速 n 的平方成正比的规律增加,即风冷式电涡流测功器的风损功率 $P_w \propto n^2$,如图 7-7 所示。

由图 7-7(滚筒直径 $d=370$ mm)可见,检测车速越高则风损功率越大,实测驱动轮输出功率误差将越大。如检测车速为 80 km/h 时的风损功率达到 23 kW,比检测车速为 40 km/h 时的风损功率大约 6 倍。此外,风冷式电涡流测功器不能测量较大的持续功率,一般风冷式电涡流测功器持续测功的能力只有水冷式的 1/6~1/4。

2) 电涡流测功器的固有特性

电涡流测功器的固有特性如图 7-8 所示。当励磁电流一定时,在低转速范围内测功器制动力矩 M 随转速 n 的增加而迅速增大。当达到某一临界转速(如图中 A 点对应的转速 n_A)时,制动力矩 M 会达到饱和状态,即便转速 n 进一步增加,制动力矩 M 也不再增加。

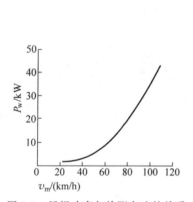

图 7-7 风损功率与检测车速的关系

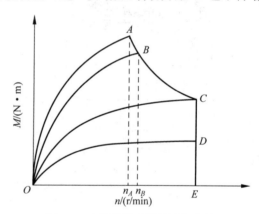

图 7-8 电涡流测功器的固有特性

当转速 n 不变时,制动力矩 M 随励磁电流的增加而增大。当励磁电流增大到使磁通饱和时,制动力矩 M 将不再增加。

特性曲线 OA 就是在最大励磁电流条件下,电涡流测功器的制动力矩 M 随转速 n 的变化曲线。受到涡流环散热能力的限制,曲线 ABC 为功率限制线;曲线 CDE 为最高转速限制线。显然,特性曲线 $OABCDE$ 包络的范围体现了电涡流测功器的加载能力。

由于电涡流测功器产生的电涡流与磁通的变化率成正比,而磁通变化率取决于转子的转速 n,因此,转子低转速时不可能产生较大的制动力矩。

目前底盘测功机的电涡流测功器均直接与滚筒串接,这样就要避免滚筒的低转速、大转矩工况。这种状况一般发生在满负荷(发动机节气门全开)、低速检测时。若被检测的低速、大转矩工况越出包络线 OA,测功机就会出现加载不稳定、显示值不停上下波动的现象。

3. 测量装置

测量装置由测力装置、测速装置和测距装置组成。该装置应工作可靠,测量误差小,并能迅速地适应被测量值的变化。

1) 测力装置

测力装置用于测量测功机滚筒上的转矩,测得的转矩经变换后可得到作用在驱动轮上的驱动力。

测力装置主要由电涡流测功器外壳、测力臂、测力传感器及信号处理电路等组成,如图 7-9 所示。

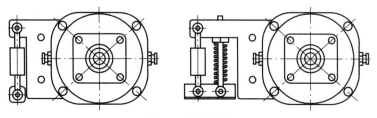

图 7-9 测力装置

电涡流测功器的外壳(定子)用轴承安装在轴承座上,外壳可在轴承座上绕转子轴转动。测力臂的一端装在外壳上,另一端装测力传感器。

测力装置的工作原理如图 7-10 所示。

电涡流测功器工作时,电涡流与其磁场的相互作用对转子形成的制动力矩 M_b,作用方向与转子旋转方向相反。M_b 使车轮圆周上产生切向力 F(其受力状况与汽车在道路行驶时相同),同时,外壳(定子)也受到一个与 M_b 大小相等、方向相反的力矩 M,M 迫使外壳连同固定其上的测力臂转动,测力臂就对固装定位的测力传感器产生压力或拉力。

测力传感器受到电涡流测功器外壳力臂的拉力或压力(取决于测力传感器安装位置)后,产生应变,通过应变放大器,即可得到一定的输出电压,将力信号转变成电信号,经过标定,就可得到作用于传感器的力值。

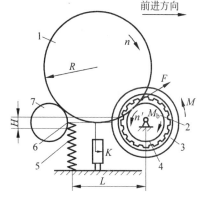

1—车轮;2—前滚筒;3—涡流机定子(外壳);
4—涡流机转子;5—测力传感器;
6—测力臂;7—后滚筒。

图 7-10 测力装置的工作原理

2) 测速装置

测速装置由测速传感器及信号处理电路组成,用于测量测功机滚筒的转速,经变换后可得到相应的汽车行驶速度。测速传感器有光电式和磁电式等类型,其中光电式采用较多,测量误差小于 0.5%。

光电式测速传感器由光源和带孔圆盘(光栅)以及光敏管组成,如图 7-11(a)所示。光栅固装在滚筒轴上随滚筒旋转。当光源发出的光束通过旋转的光栅上的小孔时,光束照到光敏管上,使其产生相应的电脉冲信号,即可表示滚筒转速。根据滚筒半径及光栅上小孔数量可得到车速信号。

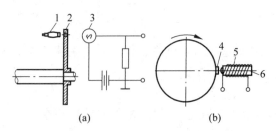

1—光源；2—带孔圆盘；3—光敏管；4—轮齿；5—感应线圈；6—永久磁铁。
图 7-11　测速传感器

磁电式测速传感器由信号盘轮齿和磁头（感应线圈及永久磁铁）等组成，如图 7-11（b）所示。信号盘是一个带细齿的薄圆盘，固装在滚筒轴上。

当信号盘随滚筒旋转时，其齿和槽依次转过磁头，引起磁阻的变化，感应线圈中的磁通量随之变化，使传感器输出交变的感应电动势，即电压信号。将电压信号放大及整形后，变为脉冲信号送入 CPU，通过测量脉冲频率或周期可得到车速信号。

3）测距装置

在底盘测功机上测量加速距离、滑行距离、油耗时，除测量车速外，还需用测距装置测量汽车的行驶距离。

它采用与滚筒相连的光电式测速传感器或磁电式测速传感器测取距离脉冲，结构原理同测速传感器。加速距离由计算机测量从 V_1 加速至 V_2 的光电脉冲数，经换算获得加速距离。

4. 飞轮组件

汽车在底盘测功机滚筒上是相对静止的，它不具有汽车在道路上行驶时的平移动能。检测时汽车驱动轮带动测功机的滚筒旋转，由于系统转动惯量小于汽车的平移质量，加速时不足以产生与汽车在道路上行驶时类似的加速阻力；减速时，又不具有汽车在道路行驶时的动能。

为了模拟汽车在非稳定工况运行时的阻力，进行非稳定工况的性能测试（如加速性能、滑行性能等），底盘测功机通常配置模拟汽车质量的机械式转动惯量装置，即飞轮。通过动态调节飞轮的转动惯量，补偿底盘测功机滚筒等旋转件惯量的动能，模拟汽车在道路上非稳定工况行驶时的阻力，而没有飞轮的底盘测功机只能测定稳定工况下的汽车性能。

飞轮转动惯量表示汽车平移时的质量。飞轮转动惯量的大小可根据同样车速下，底盘测功机测试的动能与汽车在道路上行驶时的动能等效的原则进行确定。

由于车型不同，汽车的质量和车轮规格也不同。底盘测功机若要检测不同车型的汽车，就必须按车型配备飞轮，这在机械上显然难以做到，也不可取。

为简化结构，底盘测功机通常配置若干个薄圆盘形飞轮组成的飞轮组。飞轮的个数可根据底盘测功机需要检测的汽车质量范围（$M_{min} \sim M_{max}$）及检测精度所允许的最大模拟质量误差 M_0 确定。

各个飞轮的转动惯量不同，通过飞轮的组合形成若干个惯量级，以模拟给定汽车质量范围内各种车型汽车的质量，且模拟误差均不大于 M_0。各个飞轮均浮动安装在飞轮轴上，飞轮轴通过离合器与滚筒轴串接。

飞轮个数越多则能匹配的惯量级数越多，量程就越大，适应车型越多，模拟汽车行驶时的平移动能就越准确。

国产 RCD-1030 型底盘测功机的飞轮组配有两个飞轮，分别称为大飞轮和小飞轮，可按常用汽车的质量，将飞轮组合成四级，见表 7-1。

表 7-1　按汽车质量选择惯性飞轮

汽车质量/kg	选　择　飞　轮	汽车质量/kg	选　择　飞　轮
1000	不挂飞轮，利用滚筒等转动件	3000	挂大飞轮
2000	挂小飞轮	4000	挂大飞轮加小飞轮

5. 反拖装置

由于电涡流测功器只能吸收动能，不能输出动力，故采用反拖装置提供原动力以驱动被检汽车与底盘测功机的传动系运转，用来检测底盘测功机滚筒系统的机械损失、汽车传动系的机械损失及车轮在滚筒上的滚动阻力。

反拖装置由反拖电动机、离合器及测力装置组成，如图 7-12 所示。反拖电动机通过离合器直接与滚筒轴连接（或经传动链条、离合器与滚筒轴连接）。

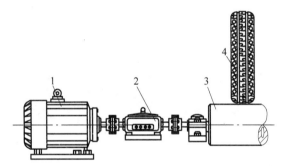

1—反拖电动机；2—转矩计；3—滚筒；4—被测汽车车轮。

图 7-12　反拖装置

目前，底盘测功机大多采用 30～40 kW 的反拖电动机，通过变频调速装置调节反拖电动机转速，从而实现反拖速度从 0～100 km/h 的自动调节，使反拖车速符合实际行驶车速，显著提高测试结果的准确性。

测力装置用于测定被检汽车和底盘测功机传动系的阻力，它有电功率表和测力传感器两种形式。

电功率表测定反拖时反拖电动机消耗的电功率，再测定反拖车速，经过换算求出反拖阻力；测力传感器可直接测定反拖阻力，工作原理与电涡流测功器的测力装置相同，反拖电动机外壳浮动支承在轴承座上，外壳（定子）受反力矩作用便可转动，从而对固装定位的测力传感器施加压力或拉力。测力传感器的测试精确度要高于电功率表。

6. 举升、锁定、引导和安全装置

举升和滚筒锁定装置用于被测汽车驶上和驶出滚筒，如图 7-13 所示。

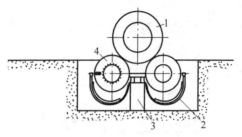

1—车轮；2—滚筒制动器；3—举升器；4—滚筒。

图 7-13　气压式举升、滚筒锁定装置

举升装置由气缸（或气囊）、气动控制阀和电磁阀等组成。举升装置工作时，在压缩空气的作用下，气缸活塞杆向上举起托板至滚筒顶面，由托板支撑车轮。滚筒锁定装置的主要部件是制动衬带和制动蹄，制动衬带的一端铰接于底盘测功机台架上，另一端铰接在举升器的托板上。它的作用是在举升器抬起时，制动滚筒使之不能转动。

当举升装置抬起时，制动衬带使制动蹄紧压在滚筒上，锁止滚筒，使滚筒不能转动，保障汽车能驶上和驶出滚筒。当举升装置降下时，车轮不由举升器支撑而由滚筒支撑，制动蹄脱离滚筒，滚筒可自由转动，被检汽车就可进行性能测试。

另外，底盘测功机的飞轮组件也设有与滚筒类似的锁定装置，以防飞轮在不需要时转动。

引导装置（图 7-14）用于引导驾驶人按提示进行操作。

图 7-14　引导装置

引导装置有两种形式：①LED 显示屏，它一般是与计算机通过串行通信连接，当计算机对显示牌初始化后，可对显示牌发送 ASCII 码与汉字，以提示驾驶人如何操作及显示检测结果；②CRT 显示器，它通过 AV 转换器与计算机相连，AV 转换器可将计算机的数字信号转换成视频信号提供给大屏幕显示器。

安全装置包括左右挡轮、纵向约束装置和冷却风机等，用于保障检测作业的安全进行。

（1）左右挡轮。左右挡轮可防止汽车车轮（特别是前驱动）旋转时，在侧向力的作用下驶出滚筒。

（2）纵向约束装置。纵向约束装置由地面上的固定盘和三角木（或三角铁，俗称铁鞋）

组成。将固定盘与汽车相连,防止高速试验时,汽车因滚筒的卡死而飞出滚筒。在从动轮前后加装三角木可防止汽车在试验时车体的前后移动。

(3)冷却风机。冷却风机(图7-15)可防止汽车在试验时发动机和轮胎过热。汽车在底盘测功机上进行道路模拟试验时,驱动车轮虽在滚筒上滚动,但汽车并未发生位移,因而缺少迎面风,致使发动机冷却系的散热强度相对不足。特别是长时间进行大负荷试验工况时,发动机易过热。所以,要在汽车前面对汽车散热器设置冷却风机,加强冷却。另外,长时间试验会使轮胎的工作温度升高,为延长轮胎的使用寿命,在驱动轮两侧面也设置有冷却风机。

图 7-15 冷却风机

7. 控制系统

底盘测功机的控制大多为全自动控制方式,即全部测试项目都是自动控制。以驱动轮输出功率测试为例,能够自动连续测试汽车在任一行驶车速下的功率,整个测试过程由计算机控制,不用人工操作。此外,全自动控制方式可以自动模拟运行工况。

底盘测功机的全自动控制系统的结构框图如图 7-16 所示。

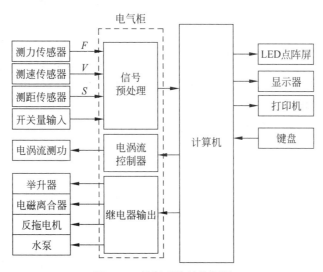

图 7-16 控制系统结构框图

控制系统是底盘测功机的核心,其技术水平的高低和性能的好坏直接影响到整机性能。控制系统实质上是一个虚拟仪器,由电气柜、计算机及控制软件等组成。通过控制软件可实现数据采集与处理、结果输出、电涡流测功器载荷控制和其他附件控制等。

1) 数据采集与处理

采集的速度 V 信号经脉冲整形,送到计算机数据采集卡进行测频,由控制软件处理成实时车速。采集的牵引力 F 信号经放大后,送到计算机数据采集卡进行 A/D 转换,进行软件滤波处理得到牵引力值。然后按照式(7-1)进行计算得到驱动轮的输出功率。

2) 电涡流测功器载荷控制

通过计算机、控制软件、电涡流控制器和测功器可实现底盘测功机的载荷控制。电涡流测功器的载荷控制方式有恒速控制和恒转矩控制两种。

3) 其他附件控制

汽车底盘测功机除载荷控制之外,还有举升器升降、电磁离合器的分离和接合、水泵通断、汽车检测信号灯等的控制。

4) 检测数据的采样处理

测控系统对检测数据采样处理的要求是:选用合理的采样点(何时开始采样)、采样频率(单位时间内采集多少数据)和采样时间长度(采集多长时间的数据)。

7.2 汽车动力性检测

7.2.1 汽车动力性评价指标

1. 表征汽车动力性的参数

表征汽车动力性的参数有最高车速、加速时间、最大爬坡度、发动机输出功率和驱动轮输出功率等。其中,最高车速、加速时间和最大爬坡度是汽车定型试验时评价动力性的指标,发动机输出功率用于评价发动机动力性,驱动轮输出功率用于评价在用汽车的动力性。

2. 发动机输出功率

发动机输出功率是汽车动力性的基础,发动机最大输出功率是评价汽车动力性的基本参数。通过发动机台架试验可以准确测量发动机的输出功率,但发动机台架试验成本高、耗时长,多用于发动机定型试验。

在用汽车发动机输出功率的测量常采用无负荷测功方法,省时省力、简便易行,但测量精度稍低。

汽车经过一段时间的使用后,发动机的技术状况发生变化,最大输出功率会有所下降。因此,可用发动机最大输出功率的变化来评价发动机动力性的下降程度。通过比较发动机最大输出功率和额定功率的差异,即可从总体上对发动机的技术状况作出评价。

3. 驱动轮输出功率

驱动轮输出功率(driving wheel power)是指发动机经过传动机构传递至汽车驱动轮的

输出功率。驱动轮输出功率用于评价在用汽车的动力性,是汽车综合性能检测的必检项目。驱动轮输出功率可以在汽车底盘测功机上进行检测,俗称底盘测功。

GB/T 18276—2017《汽车动力性台架试验方法和评价指标》规定,对于在用汽车动力性评价,在进行台架试验时,优先选用发动机最大转矩工况或额定功率工况时的驱动轮输出功率作为在用汽车动力性评价指标,亦可选用发动机最大转矩工况或额定功率工况时的驱动轮轮边稳定车速作为在用汽车动力性评价指标。

当选用驱动轮轮边稳定车速作为评价指标时,压燃式发动机车辆采用额定功率工况,点燃式发动机车辆采用最大转矩工况。

在进行维修质量监督抽查或对动力性检测结果有异议时,采用驱动轮输出功率作为评价指标。汽车在使用过程中,发动机、传动系的技术状况会逐渐劣化,其驱动轮输出功率将因此而减小,所以采用驱动轮输出功率能更直观地评价在用汽车的动力性和技术状况。

7.2.2 在用汽车动力性检测方法

1. 驱动轮输出功率检测

1) 最大转矩工况检测

(1) 首先确保被检车辆和检测设备(底盘测功机)满足正常工作要求。然后根据被检车辆信息按照式(7-3)计算最大转矩工况车速,或选取最大转矩工况车速推荐值(见表7-2和表7-3)。

$$v_M = 0.377 \times \frac{r \times n_m}{i \times i_0} \tag{7-3}$$

式中,v_M 为最大转矩工况车速,km/h;r 为驱动轮轮胎半径,m;n_m 为最大转矩转速,当最大转矩转速为一定范围时,n_m 取均值,r/min;i 为变速器传动比,i 取1;i_0 为主减速器传动比。

表7-2 客车最大转矩工况车速及驱动轮输出功率限值推荐值

车长(L)/mm	车速/(km/h)	驱动轮输出功率限值/kW
$L \leqslant 6000$	50	26
$6000 < L \leqslant 7000$	50	28
$7000 < L \leqslant 8000$	53	35
$8000 < L \leqslant 9000$	60	54
$9000 < L \leqslant 10\,000$	63	62
$10\,000 < L \leqslant 11\,000$	65	70
$11\,000 < L \leqslant 12\,000$	70	87
$L > 12\,000$	70	109

表7-3 货车最大转矩工况车速及驱动轮输出功率限值推荐值

最大总质量(G)/kg	车速/(km/h)	驱动轮输出功率限值/kW
$3500 < G \leqslant 4000$	47	19
$4000 < G \leqslant 8000$	47	24

续表

最大总质量(G)/kg	车速/(km/h)	驱动轮输出功率限值/kW
8000＜G≤9000	47	26
9000＜G≤12 000	50	30
12 000＜G≤15 000	50	33
15 000＜G≤16 000	50	36
16 000＜G≤18 000	50	48
18 000＜G≤22 000	53	52
22 000＜G≤25 000	55	56
25 000＜G≤30 000	55	66
30 000＜G≤31 000	55	75

（2）将被检车辆平稳驶上测功机，置汽车驱动轮于滚筒上，驱动轮轴线应与滚筒轴线平行，用三角木固定汽车非驱动轮。

（3）被检车辆起步并逐渐加速，检测员将变速器挂入直接挡（对于自动变速器汽车则置于"D"挡），使被检车辆以直接挡的最低车速稳定运转。

（4）按照步骤（1）确定的最大转矩工况车速 v_M 设定行车速度，底盘测功机开始定速测功。测功机加载，检测员将加速踏板踩到底，待汽车速度在设定速度 v_M 下稳定 5 s，读取不少于 3 s 内测功机测得功率的平均值，并做好记录。在读数期间，实际汽车速度应稳定在设定车速 v_M±0.5 km/h 范围内。

2) 额定功率工况检测

（1）首先确保被检车辆和检测设备（底盘测功机）满足正常工作要求。然后将被检车辆平稳驶上测功机，置汽车驱动轮于滚筒上，驱动轮轴线应与滚筒轴线平行，用三角木固定汽车非驱动轮。

（2）检测员将加速踏板踩到底，测功机加载扫描最大功率点，并记录最大功率点对应的行车速度 v_P，其单位为 km/h。

（3）设定测功机，使之按照 v_P 进行定速测功。待汽车速度在设定速度 v_P 下稳定 5 s，读取不少于 3 s 内测功机测得功率的平均值，并做好记录。在读数期间，实际汽车速度应稳定在设定车速 v_P±0.5 km/h 范围内。

3) 驱动轮输出功率计算

驱动轮输出功率计算按照式(7-4)计算：

$$P = P_g + P_c + P_f \tag{7-4}$$

式中，P 为驱动轮输出功率，kW；P_g 为测功机测得的功率，kW；P_c 为测功机内部损耗功率，kW；P_f 为轮胎滚动阻力消耗的功率，kW。

测功机内部损耗功率 P_c 可按照式(7-5)计算：

$$P_c = \frac{F_{tc} \times v}{3600} \tag{7-5}$$

式中，v 为检测速度，取值为 v_P 或 v_M，km/h；F_{tc} 为测功机内阻，亦称台架内阻，N。F_{tc} 可按照表 7-4 取值，亦可采用反拖法定期测量测功机在 50 km/h 和 80 km/h 时的内阻，分别作为额定功率工况和最大转矩工况测量时的测功机内阻。

表 7-4　台架内阻 F_{tc} 推荐值

工况	二轴四滚筒式台架内阻 F_{tc}/N	三轴六滚筒式台架内阻 F_{tc}/N
额定功率工况	130	160
最大转矩工况	110	140

轮胎滚动阻力消耗的功率 P_f 可按式(7-6)计算：

$$P_f = \frac{G_R \times g \times f_c \times v}{3600} \tag{7-6}$$

式中，G_R 为被检车辆驱动轴空载质量，kg；g 为重力加速度，$g = 9.81 \text{ m/s}^2$；f_c 为台架滚动阻力系数，在最大转矩点，f_c 取 $1.5f$，在额定功率点，f_c 取 $2f$，f 为被检车辆在水平硬路面上行驶时的滚动阻力系数。对于子午胎，f 取 0.006；对于斜交胎，f 取 0.010。

按照上述方法，即可计算得到实测驱动轮输出功率 P。然后，再按照 GB/T 18276—2017《汽车动力性台架试验方法和评价指标》中的附录 B，将实测驱动轮输出功率 P 修正为标准状态下的校正驱动轮输出功率 P_0。限于篇幅，具体的修正方法请读者自行查阅 GB/T 18276—2017《汽车动力性台架试验方法和评价指标》，在此不再赘述。

2. 驱动轮轮边稳定车速检测

1）额定功率工况检测

(1) 首先确保被检车辆和检测设备(底盘测功机)满足正常工作要求。然后将被检车辆平稳驶上测功机，置汽车驱动轮于滚筒上，驱动轮轴线应与滚筒轴线平行，用三角木固定汽车非驱动轮。

(2) 在测功机不加载条件下，被检车辆起步并逐渐加速。变速器置于直接挡，测取全油门状态下的最高稳定车速。当最高稳定车速大于 95 km/h(对于危险货物运输车辆，其最高稳定车速大于 80 km/h)时，应降低一个挡位，重新测取最高稳定车速，并按式(7-7)计算额定功率车速：

$$v_e = 0.87 \times v_a \tag{7-7}$$

式中，v_e 为额定功率车速，km/h；v_a 为全油门状态下所挂挡位的最高稳定车速，km/h。

(3) 将变速器挂回步骤(2)确定的挡位，逐步踩下加速踏板至油门全开位置，同时测功机进行恒力加载至 $F_E \pm 20$ N 范围内并稳定 3 s 后，开始测取车速。当 3 s 内的车速波动不超过 ± 0.5 km/h 时，该车速即为驱动轮轮边稳定车速 v_w。至此，测得驱动轮轮边稳定车速 v_w。

(4) 检测环境下的测功机加载力可按式(7-8)计算：

$$F_E = F_e - F_{tc} - F_c - F_f - F_t \tag{7-8}$$

式中，F_E 为检测环境下测功机在滚筒表面的加载力，N；F_e 为在 v_e 车速点，检测环境下发动机达标功率换算在驱动轮上的驱动力，N；F_{tc} 为底盘测功机内阻，N；F_c 为轮胎滚动阻力，N；F_f 为在 v_e 车速点，发动机附件消耗功率换算在驱动轮上的阻力，N；F_t 为车辆传动系统允许阻力，N。

其中，F_e 可按式(7-9)计算：

$$F_e = \frac{3600 \times \eta \times P_e}{\alpha_d \times v_e} \quad (7\text{-}9)$$

式中，η 为功率比值系数，$\eta = 0.75$；α_d 为压燃式发动机功率校正系数，计算方法见 GB/T 18276—2017《汽车动力性台架试验方法和评价指标》中的附录 B。

F_{tc} 按照表 7-4 取值，或采用反拖法定期测量测功机在 80 km/h 时的内阻，并将实测数据作为 F_{tc} 值。

F_c 可按式(7-10)计算：

$$F_c = f_c \times G_R \times g \quad (7\text{-}10)$$

式中，f_c 为台架滚动阻力系数，$v_e \geqslant 70$ km/h 时，f_c 取 $2f$；$v_e < 70$ km/h 时，f_c 取 $1.5f$。对于子午胎，f 取 0.006；对于斜交胎，f 取 0.010。

F_f 可按式(7-11)计算：

$$F_f = \frac{3600 \times f_p \times P_e}{v_e} \quad (7\text{-}11)$$

式中，f_p 为在 v_e 车速点，发动机附件消耗功率系数。当发动机铭牌（或说明书）功率参数以额定功率表征时，f_p 取 0.1；以净功率表征时，f_p 取 0.06；以车辆铭牌最大净功率表征时，f_p 取 0。

F_t 可按式(7-12)计算：

$$F_t = 0.18 \times (F_e - F_f) \quad (7\text{-}12)$$

2) 最大转矩工况检测

(1) 确保被检车辆和检测设备(底盘测功机)满足正常工作要求。然后将被检车辆平稳驶上测功机，置汽车驱动轮于滚筒上，驱动轮轴线应与滚筒轴线平行，用三角木固定汽车非驱动轮。

(2) 在测功机不加载条件下，被检车辆起步并逐渐加速。将变速器置于第 3 挡位，采用加速踏板控制车速。当外接转速表(外接转速表无法稳定测取转速时，可观察汽车仪表板上的发动机转速表)的转速稳定指向发动机最大转矩转速 n_m 时，测取当前驱动轮轮边线速度数值，并将其记作最大转矩车速 v_m。当 $v_m > 80$ km/h 时，应降低一个挡位，重新测取最大转矩车速 v_m。

(3) 当最大转矩转速 n_m 为一定范围时，n_m 取其平均值；当 $n_m > 4000$ r/min 时，按 $n_m = 4000$ r/min 测取最大转矩车速 v_m。

(4) 将变速器挂回步骤(2)确定的挡位，逐步踩下加速踏板，使车速超过最大转矩车速 v_m，同时测功机进行恒力加载至 $F_M \pm 20$ N 范围内并稳定 3 s 后，开始测取车速。当 3 s 内车速波动不超过 ± 15 km/h 时，该车速即为驱动轮轮边稳定车速 v_w。至此，测得驱动轮轮边稳定车速 v_w。

(5) 检测环境下的测功机加载力，可按式(7-13)计算：

$$F_M = F_m - F_{tc} - F_c - F_f - F_t \quad (7\text{-}13)$$

式中，F_M 为检测环境下测功机在滚筒表面的加载力，N；F_m 为在 v_m 车速点，检测环境下发动机达标转矩换算在驱动轮上的驱动力，N。

其中，F_m 可按式(7-14)计算：

$$F_{\mathrm{m}} = \frac{0.377 \times \eta \times M_{\mathrm{e}} \times n_{\mathrm{m}}}{\alpha_{\mathrm{a}} \times v_{\mathrm{m}}} \qquad (7\text{-}14)$$

式中,α_{a} 为点燃式发动机功率校正系数,计算方法见 GB/T 18276—2017《汽车动力性台架试验方法和评价指标》中的附录 B。

F_{tc} 按照表 7-4 取值,或采用反拖法定期测量测功机在 50 km/h 时的内阻,并将实测数据作为 F_{tc} 值。

F_{c} 可按式(7-10)计算。

F_{f} 可按式(7-15)计算:

$$F_{\mathrm{f}} = \frac{0.377 \times f_{\mathrm{m}} \times M_{\mathrm{e}} \times n_{\mathrm{m}}}{v_{\mathrm{m}}} \qquad (7\text{-}15)$$

式中,f_{m} 为在 v_{m} 车速点,发动机附件消耗功率系数,取 0.06。

F_{t} 可按式(7-16)计算:

$$F_{\mathrm{t}} = 0.18 \times (F_{\mathrm{m}} - F_{\mathrm{f}}) \qquad (7\text{-}16)$$

7.2.3 在用汽车动力性检测结果判定

1. 限值

1) 驱动轮输出功率限值

在最大转矩工况下,驱动轮输出功率限值取最大转矩点功率 P_{M} 的 51%,P_{M} 按照式(7-17)计算或选取推荐值(参见表 7-2 和表 7-3):

$$P_{\mathrm{M}} = \frac{M_{\mathrm{e}} \times n_{\mathrm{m}}}{9550} \qquad (7\text{-}17)$$

在额定功率工况下,驱动轮输出功率限值取额定功率 P_{e} 的 49%。

2) 驱动轮轮边稳定车速限值

在额定功率工况下,驱动轮轮边稳定车速限值取 v_{e};在最大转矩工况下,驱动轮轮边稳定车速限值取 v_{m}。

2. 判定方法

采用最大转矩工况或额定功率工况下的驱动轮输出功率评价时,当校正驱动轮输出功率 P_{0} 大于或等于限值时,判定该被检车辆的动力性为合格。

采用额定功率工况下的驱动轮轮边稳定车速评价时,当驱动轮轮边稳定车速 v_{w} 大于或等于 v_{e} 时,判定该被检车辆的动力性为合格。

采用最大转矩工况下的驱动轮轮边稳定车速评价时,当驱动轮轮边稳定车速 v_{w} 大于或等于 v_{m} 时,判定该被检车辆的动力性为合格。

当校正驱动轮输出功率 P_{0} 或驱动轮轮边稳定车速 v_{w} 小于限值时,允许复检一次。一次复检合格,则判定该被检车辆的动力性为合格。

当检测结果和复检结果均小于限值时,则判定该被检车辆的动力性为不合格。

7.3 汽车燃料经济性检测

汽车燃料消耗量直接体现了整车的燃料经济性。在汽车运输成本中,汽车燃料消耗的费用占20%～30%。提高汽车的燃料经济性、节约燃料,对降低汽车运输成本意义重大。

汽车燃料消耗量与汽车发动机和底盘的技术状况密切相关,因此汽车的燃料经济性可作为综合指标评价汽车的技术状况。测量汽车燃料消耗量的仪器是油耗仪。

7.3.1 油耗仪的种类和工作原理

油耗仪的种类很多,按其不同的测试原理可分为容积式、质量式、流量式和流速式等多种,常用的是容积式油耗仪和质量式油耗仪。油耗仪由油耗传感器和计量显示装置构成。

1. 容积式油耗仪

容积式油耗仪按传感器的结构不同,可分为膜片式、量管式和活塞式三种。活塞式油耗仪还有单活塞式和四活塞式之分。在容积式油耗仪中,以膜片式和四活塞式最为常用。

1) 膜片式油耗仪

膜片式油耗仪的传感器,是通过油室内膜片的变形来测量燃料消耗量的。当油室内膜片变形使其容积由最大变到最小时,形成的容积差就是油室的排油量。油室的排油量是一个定值,由电磁计数器记录排油次数,即可测得流经传感器的燃油量。

膜片式油耗仪具有结构简单、密封性好、对燃油清洁性要求不高等优点。但是,使用中膜片会不可避免地产生塑性变形,致使计量精度发生变化,因而需要经常校正。

国产 CD-30 型车用油耗仪由传感器和电磁计数器两部分组成,如图 7-17 所示。

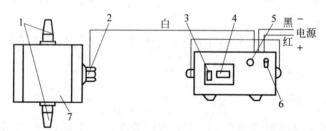

1—进、出油口;2—磁敏开关;3,4—计数器;5—电源指示灯;6—电源开关;7—传感器。
图 7-17 CD-30 型车用油耗仪

其传感器为容积膜片式,适用于汽油、柴油发动机。当燃油流经传感器时,传感器能发出与流经的燃油体积成正比的脉冲信号,并将脉冲信号输送到电磁计数器内,经放大器放大后,驱动计数器进行记录,然后由数码管显示燃料消耗量。

2) 四活塞式油耗仪

四活塞式油耗仪的传感器由流量测量机构和信号转换机构组成,如图 7-18 和图 7-19 所示。

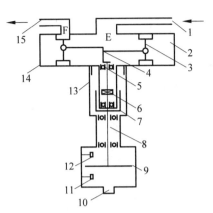 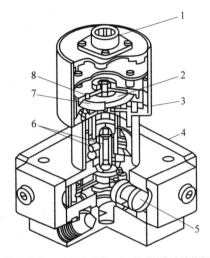

1—进油道；2—液压缸；3—活塞；4—曲轴；5—曲轴轴承；
6—主动磁铁；7—从动磁铁；8—转轴；9—光栅板；
10—电缆插座；11—光敏管；12—发光二极管；
13—下壳体；14—上壳体；15—出油道。

1—信号端子；2—转动光栅；3—转速/脉冲转换部件；
4—流量/转速转换部件；5—活塞；6—磁性联轴节；
7—固定光栅；8—光敏管 LED（对置）。

图 7-18 四活塞式油耗仪传感器示意图　　图 7-19 四活塞联动式油耗传感器的结构

流量测量机构主要由活塞、液压缸、连杆、曲轴、上壳体、上盖和进/出油道组成。四个活塞及其缸呈十字形向心布置，活塞装在液压缸内，通过各自的连杆与曲轴连接。

曲轴通过轴承支承在上壳体内。在上壳体及上盖内开有进、出油道。当燃油在泵油压力作用下经进油道进入 E 腔并通过上壳体内的油道来到活塞顶部时，可迫使活塞、连杆推动曲轴转动，并将对面活塞顶部的燃油通过上壳体内的油道经由上盖 F 油道排出。

可以看出，当四个活塞及其液压缸各完成一次进、出油时，曲轴旋转一周。

信号转换机构装在曲轴的另一端，由主动磁铁、从动磁铁、转轴、光栅板、发光二极管、光敏管、电缆插座和下壳体等组成。

从图 7-18 和图 7-19 中可以看出，主动磁铁装在曲轴上，从动磁铁装在转轴上，转轴通过轴承支承在下壳体内，转轴的下端固装有光栅板。

在光栅板的上、下方装有发光二极管和光敏管。当曲轴转动时，由于一对永久磁铁的吸引作用，转轴及其上的光栅板也随之转动，通过发光二极管和光敏管的光电作用，能把曲轴的转动变成光电脉冲信号。

每个光电脉冲信号代表一定容积的燃油量，通过专用电缆把脉冲信号送入计量显示仪表，经过计算、处理后，即可显示出流经传感器的燃油量。

四活塞式油耗仪具有结构紧凑、布置对称、工作平稳、计量精度高等优点，在国内外得到了广泛应用，特别适用于需精确计量燃油量的检测和试验。但是，该油耗仪也有结构相对复杂、加工精度和装配精度要求高、价格昂贵和对燃油的清洁性要求高等缺点。

2. 质量式油耗仪

质量式油耗仪由称量装置、计数装置和控制装置构成，如图 7-20 所示。

称量装置的秤盘上装有油杯 1，燃油经电磁阀 3 加入油杯。电磁阀的开闭由装在平衡

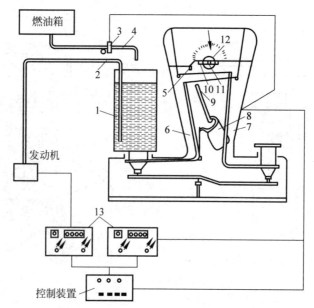

1—油杯；2—出油管；3—电磁阀；4—加油管；5,10—光电二极管；6,7—限位开关；
8—限位器；9—光源；11—齿轮齿条机构；12—鼓轮；13—计数器。

图 7-20 质量式油耗仪

块上的行程限位器 8 拨动两个微型限位开关 6 和 7 进行控制。

光电传感器由两个光电二极管(又称光敏二极管)5、10 和装在菱形指针上的光源 9 组成,用于给出油耗始点和终点信号。光电二极管 5 为固定式,光电二极管 10 装在活动滑块上,滑块通过齿轮齿条机构移动,齿轮轴与鼓轮 12 相连,计量的燃油量通过转动鼓轮 12 从刻度盘上读出。

计量开始时,光源 9 的光束射在光电二极管 5 上,光电二极管发出信号使计数器 13 开始计数,随着油杯中燃油的消耗,指针移动。当光束射到光电二极管 10 上时,光电二极管 10 发出信号,使计数器停止计数。

7.3.2 汽车燃料经济性试验方法

1. 油耗传感器在燃油管路中的安装

1) 油耗传感器在油路中的连接

对于一般无回油管路的汽油车,可将油耗传感器串接在汽油泵与汽油-空气混合装置(对于进气歧管喷射系统,指进气歧管；对于缸内直喷系统,指气缸)之间,汽油泵出口接油耗传感器入口,传感器出口接汽油-空气混合装置入口,如图 7-21 所示。

现代电控燃油喷射发动机上多设有回油管路,这种汽车汽油泵供油量比发动机实际燃料消耗量大得多,多余燃油经回油管流回油箱。此时传感器的安装应避免因回油造成的重复计量。

柴油车的供油系统中全部设有回油管路,输油泵的供油量比喷油泵的出油量多 3～4

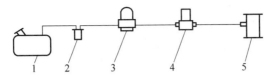

1—油箱；2—滤清器；3—汽油泵；4—传感器；5—汽油-空气混合装置。

图 7-21　无回油管路时传感器的安装位置

倍。为保持喷油泵油室中有一定压力，一般在喷油泵低压油出口装有溢流阀，大量多余燃油经溢流阀和回油管路流回输油泵入口或直接流回油箱。此外，从喷油器工作间隙处泄漏的少量燃油也经回油管流回油箱。

检测柴油机时油耗传感器的安装位置如图 7-22 所示。油耗传感器接在油箱到高压油泵之间的油路上，回油管路则用三通接在油耗传感器的出油管路上，以免燃油被油耗传感器重复计量。

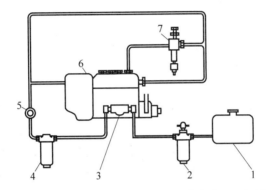

1—油箱；2—粗滤器；3—输油泵；4—细滤器；5—油耗传感器；6—喷油泵；7—喷油器。

图 7-22　检测柴油机时油耗传感器的安装位置

2）油路中空气泡的排除

油路中的空气泡对检测结果的准确性影响很大，这是因为油耗传感器会把空气泡所占的容积当成所消耗燃油的容积，从而使检测结果偏大而失准。

因此，在安装油耗传感器后，必须把空气泡排除干净。排除空气泡时，可用手动泵泵油，同时卸开汽油-空气混合装置油管接头，连续泵油直至泵出的油不含气泡为止。

传感器壳体上也设有放气螺钉，可以排出传感器内的气体。在柴油车油路中装好油耗传感器后，也须用手动泵泵油以排除油路中的空气泡。

2. 乘用车燃料消耗量试验方法

根据 GB/T 12545.1—2008《汽车燃料消耗量试验方法　第 1 部分：乘用车燃料消耗量试验方法》的规定，对于最大设计总质量不超过 3.5t 的 M_1 和 N_1 类车辆，燃料消耗量试验包括工况循环燃料消耗量试验、90 km/h 等速行驶燃料消耗量试验和 120 km/h 等速行驶燃料消耗量试验三个项目。

其中，工况循环燃料消耗量试验需要在底盘测功机上进行，而等速行驶燃料消耗量试验既可在底盘测功机上进行，也可在道路上进行。

3. 商用车燃料消耗量试验方法

根据 GB/T 12545.2—2001《商用车辆燃料消耗量试验方法》的规定，对于 M_2、M_3 类和最大总质量大于或等于 2 t 的 N 类商用车辆，燃料消耗量试验包括等速行驶燃料消耗量试验和多工况循环燃料消耗量试验两个项目。

其中，等速行驶燃料消耗量试验在长度为 500 m 的试验道路上进行；多工况循环燃料消耗量试验（六工况循环、四工况循环）必须在底盘测功机上进行。

目前，汽车燃料经济性试验仅作为汽车型式核准测试项目，而 GB 38900—2020《机动车安全技术检验项目和方法》、GB 7258—2017《机动车运行安全技术条件》及其修改单均未对在用车辆的燃料消耗量作出要求。换言之，在在用车辆的年度检验中，并不检验汽车的燃料经济性。

有鉴于此，为节约篇幅，本书对汽车燃料经济性试验方法不作详细阐述，有需要的读者可查阅相关标准。

7.4　汽车制动性能检测

制动系技术状况的变化直接影响行车安全性。因此，对制动性能的检测和故障诊断至关重要。

汽车制动性能检测分为路试法和台架法两种。其中，路试法是用五轮仪（或非接触式车速仪）等制动性能检测仪器，通过道路试验，检测制动系的制动距离和制动减速度，以此判定制动系制动性能的方法；台架法（图 7-23）则是利用制动试验台，通过检测制动系的制动力和制动力平衡状况及制动协调时间来判定制动系制动性能的方法。在在用汽车安全性能年度检验中，由于制动试验台的广泛使用，路试法已经很少采用了。

图 7-23　汽车制动性能检测（台架法）

汽车制动系应具有独立的行车制动装置和驻车制动装置，同时还应具有应急制动系统，或行车制动装置具有应急制动功能（应急制动功能是指行车制动系统部分失效时制动系仍能保持规定的应急制动性能）。

本节重点介绍利用制动试验台对行车制动系统制动性能的检测方法。

7.4.1 汽车制动试验台的结构与原理

汽车制动试验台(brake tester)有多种类型,按试验台测试原理不同,分为反力式和惯性式两类;按试验台支承车轮形式的不同,可分为滚筒式和平板式两类。目前,单轴反力式滚筒制动试验台(测力式)在国内应用最为普遍。

1. 单轴反力式滚筒制动试验台的结构

图 7-24 为单轴反力式滚筒制动试验台结构示意图,图 7-25 为实物照片,图 7-26 为安装到地沟内的照片。单轴反力式滚筒制动试验台主要由驱动装置、滚筒装置、测量装置、举升装置和指示与控制装置等组成。

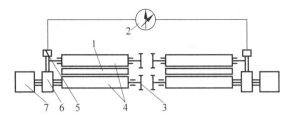

1—举升装置;2—指示与控制装置;3—链传动;4—滚筒装置;5—测量装置;6—减速器;7—电动机。

图 7-24 单轴反力式滚筒制动试验台结构示意图

图 7-25 滚筒制动试验台(实物照片)

图 7-26 滚筒制动试验台(已安装到地沟内)

1) 驱动装置

驱动装置由电动机、减速器和链传动组成。电动机的转动通过减速器减速后传给主动滚筒,主动滚筒又通过链传动把动力传给从动滚筒。减速器与主动滚筒同轴,减速器壳体处于浮动状态。

2) 滚筒装置

滚筒装置由左、右独立设置的两对滚筒构成。被测车轮置于两滚筒（主、从动滚筒）之间，滚筒表面模拟活动路面，用来支撑被检车轮并在制动时承受和传递制动力。

有的滚筒制动试验台在主、从动滚筒之间设置一直径较小，既可自转又可上下摆动的第三滚筒（因其又细又长，故亦称第三轴），平时由弹簧使其保持在最高位置。在设置有第三滚筒的制动试验台上大都取消了举升装置。

在第三滚筒上装有转速传感器。在检验时，被检车辆的车轮置于主、从动滚筒上的同时压下第三滚筒，并与其保持可靠接触。控制装置通过转速传感器即可获知被测车轮的转动情况。当被检车轮制动，转速下降至接近抱死时，控制装置根据转速传感器送出的相应电信号使驱动电动机停止转动，以防止滚筒剥伤轮胎并保护驱动电动机。

第三滚筒除了上述作用外，在有的试验台上还作为安全保护装置用，只有当两个车轮制动测试单元的第三滚筒同时被压下时，试验台电动机电路才能接通。

3) 测量装置

测量装置主要由测力杠杆、传感器等组成。测力杠杆一端与传感器连接，另一端与浮动的减速器壳体连接。传感器安装在试验台支架上，传感器有自整角电机式、电位计式、差动变压器式和电阻应变测力式等多种类型。

被测车轮制动时，减速器浮动壳体连带测力杠杆绕主动滚筒轴线摆动并作用于传感器上，传感器把测力杠杆的位移或力转变成反映制动力大小的电信号，送入指示与控制装置中。

4) 举升装置

举升装置一般由举升器、举升平板和控制开关等组成。举升器有气压式、液压式、电动螺旋式等形式，举升装置的作用是便于汽车出入试验台。带有第三滚筒的制动试验台不用举升装置。

5) 指示与控制装置

指示与控制装置有电子式和微机式两种。电子式控制装置多配以指针式指示仪表，微机式控制装置多配以数字显示器。国产反力式滚筒制动试验台多为微机式，其指示与控制装置主要由计算机（微机）、放大器、模数转换器（A/D）、数字显示器和打印机等组成，如图 7-27 所示。

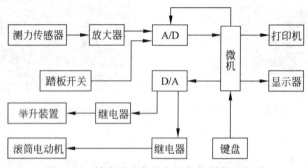

图 7-27　制动试验台的指示与控制装置框图

此外，由于对汽车制动性能的评判与轴重有关，现在很多制动试验台都装有配套的轴重计量设备(轴重仪)。

2. 反力式滚筒制动试验台的检测原理

准备检测时,升起举升器,将被测汽车驶上制动试验台,车轮置于主、从动滚筒之间,然后降下举升器。通过延时电路起动电动机,电动机则通过减速器及链传动驱动滚筒,从而带动车轮低速旋转。

当驾驶人踩下制动踏板,在制动器摩擦力矩 M_μ 作用下(图 7-28(a)),车轮开始减速旋转。此时电动机驱动滚筒,而滚筒则对车轮轮胎周缘的切线方向作用着驱动力 F_{x1}、F_{x2},以克服制动器摩擦力矩,维持车轮旋转。与此同时,车轮轮胎在滚筒表面切线方向作用着与滚筒驱动力数值相等而方向相反的反作用制动力 F'_{x1}、F'_{x2}。在 F'_{x1}、F'_{x2} 对滚筒轴线形成的反作用制动力矩的作用下,其浮动的减速器壳体与测力杠杆一起朝与滚筒转动相反的方向摆动(图 7-28(b)),而测力杠杆另一端的力 F_1 经传感器转换成与反作用制动力大小成比例的电信号。

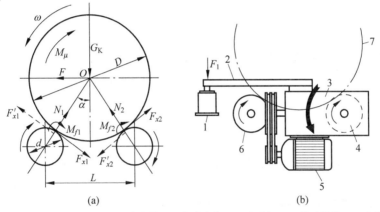

1—传感器;2—测力杠杆;3—减速器;4—主动滚筒;5—电动机;6—从动滚筒;7—车轮;
G_K—车轮所受的载荷;F—车轴对车轮的水平推力;N_1,N_2—滚筒对车轮的支承反力;
F_{x1},F_{x2}—滚筒对车轮的驱动力;F'_{x1},F'_{x2}—车轮对滚筒的切向反作用力;
M_μ—制动器摩擦力矩;M_{f1},M_{f2}—滚动阻力矩;α—安置角;L—滚筒中心距。

图 7-28 制动力检测原理图
(a) 车轮检测时的受力简图;(b) 制动力测量装置原理图

此信号经放大变换处理后,由指示装置显示出由车轮制动器产生、经轮胎传递、作用在滚筒上的制动力。在制动过程中,当左、右轮制动力之和大于某一数值时,微机即开始采集数据,采集过程所经历的时间是一定的。

经历了规定的采集时间后,微机发出指令使电动机停转,以防止轮胎被剥伤。检测过程结束后,将举升器举起,车辆即可驶离试验台。

车轮阻滞力的测量是在行车和驻车制动装置处于完全释放状态、变速器置于空挡位置时进行的。此时,电动机通过减速器、链传动及滚筒来带动车轮维持稳定转动所需的力,即为车轮的阻滞力,该力可通过指示装置读取。

制动协调时间的测量是与制动力测量同步进行的,它以驾驶人踩制动踏板的瞬间作为计时起点,由制动踏板上套装的踏板开关向控制装置发出一个"开关"信号,开始时间计数,直至制动力达到标准规定的制动力的 75% 时为止。其计时终点通常由试验台微机执行相应的程序来控制。

3. 反力式滚筒制动试验台的检测特点

（1）检测迅速、安全、经济，不受外界条件的限制，测试条件稳定，重复性较好。

（2）能定量地测得各车轮的制动力大小、左右轮制动力差值、制动协调时间、车轮阻滞力等，因而可全面评价汽车的制动性能，并给制动系的故障诊断、维修和调整提供可靠依据。

（3）不能反映防抱死制动系统（ABS）的性能。制动检测时的车速较低（一般不超过 5 km/h），与实际制动状况相差甚远，因而无法对具有防抱死制动系统汽车的制动性能进行准确测试。

（4）进行制动检测时，汽车没有平移运动，因而也就没有因惯性作用而引起的轴荷前移作用，故车辆处于空载检测时，前轴车轮容易抱死而难以测得前轴制动器能够提供的最大制动力，从而导致测得的整车的制动力不够，易引起误判。

同时，汽车的无移动检测也不能反映汽车其他系统（如转向机构、悬架）的结构、性能对制动性能的影响。

（5）试验台制动时的最大测试能力受检测因素的影响较大。根据图 7-28(a) 的受力图列出平衡方程，可得车轮制动时试验台能提供的制动力极限值为

$$F_{x\max} = \phi(N_1 + N_2) = \phi \frac{G_K + \phi F}{(1+\phi^2)\cos\alpha} \tag{7-18}$$

式中，ϕ 为滚筒表面与轮胎之间的附着系数；α 为安置角。

由式(7-18)可知：试验台的最大测试能力受安置角 α、附着系数 ϕ、水平推力 F 三方面因素的影响。当 α、ϕ、F 增加时，制动力的最大测试能力增加；而当车轮直径增大，附着系数减小，非测试车轮制动力过小时，被测车轮容易抱死，其最大制动力难以测出，从而导致测得的整车制动力过小，易引起误判。

要提高反力式滚筒制动试验台的测试能力，就要增加轮胎与滚筒的附着力，避免制动时车轮抱死。为此，常用的措施如下：

（1）在车辆上增加足够的附加质量，或施加相当于附加质量产生重力的作用力，而这些均不计入轴荷；

（2）在非测试车轮上加三角垫块或采取牵引方法阻止车辆移动；

（3）保持轮胎及滚筒表面的干燥、清洁。

4. 惯性式滚筒制动试验台和平板式制动试验台

1）惯性式滚筒制动试验台

惯性式滚筒制动试验台是利用其旋转飞轮的动能模拟车辆在道路上行驶时的动能，使车辆在试验台上能呈现路试制动时的工况来检测制动性能。惯性式滚筒制动试验台检测的是制动距离、制动减速度和制动时间。

惯性式滚筒制动试验台按同时检测的轴数多少可分为单轴式和双轴式两种。双轴惯性式滚筒制动试验台的结构简图如图 7-29 所示，该试验台可以同时测试双轴车辆所有车轮的制动性能，它可根据被测车辆的轴距调节前、后滚筒组之间的距离。

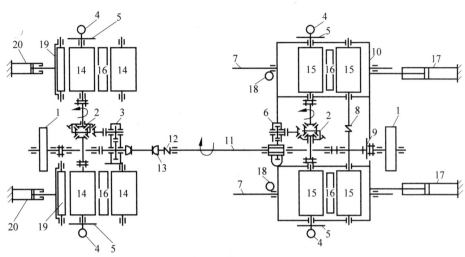

1—飞轮；2—传动器；3,6—变速器；4—测速发电机；5,9—光电传感器；7—可移导轨；
8,12—电磁离合器；10—移动架；11—传动轴；13—万向节；14—后滚筒；
15—前滚筒；16—举升平板；17—驱动移动架液压缸；18—夹紧液压缸；
19—第三滚筒；20—调节第三滚筒液压缸。

图 7-29 双轴惯性式滚筒制动试验台简图

该距离可用驱动移动架液压缸 17 调节，使滚筒组在导轨上移动，调节合适后用夹紧液压缸 18 进行夹紧定位。前后左右各滚筒及飞轮通过连接部件相连。为防止汽车制动时车轮向后窜出，在后滚筒组后部装有第三滚筒 19。

惯性式滚筒制动试验台的滚筒相当于一个移动的路面，试验台上各对滚筒分别带有飞轮，其惯性应与被测汽车的惯性质量相当。

检测时，先使滚筒与车轮处于某一转速旋转，然后切断驱动滚筒旋转的动力，踩制动踏板，制动后的车轮对滚筒表面产生切向阻力，而滚筒在其飞轮系统的惯性作用下继续旋转直至停止转动，其转动的圈数乘以滚筒周长即相当于车轮的制动距离。在规定的检测车速下，该制动距离的大小可以充分反映被测车轮制动器和整个制动系的技术状况。而滚筒的制动初速度、制动减速度及滚筒依靠惯性旋转的圈数均可通过测量系统测得。

利用惯性式滚筒制动试验台检测制动性能时，可以在任意车速下进行，试验条件接近汽车实际行驶情况，其测试结果与实际工况较为接近。但这种试验台要求旋转部分的转动惯量大，结构较复杂，占地面积大，且不适应多种车型，因此在实际检测中应用尚不广泛。

2）平板式制动试验台

平板式制动试验台如图 7-30 所示，它是一种低速动态惯性式制动试验台，由 4 块测试平板、传感器、显示和控制装置等组成。

检验时，汽车以 5~10 km/h 的速度驶上测试平板，置变速器于空挡并紧急制动。汽车在惯性作用下，通过车轮在平板上附加与制动力大小相等、方向相反的作用力，使平板产生纵向位移，经传感器测出各车轮的制动力，并由显示装置显示检测结果。

这种试验台结构简单，测试过程与实际路试条件较接近，能反映车辆的实际制动性能，亦能反映制动时轴荷前移及其他系统（如悬架）对汽车制动性能产生的影响。试验台不需要

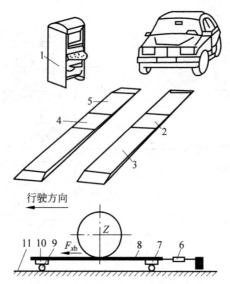

1—显示和控制装置；2—侧滑测试平板；3,5—制动、轴重测试平板；4—过渡板；
6—拉力传感器；7,10—压力传感器；8—面板；9—钢球；11—底板。

图 7-30　平板式制动试验台简图

模拟汽车平移惯量,较容易与轴重仪、侧滑仪组合在一起,测试方便且效率较高。但这种试验台存在测试重复性差、占地面积大、需要助跑车道和不够安全等问题。

7.4.2　制动性能检测与评价

1. 制动性能的检测方法

利用反力式滚筒制动试验台检测汽车制动性能时,具体检测方法如下。
(1) 将试验台指示与控制装置上的电源开关打开,按使用说明书要求预热至规定时间。
(2) 如果指示装置为指针式仪表,应检查指针是否在零位,若不在零位则应加以调整。
(3) 检查试验台滚筒上是否粘有泥、水、沙、石等杂物,若有则应加以清除。
(4) 核实汽车各轴轴荷,不得超过试验台的允许载荷。
(5) 检查汽车轮胎气压是否符合汽车制造厂的规定,若不符合则应充气至规定值。
(6) 检查汽车轮胎是否有泥、水、沙、石等杂物,若有则应加以清除。
(7) 检查试验台举升器是否在升起位置,若不在升起位置则应升起举升器。
(8) 汽车被测车轴在轴重仪或轮重仪上检测完轴荷后,应尽可能以垂直于滚筒的方向驶入试验台。先使前轴两车轮处于主动、从动滚筒之间。
(9) 汽车停稳后,变速杆置于空挡位置,行车、驻车制动器处于完全放松状态,能测制动协调时间的试验台还应把脚踏开关套在制动踏板上。
(10) 降下举升器,至轮胎与举升器完全脱离为止。
(11) 如果制动试验台本身带有内藏式轴重测量装置,则应在此时测出轴荷。
(12) 起动电动机,使滚筒带动车轮转动,先测出制动阻滞力。

(13) 用力踩下制动踏板,一般试验台在 1.5~3.0 s 后或所带第三滚筒发出信号后,滚筒自动停转。

(14) 读取并打印检测结果。

(15) 升起举升器,前移车辆,使后轴两车轮处于主动、从动滚筒之间,按同样方法检测后轴车轮的制动力。

(16) 当与驻车制动相关的车轴在试验台上时,检测完行车制动后应重新起动电动机,在行车制动完全放松的情况下用力拉紧驻车制动杆,检测驻车制动性能。

(17) 所有车轴的行车制动性能及驻车制动性能检测完毕后,升起举升器,汽车开出试验台。

(18) 检测结束,切断试验台电源。

2. 制动性能的评价指标

汽车制动性能可使用制动效能、制动效能的恒定性和制动时的方向稳定性三个指标进行评价。

1) 制动效能

汽车的制动效能是制动性能最基本的评价指标,它是指汽车迅速降低行驶速度直至停车的能力。制动效能的评价指标有制动距离、制动减速度、制动时间和制动力等。

其中,能既简单又直观地反映汽车制动效能的指标是制动距离。汽车制动系调整的好坏、制动器反应时间的长短、制动力上升速度的快慢以及制动减速度的大小等因素对制动效能的影响均包含在该指标中。

制动距离与汽车的行驶安全有直接关系,应越短越好。

2) 制动效能的恒定性

制动效能的恒定性是指汽车在高速行驶或下长坡时,经连续或频繁制动后,制动效能的保持程度。

制动效能的恒定性主要指制动器的抗热衰退性能。制动效能是在冷态制动(即制动器工作温度在 100℃ 以下)时讨论的。而当汽车在长时间或高强度的连续制动后,制动器温度常在 300℃ 以上,此时的制动力矩会因摩擦副摩擦系数的减小而显著下降,这种现象称为制动器的热衰退。制动器的热衰退与制动器的摩擦材料、结构以及散热方式等因素有关。

制动器的抗热衰退性能一般用一系列连续制动时,制动效能的保持程度来衡量。根据 ISO/DIS 6597 的推荐:要求以一定车速连续制动 15 次,每次的制动减速度为 $3\ m/s^2$,最后制动效能应在相同制动踏板力条件下不低于规定的冷态制动效能的 60%。目前,我国国家标准中尚未提出相应的检验要求。

3) 制动时的方向稳定性

制动时的方向稳定性(简称制动稳定性)是指汽车在制动过程中维持直线(或按预定弯道)行驶的能力。制动过程中,会因制动跑偏、制动侧滑或前轮失去转向能力,导致汽车失控、偏离原来行驶方向,从而引发严重的交通事故。

(1) 制动跑偏

制动跑偏是指汽车制动时自动向左或向右驶离直线行驶方向的现象。出现制动跑偏时,汽车会偏离原来的运行轨迹,因而常常造成撞车、掉沟甚至翻车等事故,所以必须予以充分重视。

汽车制动跑偏的原因,主要是由于汽车左右车轮(特别是转向轮)的制动器制动力不相等或左、右车轮制动器制动力增长速度的快慢不一致造成的。另外,悬架系统的结构与刚度、车轮定位失准、车架偏斜、装载不合理、道路状况等亦会导致制动跑偏。

为防止汽车出现制动跑偏,用制动力检验方法检测汽车制动性能时,对左、右车轮制动器制动力的平衡能力提出了相应要求。

(2) 制动侧滑

制动侧滑是指制动时汽车的某一轴或两轴发生横向移动的现象。

当汽车前轮先抱死时,汽车能维持直线减速停车,并处于稳定状态。当汽车后轮先抱死时,后轴的侧滑会加剧。这时汽车处于不稳定的危险状态。如此下去,将造成汽车甩尾,甚至调头。

汽车在湿滑(水湿或油湿)路面或冰雪路面上制动时出现侧滑现象较多。尤其是在上述路面上紧急制动时,更易出现侧滑,造成汽车甩尾,甚至原地转圈或平地翻车,从而导致交通事故的发生。

(3) 前轮失去转向能力

前轮失去转向能力是指弯道制动时,汽车不再按原来的弯道行驶而是沿弯道的切线方向驶出,以及直线行驶时转动转向盘,但汽车仍按直线方向行驶的现象。前轮先抱死或前后轮都抱死时,汽车前轮将失去转向能力。

为确保汽车制动时的方向稳定性,应防止前后轮都抱死的情况发生。在设计时,应实现各轴间制动力的合理分配,有些汽车上装有制动力调节装置(如限压阀、比例阀和感载阀等),用于调节或控制车轮制动器中的油压或气压的大小。

采用防抱死制动系统(ABS)的汽车,能动态调节制动器制动力的大小,使车轮处于理想的滑移率范围之内,不仅可提高制动效能和防止后轴侧滑,还保持了较好的转向能力。

3. 制动性能检测参数标准

汽车制动性能检测完毕后,应将检测结果与检测标准对照,以判断制动性能是否合格。根据 GB 7258—2017《机动车运行安全技术条件》的规定,机动车可以通过路试来检测制动距离、制动减速度,以及通过台试检验制动力等参数来判别制动性能,只要其中之一符合要求,即可判为合格。检测标准具体规定如下。

1) 制动距离

制动距离是指机动车在规定的初速度下急踩制动时,从脚接触制动踏板时起至车辆停住时止车辆驶过的距离。

路试机动车行车制动性能检测应在平坦、硬实、清洁、干燥且轮胎与地面间的附着系数不小于 0.7 的混凝土或沥青路面上进行。检测时发动机应与传动系统脱开。

机动车在规定的初速度下的制动距离和制动稳定性,应符合表 7-5 的要求。对空载检测制动距离有质疑时,可用表 7-5 中满载检测制动距离的要求进行。

表 7-5 制动距离和制动稳定性要求

机动车类型	制动初速度 /(km·h^{-1})	空载检测制动距离要求/m	满载检测制动距离要求/m	试验通道宽度/m
三轮汽车	20	≤5.0		2.5
乘用车	50	≤19.0	≤20.0	2.5
总质量不大于 3.5 t 的低速货车	30	≤8.0	≤9.0	2.5
其他总质量不大于 3.5 t 的汽车	50	≤21.0	≤22.0	2.5
铰接客车、铰接式无轨电车、汽车列车(乘用车列车除外)	30	≤9.5	≤10.5	3.0①
其他汽车、乘用车列车	30	≤9.0	≤10.0	3.0①

制动稳定性要求：被测车辆任何部位不得超出规定宽度的试验通道的边缘线

① 对车宽大于 2.55 m 的汽车和汽车列车，其试验通道宽度为"车宽+0.5" m。

2) 制动减速度

路试制动减速度按测试、取值和计算方法的不同，可分为制动稳定减速度、平均减速度和充分发出的平均减速度三种。GB 7258—2017 采用充分发出的平均减速度作为制动减速度的评价指标。

充分发出的平均减速度(mean fully development deceleration,MFDD)为

$$\mathrm{MFDD} = \frac{v_b^2 - v_e^2}{25.92(S_e - S_b)} \tag{7-19}$$

式中，MFDD 为充分发出的平均减速度，m/s^2；v_b 为 $0.8v_0$ 车速，km/h；v_e 为 $0.1v_0$ 车速，km/h；v_0 为汽车制动初速度，km/h；S_b 为在速度从 v_0 到 v_b 之间汽车驶过的距离，m；S_e 为在速度从 v_0 到 v_e 之间汽车驶过的距离，m。

充分发出的平均减速度是在测得相关速度、距离参数后用上述公式计算确定的。

在上述测制动距离同样路面条件和发动机脱开的情况下，汽车、汽车列车在规定初速度下急踩制动踏板时充分发出的平均减速度和制动稳定性要求应符合表 7-6 的规定。

对空载检测的充分发出的平均减速度有质疑时，可用表 7-6 中满载检测的充分发出的平均减速度要求进行。

表 7-6 制动减速度和制动稳定性要求

机动车类型	制动初速度/ (km·h^{-1})	空载检测充分发出的平均减速度/(m·s^{-2})	满载检测充分发出的平均减速度/(m·s^{-2})	试验通道宽度/m
三轮汽车	20	≥3.8		2.5
乘用车	50	≥6.2	≥5.9	2.5
总质量不大于 3.5 t 的低速货车	30	≥5.6	≥5.2	2.5
其他总质量不大于 3.5 t 的汽车	50	≥5.8	≥5.4	2.5

续表

机动车类型	制动初速度/ $(km \cdot h^{-1})$	空载检测充分发出的平均减速度/ $(m \cdot s^{-2})$	满载检测充分发出的平均减速度/ $(m \cdot s^{-2})$	试验通道宽度/m
铰接客车、铰接式无轨电车、汽车列车(乘用车列车除外)	30	≥5.0	≥4.5	3.0①
其他汽车、乘用车列车	30	≥5.4	≥5.0	3.0①
制动稳定性要求：被测车辆任何部位不得超出规定宽度的试验通道的边缘线				

① 对车宽大于 2.55 m 的汽车和汽车列车，其试验通道宽度为"车宽+0.5"m。

对应急制动和剩余制动性能要求：汽车(三轮汽车除外)应具有应急制动功能。应急制动应保证在行车制动只有一处失效的情况下，在规定的距离内将汽车停住。

应急制动应是可控制的，其布置应使驾驶人容易操作，驾驶人在座位上至少用一只手握住转向盘的情况下(对乘用车为双手不离开转向盘的情况下)，就可以实现制动。它的控制装置可以与行车制动的控制装置结合，也可以与驻车制动的控制装置结合。

采用助力制动系统的行车制动系统，当助力装置失效后，仍应能保持规定的应急制动性能。

客车、货车和货车底盘改装的专项作业车，当行车制动传输装置部分失效时，仍应具有符合 GB 12676—2014《商用车辆和挂车制动系统技术要求及试验方法》规定的剩余制动性能。

3) 制动踏板力或制动气压

通过路试进行制动性能检验时，制动踏板力或制动气压应符合表 7-7 的要求。

表 7-7 制动踏板力或制动气压要求

		满载检验时	空载检验时
气压制动系		气压表的指示气压≤额定工作气压	气压表的指示气压≤750 kPa
液压制动系	踏板力	乘用车≤500 N	乘用车≤400 N
		其他机动车≤700 N	其他机动车≤450 N

对于路试而言，汽车、汽车列车在满足制动踏板力或制动气压要求的前提下，路试制动距离和路试制动减速度这两个指标，符合任意一个，即可判定该被检车辆的制动性能合格。

4) 驻车制动性能(路试)

在空载状态下，驻车制动装置应能保证机动车在坡度为 20%（对总质量为整备质量的 1.2 倍以下的机动车为 15%）、轮胎与路面间的附着系数大于或等于 0.7 的坡道上正、反两个方向保持固定不动，时间应大于或等于 2 min。检验汽车列车时，应使牵引车和挂车的驻车制动装置均起作用。

5) 行车制动性能(台试)

(1) 制动力百分比要求。汽车、汽车列车在制动试验台上测出的制动力应符合表 7-8 的要求(在制动试验台或转鼓试验台上对汽车进行的测试，称为台试)。对空载检验制动力有质疑时，可用表 7-8 规定的满载检验制动力要求进行检验。使用转鼓试验台检测时，可通过测得制动减速度值计算得到最大制动力。

表 7-8　台试检验制动力要求

机动车类型	制动力总和与整车重量的百分比		轴制动力与轴荷[①]的百分比	
	空载	满载	前轴[②]	后轴[②]
三轮汽车	—	—	—	≥60[③]
乘用车、其他总质量不大于3.5 t 的汽车	≥60	≥50	≥60[③]	≥20[③]
铰接客车、铰接式无轨电车、汽车列车	≥55	≥45	—	—
其他汽车	≥60[④]	≥50	≥60[③]	≥50[⑤]
挂车	—	—	—	≥55[⑥]

① 用平板制动试验台检验乘用车及其他总质量不大于 3.5 t 的汽车时,应按左右轮制动力最大时刻所分别对应的左右轮动态轮荷之和计算。
② 机动车(单车)纵向中心线中心位置以前的轴为前轴,其他轴为后轴;挂车的所有车轴均按后轴计算;用平板制动试验台测试并装轴制动力时,并装轴可视为一轴。
③ 空载和满载状态下测试均应满足此要求。
④ 对总质量小于或等于整备质量的 1.2 倍的专项作业车应大于或等于 50%。
⑤ 满载测试时后轴制动力百分比不做要求;空载用平板制动试验台检验时应大于或等于 35%;总质量大于 3.5 t 的客车,空载用反力滚筒式制动试验台测试时,应大于或等于 40%,用平板制动试验台检验时,应大于或等于 30%。
⑥ 满载状态下测试时,应大于或等于 45%。

(2) 制动力平衡要求。在制动力增长全过程中同时测得的左右轮制动力差的最大值,与全过程中测得的该轴左右轮最大制动力中大者(当后轴制动力小于该轴轴荷的 60% 时,为与该轴轴荷)之比,对新注册车和在用车应分别符合表 7-9 的要求。

表 7-9　台试检验制动力平衡要求

机动车类型	前轴	后轴	
		轴制动力大于或等于该轴轴荷 60% 时	轴制动力小于该轴轴荷 60% 时
新注册车	≤20%	≤24%	≤8%
在用车	≤24%	≤30%	≤10%

(3) 制动协调时间要求。制动协调时间是指在急踩制动时,从驾驶人右脚接触制动踏板(或右手触动制动手柄)时起,至机动车减速度(或制动力)达到表 7-6 规定的机动车充分发出的平均减速度(或表 7-8 所规定的制动力)的 75% 时所需的时间。

汽车的制动协调时间,对液压制动的汽车应小于或等于 0.35 s,对气压制动的汽车应小于或等于 0.60 s;对铰接客车、铰接式无轨电车的制动协调时间应小于或等于 0.80 s。

(4) 车轮阻滞率要求。进行制动力检验时,汽车、汽车列车各车轮的阻滞力均应小于或等于轮荷的 10%。

(5) 合格判定要求。采用台试方法检验汽车、汽车列车行车制动性能时,检验结果必须同时满足上述(1)~(4)四项要求,被检车辆的行车制动性能方为合格。

6) 驻车制动性能(台试)

当采用制动试验台检验汽车和正三轮摩托车驻车制动装置的制动力时,机动车空载,使用驻车制动装置,驻车制动力的总和应大于或等于该车在测试状态下整车重量的 20%,但总质量为整备质量 1.2 倍以下的机动车应大于或等于 15%。

复习思考题

1. 汽车底盘测功机的功能主要有哪些?
2. 表征汽车动力性的参数主要有哪些?
3. 简述汽车底盘测功的过程。
4. 按照测试原理不同,油耗仪可分为哪几种?
5. 汽车制动性能的评价指标有哪些?

第 8 章 汽车仪表照明系统检测

教学提示：汽车仪表照明系统检测是汽车综合性能检测的重要项目之一，车速表和前照灯技术状况良好对于确保行车安全具有重要意义。

教学要求：本章主要介绍汽车仪表照明系统的检测，重点内容是汽车车速表和前照灯的检测方法。要求学生了解车速表和前照灯的功能要求，熟悉车速表和前照灯的检测方法，掌握车速表和前照灯的检测技能。

8.1 车速表检测

8.1.1 概述

车速表是指驾驶室内用来指示汽车行驶速度的仪表。行车中，汽车驾驶人可通过车速表来了解、掌握汽车的行驶速度。因此，要求车速表具有一定的精度，能尽量准确地向驾驶人反映汽车的实际速度。

然而，车速表经长期使用后，其指示误差会越来越大。当车速表的指示误差太大时，不仅驾驶人在限速路段行驶时难以正确控制车速，而且极易错误地判断汽车的行驶情况，对行车安全与高效运用车辆不利。

因此，为保证行车安全，车速表的检测(图 8-1)被列为汽车综合性能检测中的必检项目之一。

图 8-1　车速表检测

8.1.2 车速表检测原理

车速表的检测指标是车速指示误差。车速表的检测通常在滚筒式车速表试验台上进行,如图 8-2 所示。

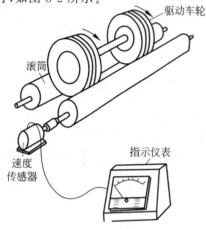

图 8-2 车速表的检测原理

它将滚筒作为连续移动的路面,把被测车轮置于滚筒之上旋转,以此来模拟汽车在路上行驶时的实际状态,利用车速表试验台测出的车速与车速表上显示的车速进行对比,从而检测车速表的指示误差。

试验时,将与车速表有传动关系的车轮置于滚筒上,利用发动机的动力或试验台本身的动力,使车轮和滚筒旋转。由于车轮和滚筒之间无相对滑动,故车轮的线速度与滚筒的线速度相等,因此滚筒线速度可视为汽车的实际车速。该实际车速可由下式求出:

$$V = L \times n \times 60 \times 10^{-6} \quad (8-1)$$

式中,V 为汽车实际车速,km/h;L 为滚筒的圆周长,mm;n 为滚筒的转速,r/min。

由式(8-1)可知,实际车速与滚筒的转速成正比。因此,可通过速度传感器测出滚筒转速,然后经测量电路处理即可得到实际车速,并在试验台的车速指示仪表上加以显示。

与此同时,驾驶室内的车速表也显示出指示车速。比较这两种车速指示值即可测出车速表的误差。

8.1.3 车速表试验台

1. 标准型车速表试验台

标准型车速表试验台如图 8-3 所示。它本身不带驱动装置,检测时,被测车辆的驱动轮驶入试验台,带动滚筒旋转,驱动车速表试验台显示实际车速。

标准型车速表试验台主要由速度检测装置、速度指示装置和速度报警装置等组成。

1) 速度检测装置

速度检测装置主要由滚筒、速度传感器、联轴器和举升器组成。车速表试验台通常采用四滚筒式结构,左右各两个,用轴承将它们安装在框架上,其中两个前滚筒用联轴器相连,以防检测时汽车差速器作用使左右轮车速不等。

速度传感器装在滚筒的一端,它将滚筒转速的机械信号转换为电信号送至速度指示装置,以便试验台适时地检测车速。

在前、后滚筒之间设有举升器,以便车轮进、出试验台。为保证检测安全,举升器和滚筒制动装置联动,当举升器升起时,滚筒制动而不能转动。

2) 速度指示装置

速度指示装置按照速度传感器发出的电信号进行工作。它能根据滚筒的转速和外圆周

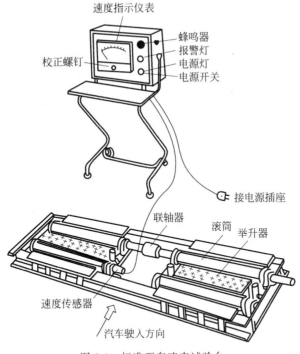

图 8-3 标准型车速表试验台

长算出汽车的实际车速,以 km/h 为单位在指示仪表上显示,目前多用智能型数字显示装置。

3) 速度报警装置

速度报警装置是为方便检测、提示汽车实际车速已达到检测车速而设置的。检测时,当汽车实际车速达到检测车速 40 km/h 时,报警装置的报警灯点亮或蜂鸣器鸣叫,提示检测人员已达到检测车速,应立即读取驾驶室车速表的指示值,以便与实际车速对照,看此时车速表指示值是否在规定的范围。

标准型车速表试验台结构简单、价格便宜,目前得到了广泛应用。但标准型车速表试验台只适用于检测车速表由变速器输出驱动的车辆,而不能检测车速表由从动车轮输出驱动的车辆。

2. 驱动型车速表试验台

驱动型车速表试验台如图 8-4 所示,它除了带有驱动装置(电动机),其他组成结构基本上与标准型车速表试验台相同。驱动装置与滚筒之间通过离合器相连,该离合器起传递和中断动力的作用。

现代汽车中,有部分车速表是由从动车轮提供的车速信号驱动的。对于这类汽车,检测时将被测车辆的从动轮驶入试验台,离合器接合,起动电动机带动滚筒和被测车轮旋转,从而驱动试验

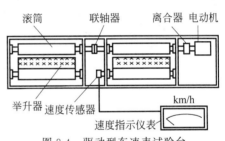

图 8-4 驱动型车速表试验台

台车速表显示实际车速,同时也驱动驾驶室内车速表显示指示车速而测出车速表的指示误差。

对于车速表由变速器或分动器输出驱动的车辆,检测时,则可让离合器脱开,将被测车辆的驱动轮驶入试验台并驱动滚筒旋转,从而测出车速表指示误差。此时驱动型车速表试验台完全当标准型车速表试验台使用。

驱动型车速表试验台的最大优点是检测范围广,能检测各种汽车(全时四轮驱动汽车除外)的车速表指示误差。

3. 综合型车速表试验台

综合型车速表试验台通常是一个多功能试验台,对于车速表的检测往往是一个附加功能而不是主要功能。例如汽车底盘测功机、汽车惯性式滚筒制动试验台等,它们都有测速的功能,因此可以很容易地检测汽车车速表。

8.1.4 车速表检测方法

1. 检测前的准备

1) 试验台的准备

确保车速表试验台处于良好的工作状态,滚筒在静止状态时接通电源,其指示仪表指针应在零位,举升器动作应正常,滚筒表面应清洁、干燥、无油、水和泥等杂物。

2) 被检车辆的准备

(1) 确保轮胎气压符合汽车制造厂的规定,以免引起检测误差。

(2) 确保轮胎花纹沟槽内无任何杂物(如小石子等),以免检测时杂物飞出伤人;轮胎应不沾有水、油等,以免检测时车轮打滑。

2. 检测方法

(1) 接通试验台电源,升起滚筒间的举升器。

(2) 如图8-5所示,将被检车辆垂直地驶入试验台,使具有车速表输入信号的车轮停于两滚筒之间。

(3) 降下滚筒间的举升器,让轮胎与举升器托板完全脱离,使车轮稳定地支承在滚筒上。

(4) 用挡块抵住位于试验台滚筒之外的一对车轮的前方,以防检测时汽车驶出试验台发生意外事故。

(5) 对于标准型车速表试验台,检测步骤如下:

① 启动汽车,挂入最高挡,踩下加速踏板使驱动轮平稳地加速运转。

② 当试验台车速表的车速指示值达到检测车速40 km/h时,立即读取汽车车速表的车速指示值;或当汽车车速表的指示值达到车速40 km/h时,读取试验

图8-5 使具有车速表输入信号的车轮停于两滚筒之间

台车速表的指示值。

（6）对于驱动型车速表试验台，检测步骤如下。

① 将汽车变速器挂入空挡。

② 接合试验台离合器，使滚筒与电动机相连。

③ 接通试验台电源，电动机驱动滚筒及车轮旋转。

④ 当试验台车速表的车速指示值达到检测车速 40 km/h 时，立即读取汽车车速表的车速指示值；或当汽车车速表的指示值达到车速 40 km/h 时，读取试验台车速表的指示值。

（7）检测结束时，轻踩汽车制动踏板，使滚筒停止转动。对于驱动型试验台，应先关断电源再踩制动踏板。

（8）升起举升器，去掉挡块，汽车驶离试验台。

（9）切断试验台电源。

8.1.5 车速表检测分析

1. 检测标准

GB 15082—2008《汽车用车速表》规定：车速表的指示车速不得低于实际车速。车速表应在 40 km/h、80 km/h、120 km/h（在最高车速低于 150 km/h 时，按制造厂规定最高车速的 80% 计）三种实际车速下进行指示误差检测。

在上述三种试验车速（实际行车车速）以及这些车速之间的测试区域行车时，车速表指示车速 V_1(km/h) 与实际车速 V_2(km/h) 之间应符合以下关系式：

$$0 \leqslant V_1 - V_2 \leqslant V_2/10 + 4 \qquad (8\text{-}2)$$

例如，当被测汽车车速表的指示车速 V_1 为 40 km/h 时，车速表试验台速度指示值 V_2 在 32.7～40 km/h 范围内为合格；或当车速表试验台速度指示值 V_2 为 40 km/h 时，汽车车速表的指示车速 V_1 在 40～48 km/h 范围内为合格。

2. 检测结果分析

当汽车车速表的车速指示误差大于规定范围时，应找出其产生误差的原因，以消除故障隐患。汽车在使用过程中，车速表产生误差的原因主要有：车速信号传递误差、车速表本身故障或损坏、轮胎磨损误差等。

1）车速信号传递误差

当前汽车车速表获取车速信号的方式有机械式和电子式两种。

机械式获取车速信号通常是通过软轴将变速器的输出轴转速传递给车速表的主动轴，这种机械式车速信号传递方式可靠性较高，一般不会产生误差。而电子式获取车速信号通常是通过安装在变速器处的各种车速传感器如光电式、霍尔效应式、磁阻式等获得反映汽车车速的脉冲信号，再由电子电路驱动车速表。这种车速信号传递方式，在工作过程中若传感器性能变差、老化、损坏，或驱动电路性能不良、存在故障，则会使车速信号产生误差，从而导致车速表出现指示误差。

2) 车速表本身故障或损坏

当前汽车车速表主要有电磁式和电子式两大类。

电磁式车速表用于机械式车速信号的获取,其车速表是利用磁电互感作用,通过指针摆动来显示汽车行驶速度。车速表内有可转动的活动盘、转轴、轴承、齿轮、游丝等零件和磁性元件,这些零件在使用过程中的自然磨损以及磁性元件的磁性变化,都会造成车速表的指示误差。而电子式车速表通常是一个电磁式电流表,用于接收驱动电路送来的车速信号。其接收的平均电流与车速成正比,并驱动车速表指针偏摆,指示相应的车速。电子式车速表无需软轴传动,其性能一般较为稳定,但当电磁式电流表失效或性能变差时,也会造成车速表的指示误差。

3) 轮胎磨损误差

汽车轮胎在使用过程中,随行驶里程的增加而逐渐磨损,其滚动半径将日渐减小。在变速器输出轴转速不变的情况下,车速表的指示值为定值,与轮胎滚动半径的变化无关;而汽车实际行驶速度会因轮胎滚动半径的变小而变小,因而车速表指示值与实际车速就会出现误差。

若仅是因为轮胎磨损而引起的车速表指示值误差,则可通过更换轮胎来消除。

当车速表部件磨损过甚或损坏时,应予以更换。若轮胎气压和轮胎尺寸合适,车速表正常,而在车速表试验台检测时车速表仍然指示误差过大,则说明车速信号的接收或传递部分存在故障。

8.2 汽车前照灯检测

前照灯是汽车夜间行驶必不可少的照明装置,其技术状况的好坏直接影响夜间的行车安全。

若前照灯发光强度不足或照射方向偏斜,则汽车在夜间行驶时,驾驶人看不清前方或看不远,或给迎面来车的驾驶人造成眩目、妨碍视野等情况,都易导致夜间行车事故的发生。而在使用过程中,前照灯灯泡会逐渐老化,造成发光效率下降;反射镜脏污,聚光性能变差;汽车在行驶中受到振动,也可能引起前照灯安装位置错动,改变光束的照射方向。这些都会影响前照灯的照明和照明效果。因此,定期检测前照灯的技术状况(图 8-6)是十分必要的。

8.2.1 前照灯评价指标

汽车前照灯性能通常用前照灯的发光强度、配光特性、全光束以及照射方向(照射位置)等予以评价。

1. 发光强度

发光强度是表示光源发光强弱的物理量,计量单位是坎德拉(candela,简写为 cd)。根据国际标准单位的规定,其定义是:一个光源发出频率为 540×10^{12} Hz 的单色辐射,且在此方向上的辐射强度为 1/683 W/sr(瓦特每球面度),则此光源在该方向上的发光强度为 1 cd。

图 8-6 检测前照灯的技术状况

汽车前照灯就是一个光源,前照灯发光强度越大,则受光物体会被照得越亮,驾驶人能看清物体的距离就越远。

受光物体被光源照亮的程度称为照度(illuminance),它是表征受光面明亮程度的物理量,计量单位是勒克斯(lux,简写为 lx)。

在不计光源大小(看作点光源)的情况下,照度与离开光源距离的平方成反比。因此,在受光距离一定时,受光物体照度的大小实际上反映了光源发光强度的大小。

前照灯的光学特性包括配光特性、全光束和照射方向三个方面,如图 8-7 所示。

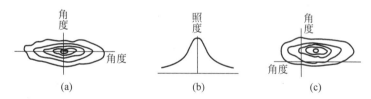

图 8-7 前照灯的光学特性
(a) 配光特性;(b) 全光束;(c) 照射方向

2. 配光特性

被照面的照度不均匀,中心区域较高,边缘区域较低。如果把照度相同的各点用曲线连起来,则形成等照度曲线,如图 8-7(a)所示。配光特性(又称光束分布,光形分布)是指用等照度曲线来表示受照物体表面各部分照度的分布情况。

为避免前照灯产生眩目作用,并保持良好的路面照明,现代汽车前照灯普遍采用双丝灯泡。灯泡的一根灯丝为远光灯丝,发光强度较强,可以使驾驶人看清车前 100 m 以内路面上的任何障碍物。另一根灯丝为近光灯丝,发光强度较弱。

汽车夜间行驶时,在不会车的情况下使用远光灯丝,使光束射向远方。会车时,使用近光灯丝,使光束倾向路面,光束左上部形成暗区,从而避免使对面来车的驾驶人眩目,同时车前 30 m 以内的路面也照得足够清晰。

GB 4599—2007《汽车用灯丝灯泡前照灯》对国产汽车前照灯的配光特性作了明确规定:前照灯远光灯配光特性是对称的椭圆形,水平方向宽,垂直方向窄,光形中心区域最亮,如图 8-8(a)所示；而前照灯近光灯配光特性是非对称的，有明显的明暗截止线，在明暗截止线的左上方是一个比较暗的暗区，在明暗截止线的右下方是一个比较亮的亮区(明区)。

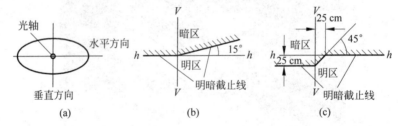

图 8-8　汽车前照灯配光形式
(a) 远光灯配光；(b) 近光灯非对称配光；(c) Z 形非对称配光

前照灯近光灯非对称配光特性有两种形式：一种是在配光屏幕上，在 V—V 线左边，明暗截止线是一条水平线，在 V—V 线右边，明暗截止线是一条向上倾斜 15°的斜线，如图 8-8(b)所示；另一种是明暗截止线右半边与水平线成 45°的斜线至距 V—V 线 25 cm 转向成水平的折线，由于明暗截止线呈反 Z 形，故又称 Z 形非对称配光，如图 8-8(c)所示。我国汽车前照灯的近光灯已广泛采用 Z 形非对称配光形式。

3. 全光束

全光束是指前照灯照射到物体后，被照射物体上得到的总照度，它可用图 8-7(a)所示的光束分布特性的纵断面特性曲线表示，如图 8-7(b)所示。该断面的积分值，即该曲线的旋转体积就是全光束。

4. 照射方向

照射方向是指前照灯光轴相对于其测量基准线的偏离程度(图 8-7(c))，其中光轴是前照灯几何中心与汽车正前方测量屏幕上光束投影中心(远光光束中心)或明暗截止线转角(近光光束中心)的连线；而测量基准线是从前照灯基准中心引出的，在水平方向上与汽车纵向中心线平行，在垂直方向上呈水平状态的虚拟直线。

一般远光光束中心相对于近光光束中心上偏 0.57°。前照灯的实际照射方向可用水平方向和垂直方向的光轴偏移量(亦称光轴偏移值、光轴偏斜量或光轴偏距)或光轴偏移角表示，两者单位分别为 cm/dam 和(°)。

8.2.2　前照灯检测标准

前照灯的发光强度、光束照射位置在 GB 7258—2017《机动车运行安全技术条件》中有明确的规定；前照灯配光特性在 GB 4599—2007《汽车用灯丝灯泡前照灯》中也有明确的要求。

此外，安装有自适应前照明系统的车辆，其前照灯应符合 GB/T 30036—2013《汽车用自适应前照明系统》的规定。

汽车装用远光和近光双光束灯时，以检测近光光束为主。对于只能调整远光单光束的前照灯，则检测远光单光束。

1. 前照灯远光光束发光强度要求

机动车每只前照灯的远光光束发光强度应达到表 8-1 的要求；并且，同时打开所有前照灯（远光）时，其总的远光光束发光强度应符合 GB 4785—2019《汽车及挂车外部照明和光信号装置的安装规定》的要求。测试时，电源系统应处于充电状态。

表 8-1 前照灯远光光束发光强度最小值要求   单位：cd

机动车类型		检查项目					
		新注册车			在用车		
		一灯制	二灯制	四灯制[①]	一灯制	二灯制	四灯制[①]
三轮汽车		8000	6000	—	6000	5000	—
最大设计车速小于 70 km/h 的汽车		—	10 000	8000	—	8000	6000
其他汽车		—	18 000	15 000	—	15 000	12 000
普通摩托车		10 000	8000	—	8000	6000	—
轻便摩托车		4000	3000	—	3000	2500	—
拖拉机运输机组	标定功率>18 kW	—	8000	—	—	6000	—
	标定功率≤18 kW	6000[②]	6000	—	5000[②]	5000	—

[①] 四灯制是指前照灯具有四个远光光束；采用四灯制的机动车其中两只对称的灯达到两灯制的要求时视为合格。
[②] 允许手扶拖拉机运输机组只装用一只前照灯。

2. 前照灯光束照射位置要求

无论近光还是远光，光束照射方向对安全行车非常重要，它既涉及防眩目问题，还影响到照明的距离和范围。

图 8-9 给出了用屏幕法检测前照灯光束照射位置的示意图。这种方法既可用于检测近光，也可以用于检测远光。其中，H 为前照灯基准中心高度，D 为左右两灯的中心距，虚线所示为前照灯光束照射位置。H_1、H_2 分别代表左、右灯光束中心高度，ΔD_1、ΔD_2 分别表示左右两灯光束的水平偏移量。

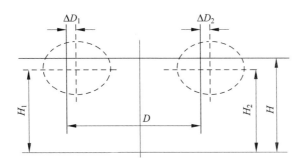

图 8-9 用屏幕法检测前照灯照射位置

在空载车状态下，汽车、摩托车前照灯近光光束照射在距离 10 m 的屏幕上，近光光束明暗截止线转角或中点的垂直方向位置，对近光光束透光面中心（基准中心，下同）高度小于或等于 1000 mm 的机动车，应不高于近光光束透光面中心所在水平面以下 50 mm 的直线，且不低于近光光束透光面中心所在水平面以下 300 mm 的直线;对近光光束透光面中心高度大于 1000 mm 的机动车,应不高于近光光束透光面中心所在水平面以下 100 mm 的直线,且不低于近光光束透光面中心所在水平面以下 350mm 的直线。

除装用一只前照灯的三轮汽车和摩托车外,前照灯近光光束明暗截止线转角或中点的水平方向位置,与近光光束透光面中心所在处置面相比,向左偏移应小于或等于 170 mm,向右偏移应小于或等于 350 mm。

在空载车状态下,轮式拖拉机运输机组前照灯近光光束照射在距离 10 m 的屏幕上,近光光束中点的垂直位置应小于或等于 $0.7H$(H 为前照灯近光光束透光面中心的高度),水平位置向右偏移应小于或等于 350 mm,且不应向左偏移。

在空载车状态下,对于能单独调整远光光束的汽车、摩托车前照灯,前照灯远光光束照射在距离 10 m 的屏幕上,其发光强度最大点的垂直方向位置,应不高于远光光束透光面中心所在水平面(高度值为 H)以上 100 mm 的直线且不低于远光光束透光面中心所在水平面以下 $0.2H$ 的直线。除装用一只前照灯的三轮汽车和摩托车外,前照灯远光发光强度最大点的水平位置,与远光光束透光面中心所在垂直面相比,左灯向左偏移应小于或等于 170 mm,且向右偏移应小于或等于 350 mm,右灯向左和向右偏移均应小于或等于 350 mm。

3. 前照灯配光性能要求

按照 GB 4599—2007《汽车用灯丝灯泡前照灯》的要求,配光性能应在距离前照灯基准中心前 25 m 的配光屏幕上测量,各测试点、区的位置如图 8-10 所示。

1) 近光的配光要求

(1) 在配光屏幕上,近光应产生明显的明暗截止线,其水平部分位于 V—V 线左侧,右侧为 HVH2H3 线或 HVH1H2H4 线。明暗截止线上方为暗区、下方为明区。

(2) 在配光屏幕上的照度限值,应符合表 8-2 规定。

表 8-2 前照灯近光照度要求(GB 4599—2007)

测试点或区域	A 级前照灯和 SB 灯光组/lx	B 级前照灯和 HSB 灯光组/lx
B50L	≤0.3[①];≤0.4	≤0.4
75R	≥6	≥12
75L	≤12[①]	≤12
50L	≤15[①]	≤15
50R	≥6	≥12
50V	—	≥6
25L	≥1.5	≥2
25R	≥1.5	≥2
Ⅲ区中任何点	≤0.7	≤0.7
Ⅳ区中任何点	≥2	≥3
Ⅰ区中任何点	≤20	≤2×E_{50R}[②]

① 封闭式白炽灯 SB 灯光组为 0.3,且不包括测试点 75L 和 50L;
② E_{50R} 为 50R 的实测照度值。

对于半封闭式前照灯,在配光屏幕上 A、B 区中,测试点 1~8 的照度限值应符合如下规定:

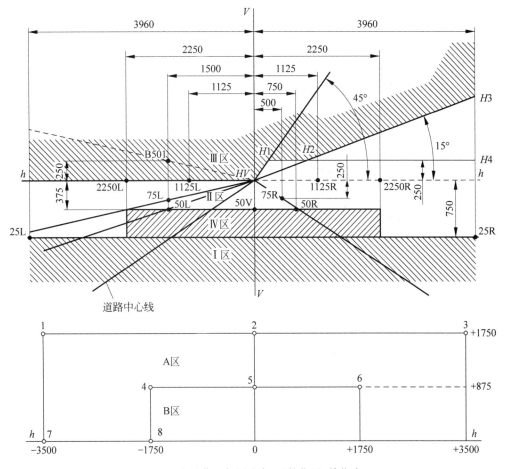

图 8-10 配光屏幕上各测试点、区的位置(单位为 mm)

测试点 $1+2+3 \geqslant 0.3$ lx；

测试点 $4+5+6 \geqslant 0.6$ lx；

0.7 lx $\geqslant$ 测试点 $7 \geqslant 0.1$ lx；

0.7 lx $\geqslant$ 测试点 $8 \geqslant 0.2$ lx。

(3) Ⅲ区尤其是 B50L 处应尽可能暗些，以防对方驾驶人眩目；Ⅳ区代表车前方 25～50 m 处，是近光照明区，应有足够的照度；Ⅰ区代表车前方 10～25 m 处，是照得最亮的区域，为避免与其他区域产生过大的明暗对比，对其最大照度有所限制。

在Ⅰ、Ⅱ、Ⅲ和Ⅳ区域内，应无影响良好可见度的横向照度变化。

2) 远光的配光要求

(1) 远光在配光屏幕上的照度限值，应符合表 8-3 规定。

表 8-3 前照灯远光照度要求(GB 4599—2007)

测试点或区域	A 级前照灯和 SB 灯光组/lx	B 级前照灯和 HSB 灯光组/lx
E_{max}	$\geqslant 32$	$\geqslant 48$ 且 $\leqslant 240$
HV 点	$\geqslant 0.80 E_{max}$；$\geqslant 0.90 E_{max}$①	$\geqslant 0.80 E_{max}$

续表

测试点或区域	A 级前照灯和 SB 灯光组/lx	B 级前照灯和 HSB 灯光组/lx
HV 点至 1125L 和 R	≥16	≥24
HV 点至 2250L 和 R	≥4	≥6

① $0.90E_{max}$ 适用于 SB 灯光组。

(2) 对于远、近光卤钨前照灯,其远光最大照度值应不大于近光在 75R 点测量照度值的 16 倍。

8.2.3 前照灯检测原理

1. 发光强度检测原理

光学上点光源发光强度与被照物体照度的大小可由下式表示:

$$I = EL^2 \tag{8-3}$$

式中, I 为光源发光强度,cd; E 为被照面上的照度,lx; L 为光源至被照面的距离,m。

由式(8-3)可知,当受光距离 L 为一定值时,光源的发光强度与被照面上的照度成对应比例关系。因此,只要测得受光物体被照面上照度的大小,即可得到光源的发光强度。

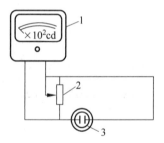

1—光度计;2—可变电阻;3—光电池。

图 8-11 发光强度检测原理

通常,被照面上的照度可利用光电池的光伏效应检测。当被照面上装有光电池时,受光照射后,其光照越强,照度越大,则光电池产生的电动势就越大。

因此,测出其电动势就可得到被照面上的照度,实际上也就是测出了光源的发光强度。汽车前照灯检测仪一般都采用这一原理来检测前照灯的发光强度。

图 8-11 所示为发光强度检测原理图,其测量电路由光电池、光度计和可变电阻等组成。

当前照灯按规定的距离照射光电池时,光电池便按受光强度的大小产生电动势,并在其回路中产生相应的光电流,使光度计指针偏转。经标定后,其指针偏转的大小即可指示出前照灯的发光强度。

2. 光轴偏移量检测原理

汽车前照灯检测仪检测光轴偏移量一般是根据 4 块性能完全相同的光电池的受光面不一致的程度来检测光轴偏移量。图 8-12 所示为光轴偏移量检测电路,其受光器由 4 块光电池(硅光电池或硒光电池)组成,其中上下一对光电池 $S_上$、$S_下$ 之间接有上下偏移指示表,用于测量光轴的上下偏移量,左右一对光电池 $S_左$、$S_右$ 之间接有左右偏移指示表,用于测量光轴的左右偏移量。

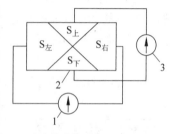

1—左右偏移指示表;2—光电池;
3—上下偏移指示表。

图 8-12 光轴偏移量检测电路

检测时,将受光器置于标准位置,当前照灯光束照射光电池后,若光轴中心正好照在 4 块光电池组成的受光器中心,则 4 块光电池的受光面一致,因而各自产生的电动势大小一致,则上下、左右偏移量检测电路无电流,表示光轴无偏移;而当光轴中心向某一方向偏移时,则 4 块光电池的受光面不一致,因而各自产生的电动势大小不一致,于是上下、左右偏移量检测电路便产生了电流,使上下偏移指示表及左右偏移指示表的指针偏转。

其指针偏转的幅度反映了汽车前照灯光轴偏移量的大小,而指针偏转的方向则反映了汽车前照灯光轴的偏移方向。

8.2.4 前照灯检测仪

1. 前照灯检测仪的类型

1) 按检测对象分类

目前国内使用的前照灯检测仪(headlight tester)按检测对象分有两种类型。一类是采用 SAE(美国汽车工程师学会)标准的前照灯检测仪,它可用来检测对称光的前照灯,如自动追踪光轴式前照灯检测仪等。另一类是采用 ECE(联合国欧洲经济委员会)标准的前照灯检测仪,它可用于检测对称光和非对称光前照灯。这类检测仪主要有两种结构形式:一种是投影式前照灯检测仪,其屏幕采用特殊材料制作,易于识别被测前照灯光束投影的明暗截止线;另一种是采用 CCD 和光电技术的前照灯检测仪。

2) 按结构特征与测量方法分类

根据结构特征与测量方法不同,前照灯检测仪可分为聚光式、屏幕式、投影式和自动追踪光轴式等几类。这些不同类型的前照灯检测仪主要由接收前照灯照射光束的受光器、前照灯发光强度指示装置、前照灯光轴偏移量指示装置以及支柱、底座、导线、车辆摆正找准器等组成。

2. 典型的前照灯检测仪

1) 投影式前照灯检测仪

投影式前照灯检测仪是将前照灯光束的影像映射到投影屏上,从而检测发光强度、光轴偏移量以及配光特性的。

投影式前照灯检测仪的外形结构如图 8-13 所示,实物照片如图 8-14 所示。

投影式前照灯检测仪主要由光接收箱和行走机构两大部分组成。检测仪通过底座上的行走机构可在导轨上左右运动;光接收箱由两根立柱支撑并导向,通过齿轮、齿条的传动作用,光接收箱可视需要沿立柱上下运动。

光接收箱的屏幕上对称地分布着 5 个光电池(图 8-15),其中上下光电池检测垂直方向的光分布情况,其平衡输出连接至光轴上下偏移指示表;左右光电池检测水平方向的光分布情况,其平衡输出连接至光轴左右偏移指示表;中心光电池检测发光强度,其输出连接至光度计。

检测时,被测前照灯光束经透镜汇聚后进入光接收箱,由反射镜将光束影像反射到显示屏幕上(图 8-15),通过上下与左右移动光接收箱,使其上下和左右偏移指示表指针为零。此时,表明上下、左右的光电池受光量分别相等,从而找到被测前照灯主光轴的方向,其主光

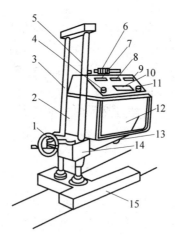

1—上下移动手轮；2—光接收箱；3—后立柱(防回转)；4—光轴刻度盘(左右)；5—前立柱(带齿条)；6—对准瞄准器；7—光轴左右偏移指示表；8—光度计；9—光轴上下偏移指示表；10—投影屏幕；11—光轴刻度盘(上下)；12—聚光镜；13—测距卷尺；14—传动箱；15—底座。

图 8-13　投影式前照灯检测仪

图 8-14　投影式前照灯检测仪实物照片

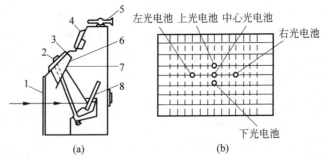

1—聚光镜；2—光轴刻度盘；3—屏幕盖；4—指示表；5—对准瞄准器；6—屏幕；7—光电池；8—反射镜。

图 8-15　投影式前照灯的工作原理

(a) 光路；(b) 光电池分布

轴中心正好反射到中心光电池上,此时通过光度计可测出前照灯发光强度值。

通过转动检测仪的光轴刻度盘(左右、上下),使前照灯影像中心与投影屏坐标原点重合,可以从光轴刻度盘上读出光轴偏移量。

通过观察前照灯近光光束在屏幕上的投影,检查近光是否产生明显的明暗截止线,可确定前照灯近光的配光特性是否符合要求。

2) 自动追踪光轴式前照灯检测仪

自动追踪光轴式前照灯检测仪是利用光接收箱自动追踪光轴的方法来检测发光强度和光轴偏移量的。

(1) 检测仪的基本结构。自动追踪光轴式前照灯检测仪的外形结构如图8-16所示,它主要由行走机构、光接收箱和自动追踪传动系统等部分组成。

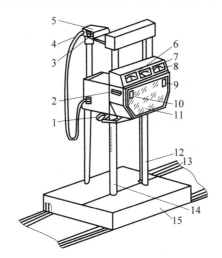
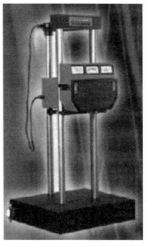

1—调整手轮;2—车辆找准器;3—输出信号插座;4—连接电缆;5—接线盒;6—光轴上下偏移指示表;
7—光度计;8—光轴左右偏移指示表;9—测定指示灯;10—电源指示灯;
11—光接收箱;12—右立柱;13—轨道;14—左立柱;15—底座。

图 8-16 自动追踪光轴式前照灯检测仪

行走机构可使检测仪通过底座下面装的轮子在导轨上左右运动。光接收箱在立柱的导引下,可由链条牵引做上下运动。在光接收箱正面配置有上、下、左、右四个光电池,用作光轴追踪;光接收箱内部装有一透镜组件、四象限光电池组和光检测系统,用于发光强度和光轴偏移量的检测。自动追踪传动系统主要由驱动电动机和传动链条、链轮等组成,用于光轴的追踪。

(2) 光轴自动追踪原理。光接收箱正面配置的作为受光器的4个光电池具有性能相同,上下、左右布置对称(图8-17)的特点。

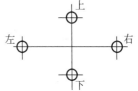

图 8-17 光电池的分布

检测时,4个光电池接受前照灯光束的照射,当上下光电池受到的光照度不同时,其光电池产生的偏差信号将驱动上下传动部件中的电动机,牵引光接收箱向光照平衡的位置移动。同样,左右光电池的偏差信号将驱动左右传动部件中的电动机,使光接收箱向左或向右移动,直到光轴位置偏差信号为零。

由于这两个运动的综合作用,光接收箱即可自动追踪光轴而对准被检测的前照灯光轴。

(3) 光轴偏移量的检测。光轴偏移量测量是利用光接收箱内四象限光电池组、聚光镜控制系统和光检测系统(位移传感器和指示装置等)来共同完成的。

检测时,前照灯光轴对准光接收箱后,光束通过接收箱内透镜聚光投射至四象限光电池组上。若前照灯光轴偏移量为零,则光束的焦点会落在四象限光电池组的中央,4块光电池产生的偏差信号为零,光轴偏移量指示表指示值为零。

若前照灯光轴偏离了四象限光电池组的中央,则光电池必然会产生偏差信号,其左右偏移的偏差信号将驱动控制透镜的左右电动机,使透镜移动,使汇聚的光束在水平方向趋于光电池组中心;同样,上下偏移的偏差信号则驱动透镜在垂直方向上作调整,使汇聚的光束在垂直方向趋于光电池组中心;当光束汇聚在四象限光电池组中央时,透镜的移动调整结束。

此时,透镜在两个方向的位移量由分别安装在两个方向上的位移传感器检测。由于透镜的位移量与光轴偏移量呈线性比例关系,因此,通过传感器对位移量的检测就可确定光轴的偏移量。

(4) 发光强度的检测。当光束的焦点落在光接收箱内四象限光电池组的中央时,其4块光电池组输出电压的大小,将对应于照射在光电池表面的光照度。由于光源至光电池表面的距离一定,因此,光电池组的输出电压实际上就对应着被检测前照灯的发光强度。将4块光电池各自的输出电压送往检测电路处理后,即可由光度计显示其发光强度。

8.2.5 前照灯检测方法

1. 检测前的准备

1) 检测仪的准备

在前照灯检测仪不受光状态下,要确保光度计和光轴偏移指示表的指示值为零,确保前照灯检测仪能在导轨上正常移动。

2) 车辆的准备

清除前照灯上的污垢,使轮胎气压符合规定,蓄电池处于充足电状态,灯光电路状况完好,汽车空载并乘坐一名驾驶人。

2. 检测步骤

汽车前照灯检测仪有多种类型,其具体使用方法各不相同。使用时,应根据检测仪规定的步骤进行检测。

1) 投影式前照灯检测仪的检测步骤

(1) 将汽车尽可能地以与导轨保持垂直的方向驶近检测仪,使前照灯与光接收箱保持规定的距离。

(2) 用车辆摆正瞄准器使检测仪和汽车对正。

(3) 开亮前照灯远光,移动检测仪,使光束照射到光接收箱上,并确保上下、左右光轴偏移指示表的指针指到零位。

（4）观察投影屏上前照灯影像位置，必要时转动光轴刻度盘，测出光轴偏移量。

（5）读取光度计的指示值，该值即为被测前照灯的发光强度。

（6）变换前照灯开关至近光，观察屏幕上的光束投影，检查近光配光性能。

2）自动追踪光轴式前照灯检测仪的检测步骤

（1）将汽车尽可能地以与导轨保持垂直的方向驶近检测仪，使前照灯与光接收箱保持3 m 的距离。

（2）如图 8-18 所示，用车辆找准器使检测仪和汽车对正。

图 8-18　使检测仪和汽车对正

（3）开亮前照灯，接通检测仪电源，通过操纵开关调整光接收箱的上下与左右位置，使前照灯光束照射到光接收箱上。

（4）按下控制盒上的检测开关，测定指示灯亮，仪器进入测定状态，光接收箱随即追踪前照灯光轴，仪器将自动测定光轴偏移量和发光强度并通过各指示表直接显示检测结果。

（5）检测完毕后，按控制开关，使仪器退出测定工作状态。

复习思考题

1. 简述车速表的检测原理。
2. 标准型车速表试验台主要由哪几部分组成？
3. 简述车速表的检测方法。
4. 车速表产生误差的原因主要有哪些？
5. 前照灯的性能评价指标主要有哪些？
6. 典型的前照灯检测仪有哪几类？
7. 简述前照灯的检测方法。

第 9 章 汽车排气污染物检测

> **教学提示**：汽车排气污染物恶化了人类的生存环境，已成为全球性的严重社会问题。汽车排气污染物检测是汽车环保检验的必检项目。
>
> **教学要求**：本章主要介绍汽车排气污染物的类别、检测技术和检测方法，重点内容是汽车排气污染物的检测技术和检测方法。要求学生了解汽车排气污染物的类别、危害，熟悉汽车排气污染物的检测技术，掌握汽车排气污染物检测的基本技能。

9.1 汽车排气污染物

汽车排气污染是汽车的第一公害。汽车排气污染物主要有：一氧化碳（CO）、碳氢化合物（HC）、氮氧化物（NO_x）、颗粒物（particulate matter，PM，亦称微粒）、硫化物等。这些污染物由汽车的排气管、曲轴箱和燃油系统排出，分别称为排气污染物、曲轴箱污染物和燃油蒸发污染物。

1. 一氧化碳

汽车排气污染物中的 CO 是燃料不完全燃烧的产物。当发动机混合气过浓或燃烧质量不佳时，易生成 CO。CO 是一种无色无味的有毒气体，可使血液携带氧的能力降低而引起缺氧。CO 被人体大量吸入后会使人感觉恶心、头晕及疲劳，严重时会使人窒息死亡。

2. 碳氢化合物

汽车排气污染物中的 HC 是多种碳氢化合物的总称，是发动机未燃尽的燃料分解或供油系中燃料的蒸发所产生的气体。HC 能引起光化学反应，生成光化学氧化剂，且生成甲醛，形成烟雾，对人的眼、鼻和咽喉黏膜有较强的刺激作用，严重时可致癌。

3. 氮氧化物

汽车排气污染物中的 NO_x 是复杂氮氧化物的总称，主要包括 NO_2 和 NO。废气中的 NO_x 主要是在高温燃烧过程中由空气中的氧和氮化合而成的，燃料中的含氮化合物也会部分生成氮氧化物。

氮氧化物经过化学反应,可形成刺激性很强的 NO_2 污染物,刺激眼、鼻黏膜,麻痹嗅觉,甚至引起肺气肿；NO_2 还是形成酸雨及光化学烟雾的主要物质之一,对人及植物生长均有不良影响。

4. 颗粒物

汽车排气污染物中的颗粒物是发动机排气中各种固体或液体微粒的总称。汽油机排出的主要颗粒物是铅化物、硫酸盐、低分子物质；柴油机排出的主要颗粒物为碳物质(碳烟)和高分子量的有机物(润滑油的氧化和裂解产物),其颗粒物的直径在 0.1~10 μm 范围内。

柴油机产生的颗粒物量比汽油机多 30~60 倍,碳烟是柴油燃烧不完全的产物,它是由直径较小的多孔性碳粒构成的。颗粒物沉积到人体肺部时,会严重危害人体的健康。

5. 硫化物

汽车排气污染物中的硫化物主要为二氧化硫(SO_2),它由所用燃料中的硫和空气中的氧反应生成。SO_2 可刺激咽喉与眼睛,严重时可使人中毒,引起呼吸道疾病。

SO_2 还是形成酸雨的主要成分,它能严重污染河流、湖泊等水系,使土壤和水源酸化,破坏生态环境。

9.2 汽车排气污染物检测技术

9.2.1 排气成分分析

目前,用于汽车排气成分分析测试的方法主要有 3 种：用不分光红外线(NDIR)分析仪测量 CO 和 CO_2；用火焰离子化检测器(FID)测量 HC；用化学发光检测器(CLD)测量 NO_x。

1. NDIR 分析法

NDIR 是不分光红外线(non-dispersive infra red)的简称,利用 NDIR 原理制造的排气成分分析仪称为不分光红外线分析仪(non-dispersive infra red analyzer),如图 9-1 所示。

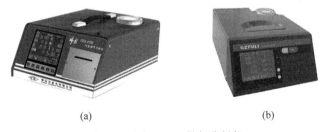

(a) (b)

图 9-1 汽车 NDIR 排气分析仪

(a) FGA-4100 汽车 NDIR 排气分析仪；(b) FLA-501 系列汽车 NDIR 排气分析仪

用 NDIR 分析法测定 CO 是目前最好的方法,其测量上限为 100%,下限可进行微量(10^{-6} 级)甚至痕量(10^{-9} 级)分析；在一定量程范围内,即使气体浓度有极小变化也能检测出来；当

CO 排放浓度较高时,排气中干扰成分对测定值的影响可略去不计;采用连续取样系统,能观察随发动机运转条件变化而引起的排气成分的变化。NDIR 分析法还可测量排气中的其他气体。

1) NDIR 分析仪基本检测原理

不分光红外线分析仪的检测原理是基于某些待测气体对特定波长红外线辐射能的吸收程度来测定其浓度的。大多数非对称分子如汽车排气中的有害气体 CO、HC、NO 等都有吸收红外线的能力,但不同气体在红外波段内有其特定波长的吸收带,如 CO 为 $4.7~\mu m$、CO_2 为 $4.2~\mu m$、HC 为 $3.4~\mu m$、NO 为 $5.3~\mu m$ 等,如图 9-2 所示。

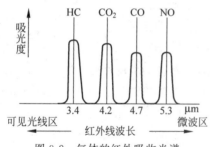

图 9-2 气体的红外吸收光谱

红外线被吸收的程度与被测气体的浓度有对应的函数关系,气体浓度越高,吸收红外线的能力也越强。不分光红外线分析仪则根据废气吸收红外线能量引起的变化来测量废气中各种污染物的浓度。对于特定的被测气体,测量时所用的红外线的波长是一定的。

图 9-3 所示为 NDIR 气体分析装置的结构原理示意图,该装置由红外线光源、气样室、旋转光栅和传感器等组成。

气样室由比较室和试样室构成,其中比较室内充满不吸收红外线能量的气体(如 N_2),以作为比较之用;而试样室则可接收连续流过的废气,以供分析。

检测室用于吸收红外线的能量,它由容积相等的左右两腔构成,中间用兼作电容传感器极板的金属膜片隔开,两腔充有相同浓度的被测气体,如测废气中 CO 含量时,两腔均充有 CO,而测 HC 含量时,均充入 C_6H_{14} 气体。在过滤室中充有干扰气体,其作用是预先滤掉干扰气体所能吸收的那部分波段,以防检测时排气中所含的干扰气体的干涉而产生测量误差。如分析 CO 时,在过滤室中充入 CO_2、CH_4 等,就可在分析时不受排气中的 CO_2 和 CH_4 的干扰。

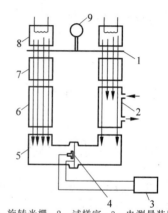

1—旋转光栅;2—试样室;3—电测量装置;
4—电容器动极膜片;5—检测室;6—比较室;
7—过滤室;8—红外线光源;9—电动机。

图 9-3 NDIR 气体分析装置结构原理图

旋转光栅的作用是交替遮挡和让开红外线,使两极间的电容循环变化,从而产生交变信号,以利于测量。

检测时,两个红外线光源发出相同的两束红外线,当红外线通过旋转光栅时,两束红外线将形成红外线脉冲。

其中一路红外线脉冲经过滤室、试样室后进入检测室右腔,另一路则通过过滤室、比较室进入检测室左腔。由于通过比较室到达检测室的红外线能量未被吸收,所以检测室左腔中的被测气体吸收了较多的能量;而通过试样室到达检测室的红外线由于已被试样室中的所测气体吸收了一部分能量,所以检测室右腔中的被测气体只能吸收较少能量。

这样,检测室两腔中的气体便产生了温差,从而导致两腔压力出现差异,致使作为电容一个极的金属膜片产生弯曲振动,其振动频率取决于旋转光栅的转速,振幅则取决于所测气体的浓度。膜片的弯曲振动将使传感器的电容量发生交替变化,从而产生交流电压信号,该信号经放大整流后,转换为直流信号输送给指示装置。

不分光红外线分析仪可测量 CO、CO_2、C_6H_{14}、NO 等多种气体成分,当然测量时须在检测室内充入相应的气体。汽车排放法规中一般规定不分光红外线分析仪只用于检测 CO 和 CO_2,但由于它的便携性,也被广泛用于汽车怠速时 HC 的检测。

在测定 HC 时,检测室内密封正己烷,其测定的结果以相当于正己烷的浓度来表示,发动机排气中有上百种 HC,而这种仪器只能检测某一波长范围的 HC。

该分析仪对饱和烃敏感,而对非饱和烃和芳香烃不敏感。因此,其测量结果主要反映了饱和烃的含量,而不代表排气中各种烃类的总含量。故在要求高精度测量时,不分光红外线分析仪不能用来测量 HC。

2) 不分光红外线 CO 和 HC 气体分析仪

不分光红外线 CO 和 HC 气体分析仪(图 9-4)是一种能从汽车排气管中采集气样,并对其中所含 CO 和 HC 的浓度进行连续测量的仪器。它由废气取样装置、气体分析装置、浓度指示装置和校准装置等组成。

图 9-4　MEXA 324 F 型不分光红外线 CO 和 HC 气体分析仪

(1) 废气取样装置。如图 9-5 所示,该装置由取样头、过滤器、导管、水分离器和泵等组成。通过取样头、导管和泵从汽车的排气管里采集废气,经水分离器和过滤器除去废气中的碳渣、灰尘和水分后,送入气体分析装置。

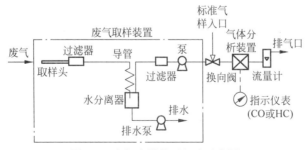

图 9-5　废气取样装置组成示意图

(2) 气体分析装置。该装置根据废气中 CO、HC 能分别吸收不同波长红外线能量的特性,从来自取样装置的混有多种成分的废气中,分别测量出 CO 和 HC 的浓度,并以电信号形式送给浓度指示装置。

(3) 浓度指示装置。综合式分析仪的浓度指示装置主要由 CO 指示装置和 HC 指示装置组成,从气体分析装置送来的电信号,在 CO 指示仪表上以体积百分数(%)为单位指示出 CO 的浓度,在 HC 指示仪表上以正己烷当量体积百万分数(10^{-6})为单位指示出 HC 浓度。

仪表的指示可利用零点调整旋钮、标准调整旋钮和读数挡位转换开关等进行控制。

(4) 校准装置。校准装置是为了保持分析仪指示精度,使之能显示正确指示值的一种装置。

在分析仪上通常设有加入标准气样进行校准的校准装置和机械的简易校准装置。其中标准气样校准装置是把标准气样从分析仪单设的一个专用注入口直接送到气体分析装置,再通过比较标准气样浓度值和仪表指示值的方法来进行校准的装置;而简易校准装置是利用遮光板把气体分析装置中通过测量气样室的红外线挡住一部分,以减少一定量红外线的方法进行简单校准的装置。

2. FID 分析法

FID 是火焰离子化检测器(flame ionization detector)的简称,如图 9-6 所示。

用 FID 分析发动机排气中的碳氢化合物是目前最有效的方法。它具有很高的灵敏度,其检测极限最小可达 10^{-9} 数量级,而且线性和频响特性好,对环境温度及大气压力的变化也不敏感。

FID 的检测原理是基于大多数有机碳氢化合物在氢火焰中产生大量电离现象来测定 HC 浓度的。由于电离度与引入火焰中的碳氢化合物分子中的碳原子数成正比,所以这种分析法对不同类型的烃没有选择性,因而它只能测定 HC 总量。

FID 通常由燃烧器、离子收集器及测量电路组成。图 9-7 为 FID 工作原理图,被测气体与含有 40% 的 H_2(其余为 He)的燃料气体混合后进入燃烧器,并与引入的空气一起形成可燃混合气。

图 9-6 火焰离子化检测器实物照片

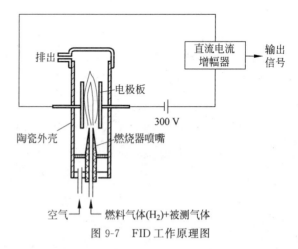

图 9-7 FID 工作原理图

此时用点火丝点燃可燃混合气,HC 便在氢火焰的高温(2000℃左右)作用下,裂解产生元素态碳,然后形成 C^+,在 100~300 V 外加电场作用下形成离子流,这个离子流(电流)的强度与 HC 中的 C 原子数成正比。可见,只要测出这个离子流的大小,就可得到 HC 的浓度。

微弱的离子流经放大后送入指示或记录仪表,便可获得 HC 的浓度。为提高测试精度,整个系统应加电磁屏蔽,以避免外界电磁干扰的影响。

FID 法可直接用于轻型汽车排气污染物中 HC 的排放测定。为避免高沸点的 HC 在采样过程中发生凝结和防止水蒸气冷凝后堵塞毛细管,应对包括检测器在内的整个附加设备进行保温处理。

我国排放法规规定,在台架试验中,测量车用柴油机或汽油机排气污染物 HC 浓度时,应采取加热方式,使除取样探头外的其余部分温度保持在 $(190\pm10)\,\text{℃}$(柴油车)或 $(130\pm10)\,\text{℃}$(汽油机)的范围之内,这种仪器为加热式火焰离子化检测器(heated flame ionization detector, HFID)。

3. CLD 分析法

CLD 是化学发光检测器(chemiluminescence detector)的简称,如图 9-8 所示。用 CLD 分析排气中的 NO_x 是目前最好的方法。

采用 CLD 测量 NO_x,灵敏度高,体积分数测量精度可达 10^{-7};响应特性好,在 $0\sim10^{-2}$ 范围内具有良好的线性输出。

化学发光检测器测量 NO_x 的原理是基于 NO 和 O_3 的反应:

$$NO + O_3 = NO_2^* + O_2 \quad (9\text{-}1)$$

$$NO_2^* = NO_2 + h\nu \quad (9\text{-}2)$$

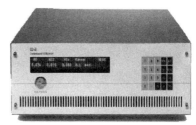

图 9-8 化学发光检测器

式中,NO_2^* 为激发态 NO_2;h 为普朗克常量;ν 为光子的频率。

分析时,首先使被测气体中的 NO 与 O_3 反应,生成 NO_2^* 分子,在 NO_2^* 由激发态衰减到基态的过程中,会发出波长为 $0.6\sim3\,\mu m$ 的光子 $h\nu$(即近红外光谱线),称为化学发光。这种化学发光的强度与 NO 的浓度成正比,因而通过检测发光强度就可确定被测气体中 NO 的浓度。

化学发光检测器从原理上讲只能测量 NO,而无法测量 NO_2。但实际应用中可以先通过适当的转换将 NO_2 还原成 NO,然后再进行 NO 的测量,即可用间接方法测出 NO_2 的浓度。因此,用同一仪器也可以测得 NO_2 和 NO_x 的浓度。

化学发光检测器的检测原理如图 9-9 所示。

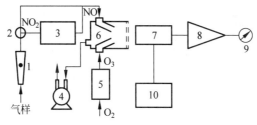

1—流量计;2—二通阀;3—催化转化器;4—抽气泵;5—O_3 发生器;6—反应室;
7—光电倍增器;8—放大器;9—指示仪表;10—高压电源。

图 9-9 CLD 检测原理图

检测时,O_2 持续不断地进入 O_3 发生器 5,产生的 O_3 进入反应室 6。在检测 NO 时,汽车排气(尾气)经二通阀 2 后直接进入反应室,NO 与 O_3 反应产生的化学发光,经滤光片进入光电倍增器 7,反映 NO 浓度的电信号经信号放大器 8 输出,并由指示仪表 9 显示,其测量结果是 NO 的浓度。

检测 NO_2 时,转动二通阀,汽车排气全部进入催化转化器 3,排气中的 NO_2 在此转化为 NO,然后再进入反应室 6 与 O_3 反应,这时仪器测出的是 NO 与 NO_2 的总和 NO_x,再利用测定的 NO_x 和 NO 的浓度差值,就可以测出 NO_2 的浓度。

为使 NO_2 全部转化成 NO,催化转化器的工作温度必须保持在 650℃ 以上。由于转化器的效率对分析精度有直接影响,故应经常检查催化转化器。当效率低于 90% 时,需要更换新的催化转化器。

使用滤光片的目的是分离给定的光谱区域,以避免反应气体中一些其他化学发光的干扰。

化学发光检测器为各国汽车排放试验规范中推荐的检测 NO_x 的仪器,但在无此种仪器的情况下允许采用 NDIR 法测量,不过此时的测试精度较低。

4. 综合分析法

综合分析法是利用汽车综合排放分析仪快速检测汽车排气中 CO、CO_2、HC 和 NO_x 的方法。这种检测方法能全面反映汽车污染物的排放情况,能满足发动机台架试验或整车底盘测功机试验的排放测量要求。

汽车综合排放分析仪通常是根据汽车排放法规的要求,将各种废气成分分析仪有机组合成一体的检测仪器,它可以对排放法规中规定的全部气体排放物进行分析测量,汽车综合排放分析仪用 NDIR 法测量 CO 和 CO_2,用 FID 法测量 HC,用 CLD 法测量 NO_x。

为适应电控燃油喷射发动机汽车检测的需要,当前开发的汽车综合排放分析仪增加了 O_2 的检测功能,能检测五种气体成分(CO、CO_2、HC、NO_x、O_2)的浓度。

这种五气体分析仪通常采用 NDIR 法测量 CO、CO_2、HC,采用 CLD 法测量 NO_x,采用氧传感器测量 O_2。

因 CLD 法测量 NO_x 浓度的设备结构复杂,故市场上提供的在线快速检测用的五气体分析仪(图 9-10)不用 CLD 法,而多采用 NDIR 法测量 NO_x 浓度,但其测量 NO_x 的精度较低。

图 9-10 五气体分析仪

9.2.2 排气烟度测量

柴油机的排烟主要有黑烟、蓝烟和白烟,其排烟的多少以烟度来表征。常用的烟度计

(smoke meter)有滤纸式烟度计和不透光烟度计两种。近年来,用林格曼烟度法测量烟度也逐渐被业界认可。

1. 用滤纸式烟度计测量烟度

滤纸式烟度计是一种用滤纸收集排烟,再比较滤纸表面对光的反射率来测量烟度的仪器。

1) 基本检测原理

用滤纸式烟度计检测柴油机烟度时,需从排气管抽取一定量的废气,并使之通过规定面积的标准洁白滤纸,于是废气中的碳烟微粒便被过滤在滤纸上,使滤纸染黑,然后用光电检测装置测出滤纸被染黑的程度,该染黑程度即代表柴油机的排气烟度。

滤纸染黑的程度不同,则对照射到滤纸表面光线的反射能力不同。据此烟度值 S_F 可表示为

$$S_F = 10 \times \left(1 - \frac{R_o}{R_c}\right) \tag{9-3}$$

式中,S_F 为滤纸式烟度值,FSN(filter smoke number);R_o 为污染滤纸的反射因数;R_c 为洁白滤纸的反射因数。

R_o/R_c 的值为 0~100%,0 和 100% 分别对应于全黑滤纸的反射和洁白标准滤纸的反射。当污染滤纸为全黑时,烟度值为 10;滤纸无污染时,烟度值为 0。

2) 滤纸式烟度计结构原理

滤纸式烟度计有手动(图 9-11)、半自动和全自动(图 9-12)三种类型。

滤纸式烟度计主要由取样装置、烟度测量与指示装置、控制机构、校准装置等组成,如图 9-13 所示。

图 9-11 手动滤纸式烟度计

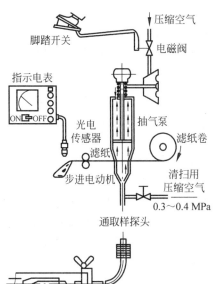

图 9-12 FBY-201 全自动滤纸式烟度计

图 9-13 滤纸式烟度计结构简图

(1) 取样装置

该装置的作用是将柴油机的碳烟取出并吸附于滤纸上,然后送至烟度测量装置。取样

装置由取样探头、活塞式抽气泵和取样软管等组成。取样软管把取样探头与活塞式抽气泵连接在一起,取样探头的结构形状能保证在取样时不受排气动压的影响。

取样时,滤纸在泵筒内,取样探头在活塞式抽气泵的作用下抽取废气,抽气时碳烟留在滤纸上并将其染黑,夹持机构保证滤纸的有效工作面直径为 32 mm。取样完成后,滤纸夹持机构松开,染黑滤纸由进给机构送至烟度测量装置。

(2) 烟度测量与指示装置

该装置如图 9-14 所示,由环形硒光电池、光源和指示仪表构成。检测时,光源的光线通过有中心孔的环形硒光电池照射到滤纸上,一部分光线被滤纸上的碳烟所吸收,另一部分光线被滤纸反射到环形硒光电池上,使光电池产生光电流。

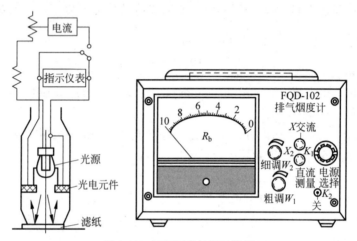

图 9-14 烟度测量与指示装置

光电流的大小反映了滤纸反射率的大小,而滤纸反射率则取决于滤纸的染黑程度。滤纸染黑程度越高,则滤纸反射率越低,光电流就越小;滤纸染黑程度越低,则滤纸反射率越高,光电流就越大。

指示仪表是一块微安表,当由硒光电池输送来的电流强度不同时,指示仪表指针的位置也不同。实际使用的烟度计上,多数指示仪表盘的刻度以 0~10 均匀刻度,用波许单位(R_b)表示。测量全白滤纸时指针位置为 0,测量全黑滤纸时指针位置为 10,在表盘上可以直接读出波许单位烟度值。

(3) 控制机构

控制机构包括用脚操纵的抽气泵电磁阀、滤纸进给机构和压缩空气清洗机构等。压缩空气清洗机构可在废气取样前,用压缩空气清除探头内和取样管内积存的碳粒,以消除前一次测量残留在取样管内的碳烟的影响。

(4) 校准装置

烟度计在使用过程中,由于电源电压的变化,会引起灯光发光强度改变,影响测量精度,因此要经常校准。通常烟度计附带有供标定用的标准烟样纸,烟度校准时,把标准烟样纸放在烟度计测量装置的规定位置上,开灯照射,再用仪表调整旋钮把仪表指针调到标准烟样纸所代表的污染度数值上即可。

滤纸式烟度计具有结构简单、调整方便、使用可靠、测量精度较高等优点,曾广泛用于各国柴油机的烟度检测。目前,我国许多检测站仍在使用滤纸式烟度计。但滤纸式烟度计只能对废气做抽样试验,不能做连续测量和在线检测。

2. 用不透光烟度计测量烟度

不透光烟度计(smoke opacimeter,又称消光烟度计)是一种根据光在排气中被烟气消减的程度来测量烟度的仪器。不透光烟度计可分为全流式和分流式两类。全流式不透光烟度计(图 9-15)通过测量全部排气的透光衰减率来检测烟度,而分流式不透光烟度计(图 9-16)则是通过测量由取样管引入的部分烟气的透光衰减率来检测烟度。

图 9-15 全流式不透光烟度计

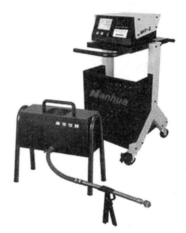

图 9-16 分流式不透光烟度计

1) 基本检测原理

不透光烟度计主要由光源、光通道、光接收器等组成,其基本检测原理如图 9-17 所示。

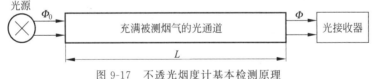

图 9-17 不透光烟度计基本检测原理

不透光烟度计光源发出的可见光通过一定有效长度的、充满被测烟气的光通道,其光强度被烟气衰减,而透过烟气的被衰减的光量到达光接收器,于是光接收器输出与光强度衰减成正比的不透光度信号,从而检测排气烟度。

排气对光的吸收(或衰减)能力反映了排气烟度的大小,可用光吸收系数表示。光吸收系数是排气中单位容积颗粒数量 n、颗粒物在光束方向上的法向投影面积 A 和颗粒物衰减系数 Q 的乘积。

在测量排烟时,碳烟颗粒的 A 值和 Q 值在发动机大部分运行工况中变化不大,而每个颗粒本身的密度也大致相等,因此可近似认为光吸收系数与碳烟的质量浓度成正比。根据光的透射原理有

$$\Phi = \Phi_0 e^{-KL} \tag{9-4}$$

式中,Φ_0 为入射光通量(luminous flux),lm;Φ 为出射光通量,lm;K 为光吸收系数,m^{-1};

L 为光通道有效长度，m。

由式(9-4)可得

$$K = -\frac{1}{L}\ln\frac{\Phi}{\Phi_0} \tag{9-5}$$

由于 GB 36886—2018《非道路移动柴油机械排气烟度限值及测量方法》中用光吸收系数作为柴油机排放烟度的评价指标，因此不透光烟度计应使用光吸收系数作为计量单位，它是一种光吸收的绝对单位。但有的不透光烟度计用不透光度作为计量单位，不透光度是指光线被烟气吸收而不能到达光接收器的百分率。仪表的不透光度可用下式换算为光吸收系数：

$$K = -\frac{1}{L}\ln\left(1 - \frac{N}{100}\right) \tag{9-6}$$

式中，N 为不透光度读数，%；K 为相应的光吸收系数。

两种计量单位的刻度范围均以光全通过时为零，光全吸收时为满量程。即烟气完全不吸光时，$N=0$，$K=0$；光线完全被烟气吸收时，$N=100$ 时，$K=\infty(\mathrm{m}^{-1})$。

2) 全流式不透光烟度计结构原理

美国 PHS 烟度计是一种将柴油机全部排气都导入检测部分进行烟度测定的全流式不透光烟度计，其结构原理如图 9-18 所示。

PHS 烟度计基于光电转换原理，用不透光度来测定排烟浓度。在排气管口端不远处的排气烟束两侧分别布置有光源和光电池。排烟时，光电池接收的不透光度信号与排气烟度成正比。为了减小排气的热影响，光源和光电元件放在离排气通路有一定距离的地方。

3) 分流式不透光烟度计结构原理

英国哈特里奇(Hartridge)烟度计是一种典型的分流式不透光烟度计，它利用光线通过部分烟气时透光的衰减率来测量排气烟度，其结构原理如图 9-19 所示。

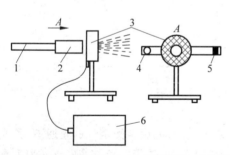
1—排气管；2—排气导入管；3—检测通道；4—光源；
5—光电池(光电检测单元)；6—烟度显示记录仪。
图 9-18 全流式不透光烟度计结构原理图

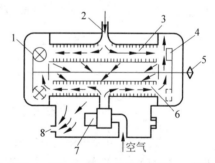
1—光源；2—排气入口；3—排烟测试管；4—光电池；
5—转换手柄；6—空气校正管；7—鼓风机；8—排气出口。
图 9-19 分流式不透光烟度计结构原理图

测定前，用鼓风机向空气校正管中吹入干净空气，旋转转换手柄，使光源和光电池分别置于校正管两侧，做零点校正。

然后，再旋转转换手柄，将光源和光电池移至测试管两侧，并把需要测定的一部分汽车排气连续不断地导入测试管。光源发出的光部分地被排气中的烟气吸收衰减，光电检测单元则可连续测出光源发射光透过排放气体的透光强度，并通过光电转换显示测量结果。烟度指示值以 0 表示无烟，以 100 表示全黑。

不透光烟度计可以对柴油车排烟进行连续测量,可以按排放法规的要求进行稳态和非稳态工况下的烟度测量,在低烟度时有较高的分辨率,可以用来研究柴油机的瞬态碳烟排放特性。不透光烟度计目前在世界各国得到了广泛的应用。

3. 用林格曼烟度法测量烟度

林格曼黑度是锅炉(窑炉)烟气污染物排放的技术指标之一。1888年,法国科学家林格曼(Ringelmann)将烟气黑度划分为六级,称为林格曼黑度级数(Ringelmann number)。

林格曼黑度级数最初用于固定污染源在排放口处排放的灰色或黑色烟气的黑度监测,后来广泛用于大气污染监测,近年来在柴油机排放物的烟度检验中开始得到应用。

从柴油车排气口排出的气流称为烟羽(plume)。

林格曼黑度级数是评价烟羽黑度的一种数值,将观测的烟羽黑度与林格曼烟气黑度图对比,即可得到林格曼黑度级数。

标准的林格曼烟气黑度图(Ringelmann smoke chart)由 14 cm×21 cm 的不同黑度的图片组成,除全白与全黑分别代表林格曼黑度 0 级和 5 级外,其余 4 个级别是根据黑色条格占整块面积的百分数来确定的,黑色条格的面积占 20% 为 1 级,占 40% 为 2 级,占 60% 为 3 级,占 80% 为 4 级。

林格曼烟气黑度图见表 9-1。

表 9-1 林格曼烟气黑度图

林格曼黑度级数	烟气外观特点	黑色条格占整块面积的百分数/%	图 例
0	全白 	0	
1	微白	20	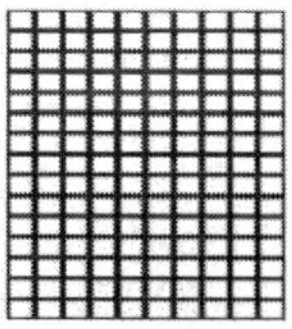
2	灰色	40	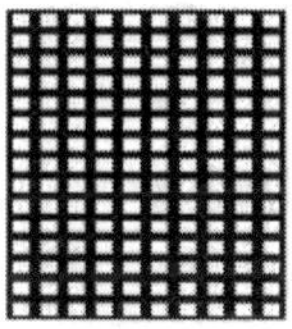
3	深灰	60	

续表

林格曼 黑度级数	烟气外观特点	黑色条格占整 块面积的百分数/%	图　　例
4	灰黑	80	
5	全黑	100	

9.2.3　排气颗粒物测量

汽车的排气颗粒物浓度是通过稀释风道测量系统进行测量的。根据柴油机排气通过稀释风道的比例不同,柴油机排气颗粒物测量系统可分为全流式稀释风道测量系统和分流式稀释风道测量系统两种类型。

在美国轻型车和重型车排放标准以及欧洲轻型车排放标准中,都必须使用全流式稀释风道测量系统来测量柴油机的颗粒排放物;在欧洲重型车排放标准中,允许使用分流式稀释风道测量系统。

GB 17691—2018《重型柴油车污染物排放限值及测量方法(中国第六阶段)》规定,两种测量系统均可使用。

1. 全流式稀释风道测量系统

在全流式稀释风道测量系统中,全部排气被引入稀释风道。

图 9-20 所示为全流式稀释风道测量系统示意图。进行颗粒物测量时,整车或发动机按规定的工况运转,在抽气泵的作用下,环境空气经空气滤清器以恒定的容积流量进入稀释风道。发动机排出的废气进入稀释风道,并与空气混合,形成稀释样气,其稀释比一般为 8~10。

在距排气入口处 10 倍于稀释风道直径的风道上,温度不超过 52℃ 的稀释样气在颗粒取样泵的抽吸下以一定的流速流过颗粒收集滤纸,使颗粒被过滤到滤纸上获得排气颗粒物。然后用微克级精密天平称得滤纸在收集前后的质量差,就可得到颗粒物的质量,并根据需要计算出颗粒排放率,单位为 g/m^3、g/km 或 $g/(kW·h)$。

全流式稀释风道测量系统的特点是测量精度高,但系统体积庞大、价格昂贵。

2. 分流式稀释风道测量系统

在分流式稀释风道测量系统中,部分排气被引入稀释风道。

图 9-21 所示为带多管分流、浓度测量和部分取样的分流式稀释风道测量系统示意图。进行颗粒物测量时,发动机按规定工况运转,在抽气泵 SB 的作用下,环境空气经空气滤清器 DAF 进入稀释风道。

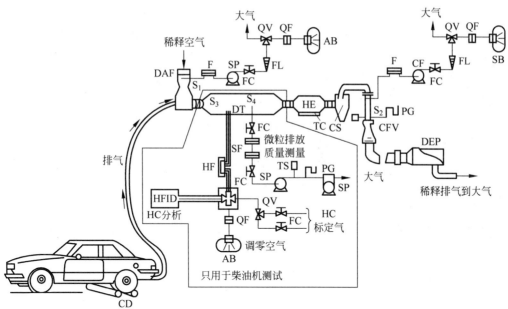

CD—底盘测功机；AB—空气取样袋；CF—积累流量计；CFV—临界流文丘里管；CS—旋风分离器；
DT—稀释风道；DAF—空气滤清器；DEP—稀释排气抽气泵；F—过滤器；
FC—流量控制器；FL—流量计；HE—换热器；HF—加热过滤器；PG—压力表；
QF—快接管接头；QV—快速作用阀；$S_1 \sim S_4$—取样探头；SP—取样泵；
SB—稀释排气取样袋；SF—测量颗粒排放质量的取样过滤器；
TC—温度控制器；TS—温度传感器。

图 9-20　全流式稀释风道测量系统

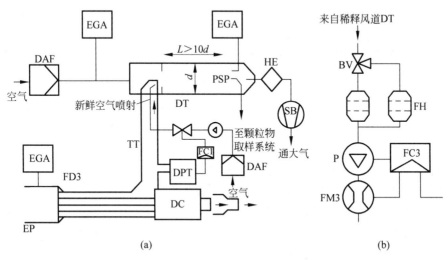

SB—抽气泵；DAF—空气滤清器；EP—排气管；FD3—分流器；TT—输送管；DT—稀释风道；
DC—缓冲室；DPT—压差传感器；EGA—排气分析仪；P—取样泵；PSP—颗粒物取样探头；
FC3—流量控制器；FC1—流量控制器；HE—热交换器；BV—球阀；FH—滤纸保持架；FM3—流量计。

图 9-21　分流式稀释风道测量系统
(a) 分流式风道稀释系统；(b) 颗粒物取样系统

来自排气管 EP 的原始排气,由装在 EP 内的若干尺寸相同(直径、长度和弯曲半径相同)的管子组成的分流器 FD3,通过输送管 TT,输送到稀释风道 DT 与空气混合,而通过其余管子的排气则流经缓冲室 DC。因而,分流量的大小是由总管数量确定的。

为控制分流流量恒定,特将新鲜空气喷入 DT 内,使 DC 与 TT 出口间压差为零(由压差传感器 DPT 控制),用排气分析仪 EGA 测量原始排气、稀释排气和稀释空气中的示踪气(CO_2 或 NO_x)的浓度。这是检查排气的分流所必需的,而且可用来调节喷射空气流量以精确控制分流,稀释比由示踪气浓度计算。

用取样泵 P,通过颗粒物取样探头 PSP 和颗粒物输送管,从分流稀释风道中抽取稀释的排气样气进入颗粒物取样系统,并通过颗粒收集滤纸获取颗粒物。其排气样气的流量由流量控制器 FC3 控制。

分流式稀释风道测量系统的特点是体积小,价格便宜,但测量精度稍低。

9.3 汽油车排气污染物检测

在 GB 18285—2018《汽油车污染物排放限值及测量方法(双怠速法及简易工况法)》中,将汽油车排气污染物检测称为汽油车环保检验,为行文方便,本节亦将其称为汽油车环保检验。

9.3.1 汽油车环保检验概述

1. 汽油车注册登记环保检验流程

汽油车注册登记环保检验流程如图 9-22 所示。

2. 汽油车注册登记环保检测要求

注册登记检验项目按照 GB 18285—2018《汽油车污染物排放限值及测量方法(双怠速法及简易工况法)》的规定进行,并按规定的"实时上报数据项"向当地生态环境主管部门报送环保检验信息。

1) 外观检验

(1) 查验环保随车清单内容与信息公开内容是否一致。

(2) 检查车辆污染控制装置与环保信息随车清单是否一致。

2) 车载诊断系统(OBD)检查

检查车辆的 OBD 接口是否满足规定要求,OBD 通信是否正常,有无故障代码。

3) 排气污染物检测

(1) 一般规定:单一燃料汽车,仅按燃用单一燃料进行排放检测;两用燃料汽车,要求使用两种燃料分别进行排放检测。

有手动选择行驶模式功能的混合动力电动汽车应切换到最大燃料消耗模式进行测试,如无最大燃料消耗模式,则应切换到混合动力模式进行测试。

(2) 采用双怠速法进行检测,其检测结果应小于规定的排放限值。在排放检验的同时,

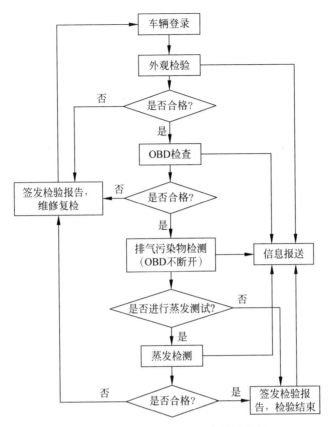

图 9-22 汽油车注册登记环保检验流程

应进行过量空气系数 λ 的测定。发动机在高怠速转速工况时，λ 应在 0.95~1.05 之间，或者在制造厂规定的范围内。

(3) 采用稳态工况法进行检测，其检测结果应小于规定的排放限值。应同时进行过量空气系数 λ 的测定。

4) 蒸发排放系统检测

按 GB 18285—2018 规定的"燃油蒸发排放控制系统检验"要求进行蒸发排放系统检测，其检测结果应符合要求。

3. 在用汽油车环保检验流程

在用汽油车环保检验流程如图 9-23 所示。

4. 在用汽油车环保检验要求

在用汽油车检验项目按照 GB 18285—2018 的规定进行，检验前应进行环保联网核查，查验车辆有无环保违规记录，并按标准规定的"实时上报数据项"报送信息。

1) 外观检验

(1) 检查被检车辆的车况是否正常。如有异常，应要求车主进行维修。

(2) 检查车辆是否存在烧机油或者严重冒黑烟现象。如有，应要求车主进行维修。

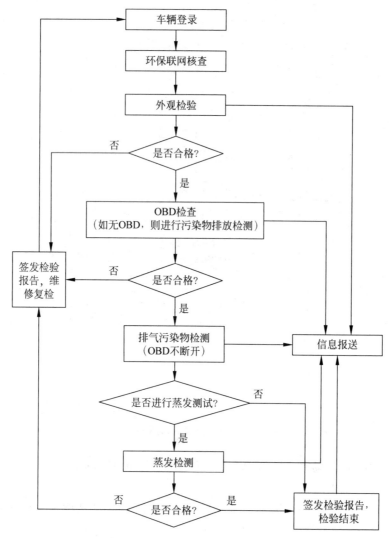

图 9-23 在用汽油车环保检验流程

(3) 检查燃油蒸发控制系统连接管路的连接是否正确、完整。如果发现有老化、龟裂、破损或堵塞现象,应要求车主进行维修,对单一燃料的燃气汽车不需要进行此项检验。

(4) 检查发动机排气管、排气消声器和排气后处理装置的外观及安装紧固部位是否完好,如发现有腐蚀、漏气、破损或松动的,应要求车主进行维修。

(5) 检查车辆是否配置有 OBD。

(6) 判断车辆是否适合进行简易工况法检测,如不适合(如无法手动切换两驱驱动模式的全时/适时四驱车),应标注。进行简易工况法检测的,应确认车辆轮胎表面无异物夹杂。

(7) 变更登记、转移登记检验时应查验污染控制装置是否完好。

2) 车载诊断系统(OBD)检查

(1) 对配置有 OBD 的在用汽油车,在完成外观检验后,应连接 OBD 诊断仪进行 OBD 检查。在随后的污染物排放检验过程中,不可断开 OBD 诊断仪。

(2) OBD 检查项目包括:故障指示器状态,诊断仪实际读取的故障指示器状态,故障代码、故障指示灯(malfunction indicator light,MIL)点亮后行驶里程和诊断就绪状态值,具体检验流程应按照 GB 18285—2018 规定的车载诊断系统(OBD)检查程序进行。

(3) 若车辆存在故障指示器故障(含电路故障)、故障指示器激活、车辆与 OBD 诊断仪之间的通信故障、仪表板故障指示器状态与 ECU 中记载的故障指示器状态不一致时,均判定 OBD 检查不合格。如果诊断就绪状态项的未完成项超过 2 项,应要求车主在对车辆充分行驶后进行复检。

(4) 检验机构应使用计算机数据管理系统存储所有被检车辆 OBD 数据,不得人为篡改数据。

(5) OBD 诊断仪应能实现对 OBD 检查数据的实时自动传输。作为排放检验的一部分,OBD 获得的信息应自动保存到计算机系统中。

(6) 对要求配置远程排放管理车载终端的在用汽油车,应查验其车载终端装置的通信是否正常。

(7) 如车辆污染控制装置被移除,而 OBD 故障指示灯未点亮报警的,视为该车辆 OBD 不合格。

3) 排气污染物检测

在用汽油车的排气污染物检测要求与注册登记汽油车的排气污染物检测要求相同。

4) 蒸发排放系统检测

在用汽油车的蒸发排放系统检测要求与注册登记汽油车的蒸发排放系统检测要求相同。

5. 汽油车排气污染物的排放限值

汽油车排气污染物排放限值见表 9-2。

表 9-2 汽油车(注册登记和在用汽车)排气污染物排放限值(GB 18285—2018)

测量方法	限值要求					
	类别	急速		高急速		
双急速法		$CO/\%$	$HC^{①}/\times 10^{-6}$	$CO/\%$	$HC^{①}/\times 10^{-6}$	
	限值 a	0.6	80	0.3	50	
	限值 b	0.4	40	0.3	30	
稳态工况法	类别	ASM5025			ASM2540	
		$CO/\%$	$HC^{①}/\times 10^{-6}$	$NO/\times 10^{-6}$	$CO/\%$	$HC^{①}/\times 10^{-6}$	$NO/\times 10^{-6}$
	限值 a	0.50	90	700	0.40	80	650
	限值 b	0.35	47	420	0.30	44	390

① 对于以天然气为燃料的点燃式发动机汽车,该项为推荐性要求。

表 9-2 规定的汽油车排气污染物排放限值 a 已于 2019 年 5 月 1 日起在全国实施。由于限值 b 要比限值 a 严苛得多,考虑到各地区经济发展不平衡的现实情况,在全国范围内实施限值 b 的具体日期,由国务院生态环境主管部门另行发布。

为进一步加大机动车排气污染防治力度,打好"碧水、蓝天、净土"保卫战,国家鼓励有条件的地区先行执行限值 b 的要求。北京市生态环境局已经明确规定,自 2024 年 7 月 1 日起,在北京市执行 GB 18285—2018《汽油车污染物排放限值及测量方法(双急速法及简易工况法)》中限值 b 的要求。凡在北京市注册登记的汽车或在本市进行排放检验(包括定期排放检验和监督抽测)的在用汽车,其排气污染物检测应符合限值 b 的相关要求。

6. 汽油车排气污染物检测结果判定

(1) 如果检测结果中任何一项污染物不满足限值要求,判定车辆排放(环保)检验不合格。

(2) 如果在双急速法检测中,过量空气系数 λ 超出要求的控制范围,也判定车辆排放检验结果不合格。

(3) 2011 年 7 月 1 日以后生产的轻型汽车(总质量小于或等于 3.5 t 的汽车),以及 2013 年 7 月 1 日以后生产的重型汽车(总质量大于 3.5 t 的汽车),如果 OBD 检查不合格时,也判定排放检验结果不合格。

(4) 检验完毕后,应签发机动车环保检验报告。

(5) 排放检验过程中,禁止使用降低排放控制装置功效的失效策略,所有针对污染控制装置的篡改都属于排放检验不合格。

7. 在用汽油车的排放监控

(1) 自 2019 年 5 月 1 日起,在用汽油车的排放检验(包括定期排放检验和监督抽测)应符合 GB 18285—2018 的要求。

(2) 在用汽油车排气污染物检测应符合 GB 18285—2018 规定的限值 a。对于汽车保有量达到 500 万辆以上,或机动车排气污染物为当地首要空气污染源,或按照法律法规设置低排放控制区的城市,应在充分征求社会各方面意见基础上,经省级人民政府批准和国务院生态环境主管部门备案后,可提前选用限值 b,但应设置足够的实施过渡期。

(3) 同一省内原则上应采用同一种检测方法。采用 GB 18285—2018 规定的不同方法的检测结果各地应予互认。跨地区检测的,如车辆登记地或检测地中有执行限值 b 的,则应符合限值 b 要求,测量方法允许按照检测地规定的测量方法进行。

(4) 省级生态环境主管部门可根据臭氧污染状况采用 GB 18285—2018 规定的"燃油蒸发排放控制系统检验"中所规定的方法,对车辆的燃油蒸发排放控制系统进行检测。

(5) 车辆应使用符合规定的车用油品,并按要求进行维护保养。对首次检验结果不合格的车辆,在维修后,应采用首次环保检验的检测方法进行复检。

(6) 县级以上生态环境主管部门对在用汽车进行的监督抽测,可在机动车集中停放地、维修地和实际道路上进行。抽测内容可包括排气污染物检测和 OBD 检查、污染控制装置查验和随车清单核查等内容。

(7) 采用双急速法等对车辆进行监督抽测时,可采用标准 GB 18285—2018 规定限值的 1.1 倍进行判定。

(8) 注册登记检验应进行外观检验、OBD 检查、排气污染物检测,符合免检的车辆,按照免检有关规定执行。

变更或转移登记车辆的环保检验按照当地政府规定进行,但至少要进行污染控制装置查验和 OBD 检查(如适用)。

(9) 对配置远程排放管理车载终端并按要求向生态环境主管部门实时上报相关排放数据的车辆,省级生态环境主管部门根据数据上报情况可以给予免于环保上线检验。

8. 在用汽油车(含注册登记)检验上报数据项

检验机构应联网实时向当地生态环境主管部门报送数据,具体报送数据项包括并不限于表 9-3。

表 9-3　在用汽油车(含注册登记)检验上报数据项

项　　目	参　　数
车辆信息	号牌号码、车牌颜色、车辆型号、车辆类型、使用性质、车辆识别代号(VIN)、初次登记日期、燃料种类
环境参数	相对湿度(%)、环境温度(℃)、大气压力(kPa)
检测信息	检测站名称、检测方法、检测报告编号、检测日期
检测过程数据	OBD 检查数据、排气污染物检测数据、蒸发检测数据(如适用)
检测结果	外观检测结果、OBD 检查结果、排气污染物检测结果、蒸发检测结果(如适用)、最终检测数据和判定
检测设备	检测设备制造厂、检测设备名称及型号、出厂日期、上次检定日期、日常检查记录、日常比对记录

9.3.2　汽油车双怠速法检测

1. 双怠速法排放测试仪器的技术条件

1) 基本技术要求

(1) 至少能测量汽车排气中的一氧化碳(CO)、二氧化碳(CO_2)、碳氢化合物(HC)[用正己烷(C_6H_{14})当量表示]和氧气(O_2)四种成分的体积分数(或浓度),并能根据上述参数的测量结果计算过量空气系数 λ 值。

(2) CO、CO_2、HC 的测量应采用不分光红外线(NDIR)法,O_2 可采用电化学电池法或其他等效方法。

(3) 应具有发动机转速和机油温度测量功能,或具有转速和机油温度信号输入端口。

(4) 气体分析系统的所有部件应由耐腐蚀材料制成,所用材料对废气成分应无影响,取样探头应能经受排气高温的作用,并具有限位和固定装置。

(5) 系统应配备有符合标准要求的怠速和高怠速测量程序。

2) 结构要求

在排放测试仪中,通过采样泵将排气样气传输至气体处理系统和检测器进行分析,测定汽车各污染物的体积分数(或浓度),并计算过量空气系数 λ 值。

3) 仪器允许示值误差

(1) 测量仪器的允许示值误差应满足表 9-4 的要求。

表 9-4　测量仪器的允许示值误差(体积分数)

	CO	CO_2	O_2	HC
绝对误差	$\pm 0.02 \times 10^{-2}$	$\pm 0.3 \times 10^{-2}$	$\pm 0.1 \times 10^{-2}$	$\pm 4 \times 10^{-6}$
相对误差	$\pm 3\%$	$\pm 3\%$	$\pm 5\%$	$\pm 3\%$

注：取绝对误差和相对误差中的最大者。

（2）发动机转速、机油温度允许示值误差应满足表 9-5 的要求。

表 9-5　发动机转速、机油温度的允许示值误差

	范围	示值误差
发动机转速	$\leqslant 1000$ r/min	± 10 r/min
	> 1000 r/min	测量值的 $\pm 1\%$
机油温度	30～150℃	± 2℃
	其他	± 5℃

2. 双怠速法检测程序

1) 检测流程

双怠速法的检测流程如图 9-24 所示。

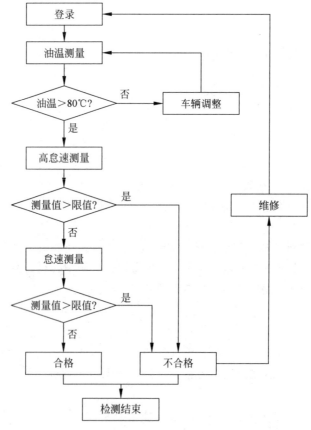

图 9-24　汽油车双怠速法的检测流程

2) 双怠速法检测步骤及要求

双怠速法检测时,发动机运转程序如图 9-25 所示。在这种检测模式中,需要分别在发动机处于怠速和高怠速两种运转状态下对排气污染物进行检测,故名双怠速法检测。

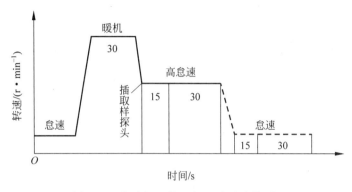

图 9-25　发动机运转程序(双怠速法检测)

(1) 应保证被检测车辆处于制造厂规定的正常状态,发动机进气系统应装有空气滤清器,排气系统应装有排气消声器和排气后处理装置,排气系统不允许有泄漏。

(2) 进行排气测量时,发动机冷却液或润滑油温度应不低于 80℃,或者达到汽车使用说明书规定的热状态。

(3) 发动机从怠速状态加速至 70% 额定转速[(3500±200)r/min]或企业规定的暖机转速,运转 30 s 后降至高怠速[轻型汽车为(2500±200)r/min,重型汽车为(1800±200)r/min]状态。将双怠速法排放测试仪取样探头插入排气管中(图 9-26),深度不少于 400 mm,并固定在排气管上。

图 9-26　将取样探头插入排气管中

维持 15 s 后,由具有平均值计算功能的双怠速法排放测试仪读取 30 s 内的平均值,该值即为高怠速污染物测量结果。对使用闭环控制电子燃油喷射系统和三元催化转化器技术的汽车,还应同时计算过量空气系数 λ 的数值。

(4) 发动机从高怠速降至怠速状态 15 s 后,由具有平均值计算功能的双怠速法排放测试仪读取 30 s 内的平均值,该值即为怠速污染物测量结果。

(5) 在测试过程中,如果任何时刻 CO 与 CO_2 的浓度之和小于 6.0%,或者发动机熄火,应终止测试,排放测量结果无效,需重新进行测试。

(6) 对多排气管车辆,应取各排气管测量结果的算术平均值作为测量结果。

(7) 若车辆排气系统设计导致的车辆排气管长度小于测量深度时,应使用排气延长管。

3. 适用双怠速法检测的汽油车

(1) 全时/适时四驱车。

(2) 无法关闭 ASR/ESP/EPC 等装置(或可关闭,但无法及时恢复)的车型。

(3) 紧凑型多驱车。

(4) 轴重大于设备承载的车型。

9.3.3 汽油车稳态工况法检测

1. 汽油车稳态工况法检测前准备

1) 车辆的准备

(1) 车辆的机械状况应良好,没有影响安全或引起测试偏差的机械故障。

(2) 车辆排气系统无泄漏。

(3) 车辆的发动机、变速器和冷却系统无液体渗漏。

(4) 轮胎表面磨损应符合有关标准的规定,轮胎压力应符合生产厂的规定。

(5) 使用符合规定的市售燃料,例如车用汽油、车用天然气、车用液化石油气等。试验时使用车辆中的燃料直接进行排放测试,不需要更换燃料。

(6) 如有必要,可在发动机上安装冷却液或润滑油温度传感器等测试仪器。

(7) 应关闭车辆的空调、暖风等附属装备,对具有牵引力控制功能的车辆,应关闭牵引力控制装置。

(8) 车辆预热:进行测试前,车辆动力总成系统的热状态应符合汽车技术条件的规定,并保持稳定。测试前如果待检车辆的等候时间超过 20 min,或在测试前熄火时间超过 5 min,可以选择下列任何一种方法预热车辆:一是车辆在无负荷,发动机在 2500 r/min 转速的状态下,连续运转 240 s;二是车辆在测功机上,按 ASM5025 工况连续运行 60 s。

(9) 装备自动变速器的车辆应使用 D 挡进行测试,装备手动变速器的车辆应使用二挡,如果二挡所能达到的最高车速低于 45 km/h,可使用三挡。

(10) 车辆驱动轮应置于底盘测功机的滚筒上,必须确保车辆的横向稳定,驱动轮轮胎应干燥防滑。

(11) 车辆应限位良好,对前轮驱动车辆,测试前应使驻车制动起作用,以确保安全。

(12) 在测试工况计时过程中,不允许对车辆进行制动。如果车辆被制动,工况起始计时应重新置零($t=0$ s)。

2) 检测设备的准备

(1) 排气分析仪预热,取样系统进行泄漏检查,自动完成零点校正、环境空气测定、对背景空气浓度取样和对 HC 残留量的检查。

(2) 底盘测功机预热。

(3) 测试前应记录环境温度、相对湿度和环境大气压力,根据输入的车辆参数及测试工况自动设定加载载荷。

2. 汽油车稳态工况法检测程序

1) 检测流程

稳态工况法(acceleration simulation mode,ASM,亦称加速模拟工况法)由多种稳态工况组成。ASM 检测在底盘测功机上的测试运转循环由 ASM5025 和 ASM2540 两个稳态工况组成,其检测运转循环如图 9-27 所示,具体说明见表 9-6。

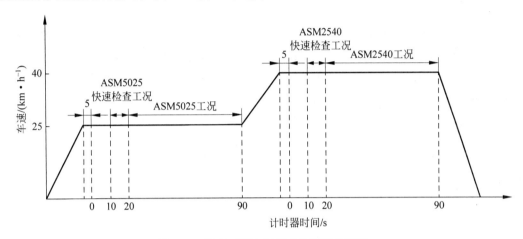

图 9-27 稳态工况法(ASM)检测运转循环

表 9-6 稳态工况法(ASM)检测运转循环表

工况	运转次序	速度/(km·h^{-1})	操作持续时间(t)/s	测试时间(t)/s
ASM5025	1	0→25	—	—
	2	25	5	90
	3	25	10	
	4	25	10	
	5	25	70	
ASM2540	6	25→40	—	—
	7	40	5	90
	8	40	10	
	9	40	10	
	10	40	70	

检测时,通过底盘测功机对车辆加载:执行 ASM5025 工况检测时,测功机以 25.0 km/h 的车速运转时输出功率的 50% 作为设定功率对车辆加载;执行 ASM2540 工况检测时,测功机以 40.0 km/h 的车速运转时输出功率的 25% 作为设定功率对车辆加载,使车辆在规定的稳定负荷下运转,按规范采样测量排放浓度。

2) 稳态工况法检测步骤及要求

首先,将车辆驱动轮置于测功机滚筒上,将排气分析仪取样探头插入排气管中,插入深度至少为 400 mm 并固定,对独立工作的多排气管应同时取样。然后,按照不同工况,进行排气污染物检测。

(1) ASM5025 工况

① 车辆经预热后,加速至 25 km/h,测功机根据车辆基准质量(汽车整备质量加 100 kg)自动加载(在测试过程中应保持施加的转矩不变)。

② 驾驶人控制车辆保持在(25±2.0)km/h 等速运转,维持 5 s 后,系统自动开始计时($t=0$ s)。如果测功机的速度(或转矩)连续 2 s(或者累计 5 s)超出速度(或转矩)允许波动范围(实际转矩波动范围不允许超过设定值的±5%),工况计时器置 0,重新开始计时。ASM5025 工况时间长度不应超过 90 s($t=90$ s),ASM5025 整个测试工况最大时长不能超过 145 s。

③ ASM5025 工况计时开始 10 s 后($t=10$ s)进入快速检查工况,排气分析仪器开始采样,每秒测量一次,并根据稀释修正系数和湿度修正系数计算 10 s 内的排放平均值。

④ 运行 10 s($t=20$ s)后,ASM5025 快速检查工况结束,进行快速检查判定(ASM5025 测试期间快速检查工况只能进行一次)。

a. 快速检查工况 10 s 内的排放平均值经修正后如果等于或低于排放限值的 50%,则测试合格,排放检测结束,输出检测合格报告。

b. 如果被检车辆没有通过快速检查,则车辆继续进行测试,期间车速应控制在(25.0±2.0)km/h 内。

⑤ 在 0~90 s 的测量过程中,如果任意连续 10 s 内第 1~第 10 s 的车速变化相对于第 1 s 小于±1.0 km/h,则测试结果有效。

a. 如果所有检测污染物连续 10 s 的平均值经修正后均不大于标准规定的限值,则该车被判定为 ASM5025 工况合格,排放检测合格,打印检验合格报告。

b. 在检测过程中如果任意连续 10 s 内的任何一种污染物的 10 s 排放平均值经修正后均高于限值的 50%,则测试不合格,输出检测结果报告,检测结束。

c. 除以上情况外,ASM5025 工况排放检验不合格的车辆需继续进行 ASM2540 工况排放检验。

⑥ 在上述任何情况下,检验报告单上输出的测试结果数据均为测试结果的最后 10 s 内经修正后的平均值。

(2) ASM2540 工况

① 被检车辆在 ASM5025 工况结束后应立即加速运行至 40.0 km/h,测功机根据车辆基准质量自动加载。

② 车辆保持在(40±2.0)km/h 范围内等速运转,维持 5 s 后开始计时($t=0$ s)。如果测功机的速度(或转矩)连续 2 s(或者累计 5 s)超出速度(或转矩)允许波动范围(实际转矩波动范围不允许超过设定值的±5%),工况计时器置 0,重新开始计时。ASM2540 工况时间长度不应超过 90 s($t=90$ s),ASM2540 整个测试工况最大时长不能超过 145 s。

③ ASM2540 工况计时 10 s 后($t=10$ s),开始进入快速检查工况,计时器为 $t=10$,排气分析仪器开始测量,每秒钟测量一次,并根据稀释修正系数及湿度修正系数计算 10 s 内的排放平均值。

④ 运行 10 s($t=20$ s)后,ASM2540 快速检查工况结束,进行快速检查判定(ASM2540 测试期间快速检查工况只能进行一次)。

a. 快速检查工况 10 s 内的排放平均值经修正后如果不大于排放限值的 50%,则测试合格,排放检测结束,输出检测结果报告。

b. 如果没有通过快速检查,则车辆继续测试,期间车速应控制在(40.0±2.0)km/h内。

⑤ 在0~90 s的测量过程中,任意连续10 s内第1~第10 s的车速变化相对于第1 s小于 ±1.0 km/h,测试结果有效。

a. 如果所有检测污染物连续10 s的平均值经修正后均低于或等于标准规定的限值,则该车应判定为排放检验合格,排放检测结束,输出排放检验合格报告。

b. 当任何一种污染物连续10 s的平均值经修正后超过限值,则车辆排放测试结果为不合格,继续进行到本工况检测结束,输出不合格检测报告。

⑥ 在上述任何情况下,检验报告单上输出的测试结果数据均为测试结果的最后10 s内经过修正的平均值。

3) 稳态工况法检测结果数据

无论在哪个测试工况下,测试结果均取最后一次的10 s平均值,并按GB 18285—2018规定的"排气污染物测量值的计算公式"进行计算和修正,作为测试结果输出。

9.3.4 汽油车OBD检测

1. OBD检查要求

对于2011年7月1日以后生产的轻型汽油车,以及2013年7月1日以后生产的重型汽油车,在排放检验前应该连接OBD诊断仪,对被检车辆OBD进行检查,然后进行排放检验,在排放检验过程中,OBD检验仪持续读取车辆OBD故障信息和相关数据流,直到排放检验结束,OBD信息传送结束后,方可断开OBD诊断仪。

2. OBD检验流程

OBD检查的检验流程如图9-28所示。

1) 确认车型

在对车辆进行OBD检查前,首先应确认该车型是否为配置有OBD的车型。车型确认之后,如发现OBD故障指示器(MIL灯)被点亮,则要求车主维修后再进行排放检验。如果MIL灯未被点亮,则应将OBD诊断仪连接到被检车辆上,检验是否OBD故障。

2) 检查故障指示器(目测法)

目测检查仪表板上的故障指示器的状态,初步判断车辆OBD的故障指示系统的工作是否正常。

(1) 将被检车辆点火开关置于"ON"后(车辆仪表指示灯被点亮),对仪表板上的指示灯进行自检,同时OBD故障指示器(MIL灯)应被激活,暂时点亮;若故障指示器没有被激活,说明MIL灯本身存在故障,可以判定OBD检查结果不合格。

(2) 起动发动机,MIL灯同时熄灭,表明车辆故障指示器工作状态正常,车辆可能不存在确认的排放相关故障;若故障指示器继续被点亮,表明车辆存在排放相关故障,被检车辆需要进行维修,消除故障后重新进行排放检验。

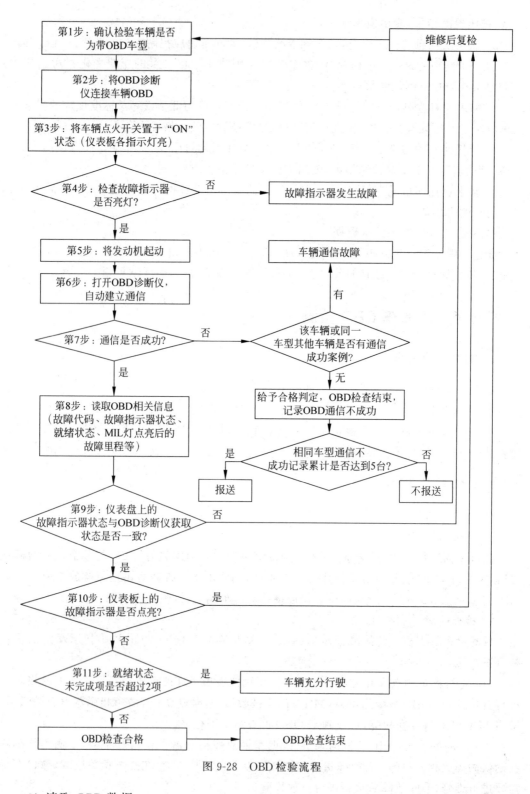

图 9-28 OBD 检验流程

3) 读取 OBD 数据

（1）检验人员在完成对故障指示器的检查后，启动 OBD 诊断仪，使用 OBD 诊断仪的快速检查功能,检查是否存在排放相关故障代码。

(2) 整个过程无需进一步进行人工操作,OBD 诊断仪将自动读出检测结果,并将检测结果传输到计算机数据管理系统上,根据输出的检查结果,判断车辆是否存在排放相关故障。

(3) 将 OBD 诊断仪与车辆诊断接口正确连接后,如果连续两次尝试通信失败,检测人员应确认该 OBD 诊断仪与其他车辆的 OBD 是否能够正常进行通信。

如与其他车辆能够正常通信,则应进一步查询该车辆的 OBD 检查记录,以及与该车同型号车辆的 OBD 检查记录,如有该车辆 OBD 通信合格记录或同型号车辆 OBD 通信合格记录,则判定该车 OBD 检查不合格。如未发现通信合格记录,被检车辆的 OBD 检查结束,判定 OBD 检查通过,在通信检查结果记录不合格。若同型号车型 OBD 通信检查记录(至少 5 台)均不合格,应作为问题车型按照 GB 18285—2018 规定的"集中超标车型环保查验记录表"集中上报;否则,不报送。

(4) 进一步查看仪表板上故障指示器显示的状态与从 OBD 诊断仪获取的状态信息是否一致。

如果二者的状态一致,并且故障指示器被熄灭,则该项检查合格;若二者状态一致,但是故障指示器被点亮,则该车辆存在与排放相关的故障,车辆排放检验不合格,需要进行维修后复检;若二者状态不一致,判定车辆 OBD 不合格,需要维修后进行复检,同时作为问题车型上报。

(5) 对已通过上述检查的车辆,应对其诊断就绪状态进行检查,就绪状态未完成项应不超过 2 项。如果发现被检车辆的就绪状态未完成项超过 2 项,应暂停排放检验,要求将该车辆充分行驶后再进行检测。

3. OBD 检查数据记录

对 OBD 进行检查时,需如实填报 OBD 检查记录表,详见表 9-7。

表 9-7　OBD 检查记录表

(1) 车辆信息		
车辆 VIN		
发动机控制单元 CAL ID(如适用)		发动机控制单元 CVN(如适用)
后处理控制单元 CAL ID(如适用)		后处理控制单元 CVN(如适用)
其他控制单元 CAL ID(如适用)		其他控制单元 CVN(如适用)
(2) OBD 检查信息		
OBD 故障指示器状态	OBD 故障指示器	□合格　□不合格
	与 OBD 诊断仪通信情况	□通信成功 □通信不成功,填写以下原因: □找不到接口　□接口损坏　□连接后不能通信
	OBD 故障指示器被点亮	□是　　□否
	故障代码及故障信息(如果故障指示器被点亮)	故障信息保存上报

续表

诊断就绪状态	诊断就绪状态未完成项目	□无　　□有 如有,则填写以下项目: □催化器　□氧传感器　□氧传感器加热器 □废气再循环(EGR)/可变气门 VVT
其他信息	MIL 灯点亮后行驶里程(km):	
检测结果		□合格　　□不合格　　□按集中超标车型环保查验记录表报告,判定车辆通过
	是否需要复检	□否 □是　　复检内容:
	复检结果	□合格　　□不合格

4. OBD 检查数据项

每次检查,无论通过与否,系统必须自动记录、采集以下数据项,并按规定进行报送。

(1) 车辆信息:车辆识别代号 VIN;型式检验时的 OBD 要求(如 E-OBD、OBD-Ⅱ、CN-OBD-6);车辆累计行驶里程(odograph,ODO)。

(2) OBD 相关信息:以下信息如适用,应记录 SAE J1979 中 Mode9 下读出的所有排放相关控制单元信息(控制单元名称、控制单元 CALID[①]、控制单元 CVN[②])。

(3) 故障和故障代码:应包括所有故障的以下信息,故障代码按照 ISO 15031-6 与 SAE J2012 规定(故障代码、MIL 灯点亮后的行驶里程)。

(4) 就绪状态描述:应包括所有未就绪项目描述(故障诊断器描述、就绪状态)。

(5) IUPR 相关数据:每一项 IUPR[③] 率应记录监测项目名称、监测完成次数、符合监测条件次数以及 IUPR 率。包括催化器组 1,催化器组 2,前氧传感器组 1,前氧传感器组 2,后氧传感器组 1,后氧传感器组 2,EVAP[④]、EGR[⑤] 和 VVT[⑥],GPF[⑦] 组 1,GPF 组 2,二次空气喷射系统。

(6) 实时数据流:OBD 诊断仪应将检验过程的逐秒的数据流信息上传生态环境主管部门。至少应包括以下项目:节气门绝对开度(%)、计算负荷值(%)、前氧传感器信号(mV/mA)或过量空气系数 λ、车速(km/h)、发动机转速(r/min)、进气量(g/s)或进气压力(kPa)。

---

① CALID 是 calibration identifier 的缩写,即标定标识符,是电子控制单元(ECU)内包含的用于特定软件/标定的识别码。

② CVN 是 calibration verification number 的缩写,即电子控制单元(ECU)的标定验证码。

③ IUPR 是英文 in-use(monitor)performance ratio 的缩写,即在用监测频率。

④ EVAP 是英文 evaporative emission control system 的缩写,直译为蒸发性气体排放控制系统,是用于防止燃油从燃油箱和燃油系统泄漏到大气中的一种控制系统。

⑤ EGR 是英文 exhaust gas recirculation 的缩写,即排气再循环。EGR 系统的设置,是为了减少汽车尾气 NO_x 的排放,以期减少对大气的污染。

⑥ VVT 是英文 variable valve timing 的缩写,即可变气门正时。VVT 技术根据发动机的运行工况,自动调整进气(排气)量以及气门的开启/闭合时间、角度,以期使进入气缸内的空气量达到最佳值,进而提高燃烧效率。

⑦ GPF 是英文 gasoline particulate filter 的缩写,即汽油机颗粒捕集器。GPF 是一种安装在汽油发动机排放系统中的陶瓷过滤器,可以在汽油机颗粒排放物进入大气之前将其捕捉,进而保护环境。

9.4 柴油车排气污染物检测

在 GB 3847—2018《柴油车污染物排放限值及测量方法(自由加速法及加载减速法)》中,将柴油车排气污染物检测称为柴油车环保检验,为行文方便,本节亦将其称为柴油车环保检验。

9.4.1 柴油车环保验测概述

1. 柴油车注册登记环保检验流程

按照 GB 3847—2018《柴油车污染物排放限值及测量方法(自由加速法及加载减速法)》的规定,柴油车注册登记环保检验流程如图 9-29 所示。

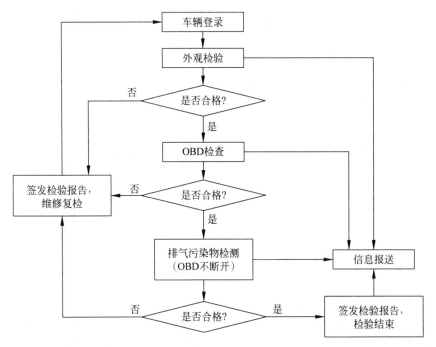

图 9-29 柴油车注册登记环保检验流程

2. 柴油车注册登记环保检测要求

注册登记检验项目按照 GB 3847—2018《柴油车污染物排放限值及测量方法(自由加速法及加载减速法)》的规定进行,并按规定的"实时上报数据项"报送信息。

1) 外观检验

(1) 查验环保随车清单与信息公开内容是否一致。

(2) 检查车辆污染控制装置和发动机是否与环保信息随车清单一致。

2) OBD 检查

检查车辆是否按规定要求设置了 OBD 接口，OBD 通信是否正常，有无故障代码。

3. 在用柴油车环保检验流程

按照 GB 3847—2018《柴油车污染物排放限值及测量方法（自由加速法及加载减速法）》的规定，在用柴油车环保检验流程如图 9-30 所示。

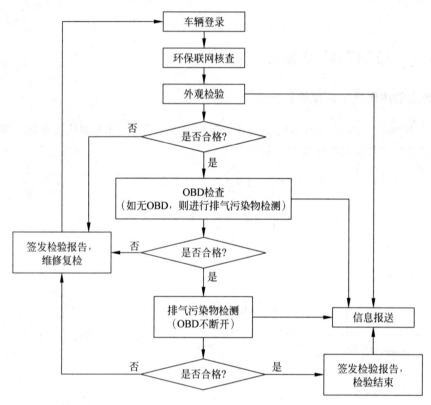

图 9-30　在用柴油车环保检验流程

4. 在用柴油车环保检测要求

在用柴油车检验项目按照 GB 3847—2018《柴油车污染物排放限值及测量方法（自由加速法及加载减速法）》规定进行，检验前应进行环保联网核查，查验车辆有无环保违规记录，并按标准规定的"实时上报数据项"报送信息。

1) 外观检验

（1）检查被检车辆的车况是否正常。如有异常，应要求车主进行维修。

（2）检查车辆是否存在烧机油，或者严重冒黑烟现象，如有，应要求车主进行维修。

（3）检查发动机排气管、排气消声器和排气后处理装置的外观及安装紧固部位是否完好，如发现有腐蚀、漏气、破损或松动的情况，应要求车主进行维修。

（4）检查车辆是否配置有 OBD。

（5）判断车辆是否适合进行加载减速法检测，如不适合（例如：无法手动切换两驱驱动模式的全时/适时四驱车等），应标注。进行加载减速法检测的，应确认车辆轮胎表面无夹杂异物。

(6) 变更登记、转移登记检验时应查验污染控制装置是否完好。

2) OBD 检查

(1) 对配置有 OBD 的在用柴油车，在完成外观检验后，应进行 OBD 检查。在随后的污染物排放检验过程中，不可断开 OBD 诊断仪。

(2) OBD 检验项目包括：故障指示器状态，诊断仪实际读取的故障指示器状态，故障代码、MIL 灯点亮后行驶里程和诊断就绪状态值。具体检验流程应按照 GB 3847—2018 规定的车载诊断系统(OBD)检验程序进行。

(3) 若车辆存在故障指示器故障(含电路故障)、故障指示器被激活、车辆与 OBD 诊断仪之间的通信故障、仪表板故障指示器状态与 ECU 中记载的故障指示器状态不一致时，均判定 OBD 检查不合格。如果诊断就绪状态项的未完成项超过 2 项，应要求车主在充分行驶后再进行复检。

(4) 检验机构应使用计算机数据管理系统存储所有被检车辆 OBD 数据，不得人为篡改数据。

(5) OBD 诊断仪应能实现对 OBD 检查数据的实时自动传输。作为排放检验一部分，OBD 获得的信息应自动保存到计算机系统中。

(6) 对配置有远程排放管理车载终端的在用柴油车，应查验其车载终端装置的通信是否正常。

(7) 如车辆污染控制装置被移除，而 OBD 故障指示灯未点亮报警的，视为该车辆 OBD 不合格。

5. 柴油车排气污染物的排放限值

按照 GB 3847—2018《柴油车污染物排放限值及测量方法(自由加速法及加载减速法)》的规定，柴油车(在用汽车和注册登记)排气污染物检测结果应小于表 9-8 规定的排放限值。

表 9-8　柴油车(在用汽车和注册登记)排气污染物排放限值(GB 3847—2018)

类别	自由加速法	加载减速法		林格曼黑度法
	光吸收系数/m^{-1} 或不透光度/%	光吸收系数[①]/m^{-1} 或不透光度/%	氮氧化物[②]/×10^{-6}	林格曼黑度/级
限值 a	1.2(40)	1.2(40)	1500	1
限值 b	0.7(26)	0.7(26)	900	1

① 海拔高度高于 1500 m 的地区，加载减速法限值可以按照每增加 1000 m 增加 0.25 m^{-1} 幅度调整，总调整不得超过 0.75 m^{-1}；

② 2020 年 7 月 1 日前限值 b 的过渡限值为 1200×10^{-6}。

在全国范围内进行的柴油车环保定期检验应采用加载减速法进行，对无法按照加载减速法进行检测的车辆，可采用自由加速法进行检测。

表 9-8 规定的柴油车排气污染物排放限值 a 已于 2019 年 5 月 1 日在全国实施。

由于限值 b 要比限值 a 严苛得多，考虑到各地区经济发展不平衡的现实情况，在全国范围内实施限值 b 的具体日期，由国务院生态环境主管部门另行发布。

为进一步加大机动车排放污染防治力度,打好"碧水、蓝天、净土"保卫战,国家鼓励有条件的地区先行执行限值 b 的要求。北京市生态环境局已经明确规定,自 2024 年 7 月 1 日起,在北京市执行 GB 3847—2018《柴油车污染物排放限值及测量方法(自由加速法及加载减速法)》中限值 b 的要求。凡在北京市注册登记的汽车或在本市进行排放检验(包括定期排放检验和监督抽测)的在用汽车,其排气污染物检测应符合限值 b 的相关要求。

6. 柴油车排气污染物检测结果判定

(1) 如果污染物检测结果中有任何一项不满足限值要求,则判定排放检验不合格。

(2) 如果车辆排放有明显可见烟度或烟度值超过林格曼黑度 1 级,则判定排放检验不合格。

(3) 加载减速法功率扫描过程中,经修正的轮边功率测量结果不得低于制造厂规定的发动机额定功率的 40%,否则判定检验结果不合格。

(4) 对 2018 年 1 月 1 日以后生产的车辆,如果 OBD 检验不合格,也判定排放检验不合格。

(5) 检验完毕后,应签发机动车环保检验报告。

(6) 禁止使用降低排放控制装置功效的失效策略。所有针对污染控制装置的篡改都属于排放检验不合格。

7. 在用柴油车的排放监控

(1) 自 2019 年 5 月 1 日起,对在用柴油车的排放检验(包括定期排放检验和监督抽测)应符合 GB 3847—2018 的要求。

① 在用柴油车排气污染物检测应符合 GB 3847—2018 规定的限值 a。对于汽车保有量达到 500 万辆以上,或机动车排气污染物为当地首要空气污染源,或按照法律法规设置低排放控制区的城市,应在充分征求社会各方面意见基础上,经省级人民政府批准和国务院生态环境主管部门备案后,提前选用限值 b,但应设置足够的实施过渡期。

② 跨地区检测的,如车辆登记地或检测地中有执行限值 b 的,则应符合限值 b 要求,测量方法允许按照检测地规定的测量方法进行。

③ 车辆应使用符合规定的车用油品,并按要求进行维护保养。排放检验不合格的,维修后复检时,应采用首次环保检验的检测方法进行复检。

(2) 县级以上生态环境主管部门对在用汽车进行的监督抽测,可在机动车集中停放地、维修地和实际道路上进行。抽测内容可包括排气污染物检测、OBD 检查、污染控制装置查验和随车清单核查等内容。采用自由加速法等对车辆进行监督抽测时,可采用标准 GB 3847—2018 规定限值的 1.1 倍进行判定。

(3) 注册登记检验时应进行外观检验、OBD 检查、排气污染物检测。变更或转移登记车辆的环保检验按照当地政府规定进行,但至少要进行污染控制装置查验和 OBD 检查(如适用)。

(4) 对配置远程排放管理车载终端并按要求向生态环境主管部门实时上报相关排放数据的车辆,省级生态环境主管部门根据数据上报情况可以给予免于环保上线检验。

8. 在用柴油车(含注册登记)检验上报数据项

检验机构应联网实时向当地生态环境主管部门报送数据,具体报送数据项包括并不限于表 9-9 中的项目。

表 9-9 在用柴油车(含注册登记)检验上报数据项

项　　目	参　　数
车辆信息	号牌号码、车牌颜色、车辆型号、车辆类型、使用性质、车辆识别代号(VIN)、初次登记日期、燃料种类
环境参数	相对湿度(%)、环境温度(℃)、大气压力(kPa)
检测信息	检测站名称、排气检测方法、检测报告编号、检测日期
检测过程数据	OBD检查数据、排气污染物检测数据
检测结果	外观检测结果、OBD检查结果、排气污染物检测结果、最终检测数据和判定
检测设备	排气分析仪制造厂、排气分析仪名称及型号、出厂日期、上次检定日期、日常检查记录、日常比对记录

9.4.2 柴油车自由加速法检测

1. 自由加速法的检测条件

(1) 检测应针对整车进行。
(2) 检测前车辆发动机不应停机,或长时间怠速运转。
(3) 不透光烟度计及其安装应符合不透光烟度计的特性和安装要求规定。
(4) 检测应采用符合国家标准的车用燃料,也可以直接使用车辆油箱中的燃料进行测试。

2. 车辆检测前准备

(1) 出于安全考虑,车辆在检测前应确保发动机处于热状态,并且机械状态良好。
(2) 发动机应充分预热,例如在发动机机油标尺孔位置测得的机油温度至少为 80℃。如果由于车辆结构限制无法进行发动机机油温度测量时,可以通过其他方法判断发动机温度是否处于正常运转温度范围内。
(3) 在正式进行排放测量前,应采用三次自由加速过程或其他等效方法吹拂排气系统,以清扫排气系统中的残留污染物。

3. 自由加速法的检测步骤

采用自由加速法检测时,柴油车排气污染物的检测流程如图 9-31 所示。
(1) 通过目测进行车辆排气系统相关部件的泄漏检查。
(2) 连接柴油车发动机转速计、油温传感器和 OBD 诊断仪。
(3) 对排气系统进行三次吹拂(发动机运转,使每次都达到额定转速)。
(4) 排气取样探头插入汽车排气管中至少 400 mm,如不能保证插入深度,应使用延

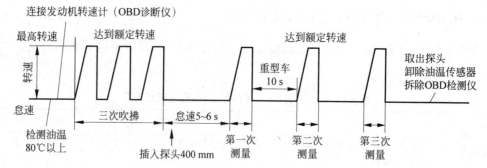

图 9-31 柴油车排气污染物的检测流程（自由加速法）

长管。

（5）在每个自由加速循环的开始点，发动机（包括废气涡轮增压发动机）均应处于怠速状态，对重型车用发动机，将油门踏板（又称加速踏板）放开后至少等待 10 s。

（6）在进行自由加速测量时，必须在 1 s 的时间内将油门踏板连续完全踩到底，使供油系统在最短时间内达到最大供油量。

（7）对每个自由加速测量，在松开油门踏板前，发动机应达到额定转速（停顿时间 ≥ 2 s）。在测量过程中应监测发动机转速，检查是否符合试验要求（特殊无法测得发动机转速的车辆除外），并将发动机转速数据实时记录并上报。

（8）检测过程应重复进行三次自由加速过程，烟度计应记录每次自由加速过程最大值，将上述三次自由加速烟度最大值的算术平均值作为测量结果。

4. 适用自由加速法检测的柴油车

（1）全时/适时四驱柴油车。

（2）无法关闭 ASR/ESP/EPC 等装置（或者可关闭，但无法及时恢复）的车型。

（3）紧凑型多驱柴油车。

（4）轴重大于设备承载的车型。

9.4.3 柴油车加载减速法检测

1. 加载减速法测试对车辆的预检要求

按测试前的预检要求，检查可分两部分，即车辆身份确认和安全检查。对于预检不合格的车辆，不允许进行检测。

1) 车辆身份确认

检测员仔细检查车辆，确认车辆与车辆行驶证是否相符合。若车辆身份无法确认，不允许参加测试。

2) 安全检查

安全检查的目的是评估车辆是否适合进行加载减速测试，检测员应彻底检查车辆的状况，如果出现下列情况或缺陷，均不能进行检测。

（1）下列仪表无法正常工作：里程表失灵；机油压力偏低；冷却液温度表失灵；空气制

动阀压力偏低。

（2）车辆制动失灵。

（3）机动车车身和结构存在以下问题：驾驶人无法在短时间内打开车门；车身的任何部分与车轮或传动轴相接触；在加载和卸载时，车身部件有可能损坏检测设备。

（4）发动机系统存在以下问题：无法加满冷却液；冷却系统严重泄漏；散热器管路有裂缝；冷却风扇损坏或无法正常工作；冷却风扇皮带损坏；发动机机油量不足；发动机工作过程中，机油严重泄漏；机油泄漏到排气系统上；涡轮增压器的润滑油泄漏；发动机空气滤清器丢失或损坏，或中冷器严重堵塞；真空管损坏；供油系统（高压油泵或喷油器）故障；调速器工作不正常；怠速时排气管排出过浓白烟或蓝烟；燃油液位偏低；发动机进排气管松脱；发动机排气系统严重泄漏；发动机有异响。

（5）变速器存在以下问题：变速器油严重泄漏；变速器异响。

（6）驱动轴和轮胎存在以下问题：固定螺钉松动或丢失；轮胎损坏；轮胎橡胶磨损超过厂商设定的警告线；轮胎在行驶中不正常膨胀，或轮胎等级低于 70 km/h；使用了不符合尺寸的轮胎；轮胎有径向或横向裂纹；轮胎间夹杂其他物体。

2. 进行加载减速法检测前的准备

每条检测线至少应设置三个岗位：一是计算机操作岗位；二是被检车辆驾驶人岗位；三是辅助检查岗位。各岗位人员均应随时注意被检车辆在检测过程中是否出现异常情况。

待检车辆完成检测登记后，驾驶检测员应将车辆驾驶到底盘测功机前等待检测，并进行车辆的预先检查和对被检车辆进行以下调整：

（1）中断车上所有主动型制动功能和扭矩控制功能（自动缓速器除外）。

（2）关闭车上所有以发动机为动力的附加设备，如空调系统，并切断其动力传递机构（如果适用）。

（3）除检测驾驶人外，被检车辆不能载客，也不能装载货物，不得有附加的动力装置。必要时，可以用测试驱动桥质量的方法来判断底盘测功机是否能够承受待检车辆驱动桥的质量。

（4）检测员应按以下步骤将待检车辆驾驶到底盘测功机上：

① 举起测功机升降板，并检查是否已将转鼓牢固锁好。

② 小心将车辆驾驶到底盘测功机上，并将驱动轮置于转鼓中央位置（注意：除测功机允许双向操作外，一定要按测功机的规定方向驶入，否则有可能损坏底盘测功机，当驱动轮位于转鼓鼓面上时，严禁使用倒挡）。

③ 放下测功机升降板，松开转鼓制动器。待完全放下升降板后，缓慢驾驶使被检车辆的车轮与试验转鼓完全吻合。

④ 轻踩制动踏板使车轮停止转动，发动机熄火。

⑤ 按照测功机设备商的建议将被检车辆的非驱动轮用三角木楔住，固定车辆安全限位装置。对前轮驱动的车辆，应有防侧滑措施。

（5）安装好发动机转速传感器，测量发动机曲轴转速。

（6）在开始检测以前，检测员应检查实验通信系统工作是否正常。

（7）在车辆散热器前方 1 m 左右处放置强制冷却风机，以保证车辆在检测过程中发动机冷却系统能有效地工作。

（8）除检测员外,在检测过程中,其他人员不得在测试现场逗留。

（9）发动机应充分预热。例如在发动机机油标尺孔位置测得的机油温度应至少为80℃。因车辆结构无法进行温度测量时,可以通过其他方法使发动机处于正常运转温度。若传动系统处于冷车状态,应在测功机无加载状态下低中速运行车辆,使车辆的传动部件达到正常工作温度。

（10）发动机熄火,变速器置于空挡,将不透光烟度计的采样探头置于大气中,检查不透光烟度计的零刻度和满刻度。

（11）检查完毕后,将取样探头插入被检车辆的排气管中,注意连接好不透光烟度计,取样探头的插入深度不得低于400 mm。不应使用尺寸太大的取样探头,以免对被检车辆的排气背压影响过大,影响输出功率。

3. 柴油车加载减速法的检测步骤

（1）正式检测开始前,检测员应按以下步骤操作,以使控制系统能够获得自动检测所需的初始数据。

① 起动发动机,变速器置空挡,逐渐加大油门踏板开度直到达到最大,并保持在最大开度状态,记录这时发动机的最大转速,然后松开油门踏板,使发动机回到怠速状态。

② 使用前进挡驱动被检车辆,选择合适的挡位,使油门踏板处于全开位置时,测功机指示的车速最接近70 km/h,但不能超过100 km/h。对装有自动变速器的车辆,应注意不要在超速挡下进行测量。

（2）底盘测功机的控制计算机会对按上述步骤获得的数据自动进行分析,判断是否可以继续进行后续的检测,被判定为不适合检测的车辆不允许进行加载减速检测。

（3）在确认机动车可以进行排放检测后,将底盘测功机切换到自动检测状态。

① 加载减速测试的过程必须完全自动化（在整个检测循环中,均由计算机控制系统自动完成对测功机加载减速过程的控制）。

② 自动控制系统采集两组检测状态下的检测数据,以判定被检车辆的排气光吸收系数K和NO_x排放量是否达标,两组数据分别在VelMaxHP[①]点和80%VelMaxHP点获得。

③ 上述两组检测数据包括轮边功率、发动机转速、排气光吸收系数K和NO_x排放量。必须将不同工况点的测量结果都与排放限值进行比较。若测得的排气光吸收系数K或NO_x排放量超过了标准规定的限值,均判断该车的排放不合格。

（4）检测开始后,检测员应始终将油门保持在最大开度状态,直到检测系统通知松开油门为止。在检测过程中检测员应实时监控发动机冷却液温度和机油压力。一旦冷却液温度超出了规定的温度范围,或者机油压力偏低,都必须立即暂时停止检测。冷却液温度过高时,检测员应松开油门踏板,将变速器置空挡,使车辆停止运转。然后使发动机在怠速工况下运转,直到冷却液温度重新恢复到正常范围为止。

[①] VelMaxHP 是由 Vel+Max+HP 组合而成的词汇,意指实际测得的、对应最大轮边功率时底盘测功机的转鼓线速度。其中,Vel 是英文线速度（velocity）的缩写；Max 是英文最大（maximum）的缩写；HP 是英文马力（horsepower）,即功率的缩写。

(5) 检测过程中,检测员应时刻注意被检车辆或检测系统的工作情况。

(6) 检测结束后,打印检测报告并存档。

9.4.4 柴油车 OBD 检测

1. OBD 检查要求

(1) 对于 2018 年 1 月 1 日以后生产的柴油车,在进行排气污染物检验前应连接 OBD 诊断仪,对被检车辆的 OBD 进行检查。

(2) OBD 的检验工位应安排在排放检测工位之前,车辆 OBD 检验合格之后再进行排放检测。排放检测时 OBD 诊断仪不断开。

2. OBD 检验流程

柴油车 OBD 的检验流程与汽油车 OBD 的检验流程完全一致,可参照图 9-28 执行。

1) 确认车型

在对车辆进行 OBD 检查前,首先应确认该车型是否为配置有 OBD 的车型。车型确认之后,如发现 OBD 故障指示器(MIL 灯)被点亮,则要求车主维修后再进行排放检验。如果 MIL 灯未被点亮,则应将 OBD 诊断仪连接到被检车辆上,检验是否 OBD 故障。

2) 检查故障指示器(目测法)

目测检查仪表板上的故障指示器的状态变化,初步判断车辆 OBD 的故障指示系统的工作是否正常。

(1) 将被检车辆点火开关置于"ON"后(车辆仪表指示灯被点亮),对仪表板上的指示灯进行自检。同时 OBD 故障指示器(MIL 灯)应被激活(常亮或按照国六 OBD 要求闪烁);若故障指示器没有被激活,则可以判定 OBD 检查不合格。

(2) 起动发动机,若 MIL 灯熄灭,表明车辆故障指示器工作状态正常;若故障指示器仍点亮,表明车辆存在排放相关故障,被检车辆需要进行维修,消除故障后重新进行排放检验。

(3) 对于符合国六排放标准汽车,OBD 亮灯模式应符合国六要求。

3) OBD 诊断仪的检查

(1) 对于符合国四和国五排放标准的汽车,检验人员在完成对故障指示器的检查后,启动 OBD 诊断仪,使用 OBD 诊断仪的快速检查功能,无需人工操作,OBD 诊断仪将自动输出检测结果,并将检测结果传输到计算机数据管理系统上。根据输出的检查结果,判断车辆是否存在排放相关故障。

(2) 发动机应充分预热,例如在发动机机油标尺孔位置测得的机油温度应至少为 80℃;因车辆结构无法进行温度测量时,可以通过其他方法使发动机处于正常运转温度。保持发动机处于急速状态,将 OBD 诊断仪与车辆 OBD 接口连接。

(3) 将 OBD 诊断仪与车辆诊断接口正确连接后,如果连续两次尝试通信失败,检测人员应确认该 OBD 诊断仪与其他车辆的 OBD 是否能够正常进行通信。

① 如与其他车辆能够正常通信,则应进一步查询该车辆的 OBD 检查记录,以及与该车同型号车辆的 OBD 检查记录,如有该车辆 OBD 通信合格记录或同型号车辆 OBD 通信合

格记录,则判定该车 OBD 检查不合格。如未发现通信合格记录,被检车辆的 OBD 检查结束,判定 OBD 检查通过,在通信检查结果记录不合格。

② 若同型号车型 OBD 通信检查记录(至少 5 台)均不合格,应作为问题车型按照 GB 3847—2018 规定的"集中超标车型环保查验记录表"集中上报。

(4) 查看仪表板上故障指示器状态与 OBD 诊断仪获取的故障指示器状态是否一致。

① 若状态一致,且故障指示器熄灭,则该项检查通过。

② 若状态一致,且故障指示器点亮,则判定该车辆存在排放相关的故障,车辆不合格,需要进行维修后复检。

③ 若状态不一致,判定车辆不合格,需要维修后进行复检。

(5) 对已通过上述检查的车辆,应对其就绪状态进行检查,就绪状态未完成项应不超过 2 项。如果发现被检车辆的就绪状态未完成项超过 2 项,应暂停排放检验,要求将该车辆充分行驶后再进行检测。

3. OBD 检查数据记录

对柴油车 OBD 进行检查时,需如实填报柴油车 OBD 检查记录表,详见表 9-10。

表 9-10 柴油车 OBD 检查记录表

(1) 车辆信息		
车辆 VIN		
车辆 OBD 信息:发动机控制单元中 CAL ID,CVN(如适用);后处理控制单元(如适用)CAL ID,CVN;其他控制单元的 CAL ID,CVN		
(2) 检测信息		
OBD 故障指示器	OBD 故障指示器	□合格　□不合格
	与 OBD 诊断仪通信情况	□通信成功 □通信不成功,填写以下原因: □接口损坏　□找不到接口　□连接后不能通信
	OBD 系统故障指示器点亮	□是　□否
	故障代码及故障信息(若故障指示器报警)	故障信息保存上报
就绪状态	就绪状态未完成项目	□无　□有 如有填写以下项目: □SCR　□POC　□DOC　□DPF □废气再循环(EGR)
其他信息	MIL 灯点亮后行驶里程(km):	
检测结果		□合格　□不合格　□按集中超标车型环保查验记录表报告,判定车辆通过
	是否需要复检	□否 □是　复检内容:
	复检结果	□合格　□不合格

4. OBD 检查数据项

每次检查,无论通过与否,系统必须自动记录、采集以下数据项,并按规定进行报送。

(1) 车辆信息：车辆识别代号 VIN；型式检验时的 OBD 要求（如：E-OBD、OBD-Ⅱ、CN-OBD-6）；车辆累计行驶里程（ODO）。

(2) OBD 相关信息：以下信息如适用，应记录 SAE J1979 中 Mode9 下读出的所有排放相关控制单元信息（控制单元名称、控制单元 CAL ID、控制单元 CVN）。

(3) 故障和故障代码：应包括所有故障的以下信息，故障代码按照 ISO 15031-6、ISO 2745 与 SAE J2012 规定（故障代码、MIL 灯点亮后的行驶里程）。

(4) 就绪状态描述：应包括所有未就绪项目描述（故障诊断器描述、就绪状态）。

(5) IUPR 相关数据：每一项 IUPR 率应记录监测项目名称、监测完成次数、符合监测条件次数以及 IUPR 率。包括 NMHC[①] 催化器监测，NO_x 催化器监测，NO_x 吸附器监测，PM 捕集器监测，废气传感器监测，EGR 和 VVT 监测，增压压力监测。

(6) 实时数据流：OBD 诊断仪应将检验过程的逐秒的数据流信息上传生态环境主管部门。至少应包括以下项目：油门开度（%）、车速（km/h）、发动机输出功率（kW）、发动机转速（r/min）、进气量（g/s）、增压压力（kPa）、耗油量（L/100 km）、氮氧传感器浓度（ppm）、尿素喷射量（L/h）、排气温度（℃）、颗粒捕集器压差（kPa）、EGR 阀开度（%）、燃油喷射压力（bar）=（1 bar=10^5 Pa）。

复习思考题

1. 汽车排气污染物主要有哪些？
2. 用于汽车排气成分分析测试的方法主要有哪几种？分别适用于何种排放物的检测？
3. 常用的柴油机烟度计有哪几类？
4. 根据排气通过稀释风道的比例不同，柴油机排气颗粒物测量系统可分为哪两种类型？
5. 我国汽油车环保检验方法主要有哪些？
6. 我国柴油车环保检验方法主要有哪些？

---

① NMHC 是汽车排气排放物中非甲烷碳氢化合物（non-methane hydrocarbons）的缩写。

第 10 章 汽车噪声检测

教学提示：汽车噪声恶化了人类的生存环境，在交通繁忙的大城市已成为严重的社会问题。加强汽车噪声检测，抑制汽车噪声污染是保护人类生存环境的应有之义。

教学要求：本章主要介绍汽车噪声的检测技术和检测方法，重点内容是汽车噪声的评价指标、检测技术和检测方法。要求学生了解汽车噪声的危害和评价指标，熟悉汽车噪声检测技术，掌握汽车噪声检测的基本技能。

10.1 汽车噪声及其评价指标

10.1.1 汽车噪声

从物理学的角度来看：噪声(noise)是发声体做无规则振动时发出的声音。

从环境保护的角度看：凡是妨碍到人们正常休息、学习和工作的声音，以及对人们要听的声音产生干扰的声音，都属于噪声。

如图 10-1 所示，汽车噪声是由多种声源组成的综合性噪声，主要是发动机、传动系、轮胎、排气以及车身扰动空气所发出的响声，其噪声的强度通常与汽车和发动机的结构形式、技术状况和运行条件(车速、载荷、道路等)有关。

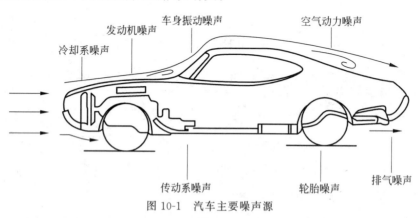

图 10-1 汽车主要噪声源

汽车噪声是汽车的第二公害，它不仅会破坏安静的环境，使人心情不安、烦躁、疲倦和工作效率降低，而且还会损害人体健康，引起某些疾病，如听力下降、噪声性耳聋以及神经系统和血液循环系统疾病等。噪声的强度越大、频率越高、作用时间越长、个人耐力越弱，则危害越严重。

据统计,当环境噪声大于 45 dB 时,人会感到明显不适;当噪声达到 60~80 dB 时,会影响睡眠;当噪声超过 90 dB 时,就会对身体产生伤害。汽车噪声强度一般可达 60~90 dB,所以汽车噪声是一种环境污染。

汽车为移动性噪声源,其噪声影响范围大,干扰时间长,因而受害人员多。另外,车内噪声过大还会影响驾驶人的正常操作而诱发汽车交通事故。因此,对汽车的噪声应根据国家标准进行检测与控制。

10.1.2 汽车噪声评价指标

噪声是一种声波,具有一切声波运动的特点和性质。声音的强弱取决于声压,而声压是指声波作用于大气,使大气压强发生变动的变动量,单位为 Pa。由于正常人耳能听到的最弱声音的声压和能使人耳感到疼痛的声压大小之间相差一百多万倍,表达和应用极不方便。同时,人耳对声音大小的感觉,并不与声压的大小成正比,而是同它的对数近似成正比。因此,人们引入了一个用来表示声音强弱的物理量——声压级,声压级定义为

$$L_P = 20\lg \frac{P}{P_0} \tag{10-1}$$

式中,L_P 为声压级,dB;P 为实际声压,Pa;P_0 为基准声压,即听阈声压,$P_0 = 2 \times 10^{-5}$ Pa。

当引入声压级这一概念后,就把可闻声声压百万倍的变化范围变成从 0~120 dB 的变化范围,这样就显著减少了数量级。

在噪声测量中,通常是测定噪声的声压级。然而,人耳对声音的主观感觉不仅与声压有关,而且还与声音的频率有关。在人耳可闻的频率范围 20~20 000 Hz 内,人耳对高频声反应敏感,而对低频声反应迟钝。

声压级相同的声音,由于其频率不同,听起来并不一样响;相反,不同频率的声音,虽然声压级不同,但有时听起来却一样响。

因此,用声压级测定的声音强弱与人耳的主观感受往往不一样,这说明主观感受与客观物理量之间并不完全一致。

在噪声研究中,应将这种主观感受与客观反应加以统一,否则无法对噪声作出有效的评价。因而,对噪声的评价常采用下列与人耳主观感受相适应的指标。

1. 响度与响度级

响度是指人耳主观感受的声音的强弱程度。响度的大小主要决定于声压,也与声音的频率有关。因此,声音的响度是声压级和频率的函数。响度单位为宋(sone),1 宋是声压级为 40 dB、频率为 1000 Hz 纯音所产生的响度。

响度级是表示响度的主观量,它是以频率 1000 Hz 的纯音作标准,将其他频率声音的强度级换算成主观音响感觉与之相同的标准音的强度级。响度级用于不同频率、不同强度级声音的主观音响感觉的比较。

响度级的单位是方(phon),它是 1000 Hz 纯音的声压级分贝值,如 1000 Hz 纯音的声压

级为 40 dB，则响度级是 40 phon。若其他频率的声音响度与 1000 Hz 的纯音响度相同，则把 1000 Hz 的响度级当作该频率的响度级。

把不同频率、相同响度级的点连成的曲线称为等响曲线或等响特性。为了确定声压级与响度级的关系，通过大量的听觉试验，经统计后，可得到 1000 Hz 纯音各分贝值的等响曲线。图 10-2 所示为 ISO 推荐的等响曲线。

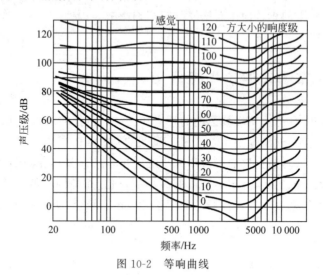

图 10-2　等响曲线

图 10-2 中的纵坐标是声压级（dB），横坐标是频率（Hz），二者都是声波客观的物理量。因为频率不同时，人耳的主观感觉不同，所以每个频率都有各自的听阈声压级和痛阈声压级。如果把它们连接起来，就能得到听阈线和痛阈线。两线之间按响度的不同可分为若干个响度级，通常分成 13 个响度级，单位是 phon，听阈线为 0 phon 响度线，痛阈线为 120 phon 响度线。两者之间通常标出 10 phon、20 phon、…、100 phon、110 phon 响度线。

凡在同一条曲线上的各点，虽然它们代表着不同频率和声压级，但其响度级（主观感觉）是相同的。每条等响曲线代表的响度级由该曲线在 1000 Hz 时的声压级的分贝值而定。实际上是以 1000 Hz 纯音作为基准声音，当某一噪声听起来与该纯音一样响，则该噪声的响度级就等于这个纯音的声压级。

例如，某噪声听起来与声压级 85 dB、频率 1000 Hz 的基准声音一样响，则该噪声的响度级就是 85 phon。

2. A 声级

声级计是测量声音强弱的仪器，声级计的输入是声音客观存在的物理量——声压和频率，而输出不仅要求是对数关系的声压级，还应该是符合人耳特性的主观量——响度级。然而声压级没有反映出频率的影响，它具有平直的频率响应。

为使声级计的输出符合人耳的听觉特性，应通过一套电子的滤波器网络，对某些频率成分进行衰减，这种特殊的滤波器叫作计权网络。通过计权网络测得的声压级，已不再是客观物理量的声压级，而是经过听感修正的声压级，叫作计权声级。

通常，声级计设有 A、B、C 三种计权网络，它能对不同频率的声音信号进行不同程度的衰减。

A 计权网络是效仿 40 phon 等响曲线设计的,其特点是对低频和中频声有较大的衰减,即测量仪器对高频敏感,对低频不敏感,这与人耳对声音的感觉比较接近;B 计权网络是效仿 70 phon 等响曲线,使被测的声音通过时,低频段有一定的衰减;C 计权网络是效仿 100 phon 等响曲线,任何频率都没有衰减,因而可用 C 计权网络测得的读数代表总声压级。

经过 A 计权网络测出的声压级读数称 A 计权声级,简称 A 声级(L_A),并用 dB(A)表示其单位。由于噪声的 A 声级与人们的主观感觉比较接近,同时 A 声级的测量比较方便,因此,A 声级已成为国际标准化组织和绝大多数国家评价噪声的主要指标。

10.2 汽车噪声检测仪器

测量噪声的仪器有声级计、频率分析仪和电平记录仪等,下面主要介绍声级计和频率分析仪。

10.2.1 声级计

声级计(也叫分贝仪,俗称噪声计)是一种最基本的噪声测量仪器,它可以按人耳相近的听觉特性检测汽车噪声和喇叭声响。

1. 声级计的分类

根据所用电源不同,声级计可分为交流式和直流式(干电池)两种。其中直流干电池式声级计因体积小、质量轻、操作携带方便,应用比较广泛。

声级计有 3 种。最简单的是普通声级计,如国产 SJ-1 型、丹麦 BK2206 型、日本 NA-09 型等。这类声级计,其测量传声器要求不太高,全机动态范围及频率响应平直范围较窄,一般不和带通滤波器连用。

比较精密的声级计称为精密声级计,如国产 AWA5610C 型(图 10-3)、丹麦 BK2203 型、日本 NA-56 型声级计等。其指示精度超过普通声级计,且能与各种带通滤波器配合使用,其测量传声器一般都是用频率响应宽、灵敏度高、指向性和稳定性好的电容传声器。精密声级计放大器的输出可以和数据采集设备连接进行显示或加以储存。

还有一种是用于脉冲噪声测量的精密声级计,可测定脉冲噪声的峰值、最大均方根值等参数,如国产 AWA5661 型(图 10-4)、丹麦 BK2209 型、日本 NA-57 型精密脉冲声级计等。

2. 声级计基本结构

图 10-5 所示为国产 ND_2 型便携式精密声级计。声级计一般由传感器、放大器、衰减器、计权网络、检波器、指示仪表和电源等组成。声级计结构原理框图如图 10-6 所示。

图 10-3 AWA5610C 型精密积分声级计

 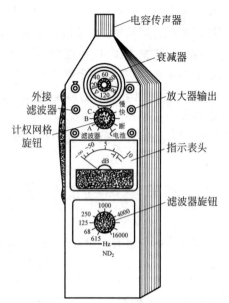

图 10-4 AWA5661 型精密脉冲声级计　　　图 10-5 ND₂ 型便携式精密声级计

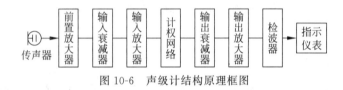

图 10-6 声级计结构原理框图

（1）传声器。传声器通常称为话筒，是声级计的传感器，其作用是把噪声信号转变为电压信号。常见的传声器有晶体式、驻极式、动圈式和电容式等多种。

其中，电容式传声器是声学测量中比较理想的传声器，具有动态范围大、频率响应特性好、灵敏度高和在一般测量环境中稳定性强等优点，因而应用广泛。

（2）放大器。其作用是将传声器输出的微弱电压信号放大，在声频范围内，放大器应具有平直的放大特性、较低的固有噪声和良好的稳定性，以满足检测的需求。

（3）衰减器。其作用是调整输入信号和输出信号的幅度，以控制指示仪表获得适当的指示值。

（4）计权网络。声级计内通常设有 A、B、C 三种标准的计权网络，其作用是使仪器检测噪声的频率特性更接近人耳的听觉特性，可对所测噪声进行听感修正。

（5）检波器。其作用是将迅速变化的声音频率交流信号转换成变化较慢的直流电压信号，以便于仪表指示。

（6）指示仪表。其作用是直接显示噪声级的 dB 值，可用数字显示或指针指示。

声级计面板上一般还备有一些插孔，以便外接滤波器、示波器、记录仪等，对噪声作进一步的分析。有的声级计内还装有倍频程滤波器，以便在现场对噪声直接作频谱分析。

3. 声级计工作原理

声级计检测时，噪声通过传声器转换成电压信号，并由前置放大器变换阻抗，使其与输入衰减器匹配,然后信号经输入放大器送入计权网络处理,再经输出衰减器及放大器将信号放大到一定的幅度,最后经有效值检波器进入指示仪表,从表头得到相应的声级读数。

利用声级计检测噪声时,应根据被测噪声的性质和特点选择声级计的"快"挡或"慢"挡。声级计一般都有"快"和"慢"两挡,其中"快"挡平均时间为 0.27 s,比较接近人耳听觉的生理平均时间;"慢"挡平均时间为 1.05 s。

当对稳态噪声进行测量或需要记录声级变化过程时,使用"快"挡较为合适;当被测噪声的波动比较大时,使用"慢"挡比较合适。

利用声级计检测噪声时,还可通过如图 10-7 所示的声级计 A、B、C 计权网络的频率响应特性,根据声级计 A、B、C 三挡对同一声源测量所得的读数,大致估计出所测噪声的频谱特性。

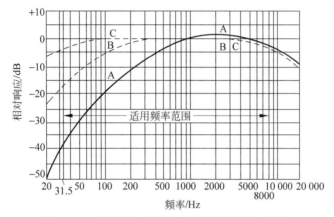

图 10-7 声级计 A、B、C 计权网络的频率响应特性

若 $L_A = L_B = L_C$,则表明噪声中的高频成分较突出;若 $L_B = L_C > L_A$,则表明中频成分略强;若 $L_C > L_B > L_A$,则表明噪声呈低频特性。

10.2.2 频率分析仪

汽车噪声是由大量的不同频率的声音复合而成的,为了分析产生噪声的原因,需对噪声进行频谱分析。

所谓频谱分析就是应用数学原理(傅里叶变换),将原来由时间域表征的动态参数转换为由频域表征。实现这一转换的最基本装置是滤波器,利用滤波器将待分析的噪声信号所包含的不同频率的分量分离出来,由记录器记录测量结果。

通常,根据测量结果,以频率为横坐标,以声压级为纵坐标作出的噪声曲线称为噪声的频谱图。噪声频谱图在频域上描述了声音强弱的变化规律。

用于测定噪声频谱的仪器称为频率分析仪(图 10-8)或频谱仪。频率分析仪主要由滤波器、测量放大器和指示装置等组成。

检测时,噪声信号经过一组滤波器,使被测信号中所含有的不同频率分量逐一分离出来,并由测量放大器将其幅值放大,然后由指示装置直接显示测量结果或绘制频谱图。

在频率分析仪中应用的滤波器为带通滤波器,其特性曲线如图 10-9 所示。

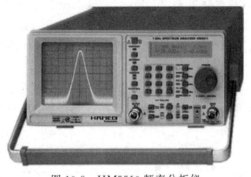
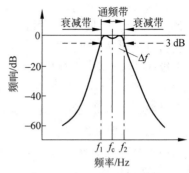

图 10-8　HM5510 频率分析仪　　　　图 10-9　带通滤波器响应曲线

图 10-9 中 f_c 称为带通滤波器的中心频率，f_1 和 f_2 分别称为带通滤波器的频率下限和频率上限。定义 $B=f_2-f_1$ 为带通滤波器的带宽，将频带 f_2-f_1 称为通频带，f_1 以下或 f_2 以上的频带称为衰减带。滤波器让通频带范围的声音通过，而将衰减带范围的声音进行衰减。

为了能在一个相当宽的频域中进行频率分析，需要许多中心频率不同的带通滤波器。带通滤波器在频域上的位置用中心频率 f_c 表示，中心频率 f_c 为两截止频率的几何平均值，即

$$f_c = (f_1 \cdot f_2)^{1/2} \tag{10-2}$$

频带的上限频率 f_2 与下限频率 f_1 之间有如下关系：

$$f_2/f_1 = 2^n \tag{10-3}$$

式中，n 为倍频带数或倍频程数。

在汽车噪声测量中，常采用 $n=1$ 时的倍频带和 $n=1/3$ 时的 1/3 倍频带。n 数越小，频带分得越细。1/3 倍频带是把 1 个倍频带再分为 3 份，使频带宽度更窄。

频率分析仪使用的滤波器带宽决定了该频率分析仪的频率分辨率。带宽越窄，将噪声信号频率成分分解得越细，分辨率就越高。

图 10-10 所示为某汽油车在相同条件下分别使用倍频程滤波器和 1/3 倍频程滤波器测得的排气噪声频谱曲线。

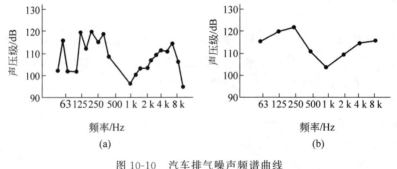

图 10-10　汽车排气噪声频谱曲线
(a) 1/3 倍频程；(b) 倍频程

由图 10-10 可知，当使用倍频程时，只能看出大概的趋势，而用 1/3 倍频程时，可以分

辨出细致的频率波峰。可见,使用 1/3 倍频程滤波器进行噪声检测,其测量结果更为准确和全面。

利用频率分析仪,可以了解噪声的频率成分和各频率噪声的强弱,可为汽车噪声故障的诊断提供依据,并做到有针对性地控制和消除噪声。

10.3 汽车噪声检测方法

汽车噪声是一种由多种声源组成的综合性噪声,其影响因素很多。对于同一车辆,使用条件不同,噪声也不同。因而,用某一特定状态来模拟汽车发出的噪声是困难的。

从防止噪声公害的角度出发,只能简单再现汽车使用中的某一工况进行噪声检测。

10.3.1 车外噪声检测方法

1. 汽车定置噪声的测量

汽车定置噪声是指车辆不行驶,发动机处于空载运行状态时的噪声。汽车定置噪声测量按 GB/T 14365—2017《声学 机动车辆定置噪声声压级测量方法》的规定进行。

1) 测量的基本条件

(1) 所使用的声级计或其他等效测量系统,包括防风罩等应符合 GB/T 3785.1—2023《电声学 声级计 第1部分:规范》中对1级仪器的要求。测量时使用声级计的 A 计权声级,快(F)档。

(2) 测量场地应为开阔的,由混凝土、密实型沥青等无明显孔隙的坚硬材料构筑的平坦地面,避免在雪地、草堆、稀松的土壤及其他具有吸声特性的地面上进行。被测车辆周边 3 m 内和传声器 3 m 之内无较大的反射物,如车辆、建筑物、广告牌、树木、平行的墙壁等。

测量也可以在半消声室内进行,半消声室应符合 3 m 内无较大的反射物的声学环境要求。并且,半消声室的截止频率应低于以下两个频率中的较低者:①在测试过程中,低于发动机的最小基频的 1/3 倍频带中心频率;②100 Hz。

(3) 测量期间,风速(包括阵风)不大于 5 m/s。在风速超过 2 m/s 时,建议使用防风罩,以降低风速对测试结果的影响。

(4) 背景噪声应比所测车辆噪声至少低 10 dB(A)。背景噪声是指测量对象噪声不存在时,周围环境的噪声。

(5) 测量前,变速器应挂空挡(自动挡车辆变速器挂 P 挡),拉紧驻车制动器,离合器接合;发动机罩、车窗和车门应关闭,车辆的空调和其他辅助装置关闭;发动机冷却液温度、机油温度应符合生产厂家的规定。

2) 排气噪声测量方法

(1) 将车辆置于测量场地中央,如图 10-11 所示。

(2) 将声级计传声器置于距离图 10-12 所示的排气口参考点(0.5±0.01)m 位置。与包含排气口末端轴线的竖直平面呈 45°±5°的夹角。传声器应与参考点等高,但在任何情况

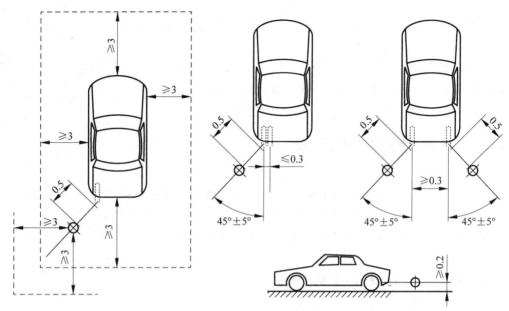

图 10-11 汽车定置排气噪声测量场地及传声器位置

注：图中数据单位为 m，⊕ 表示传声器位置。

下距地面的距离不得小于 0.2 m。如图 10-13 所示，传声器的轴线应与地面平行，并朝向排气口参考点。

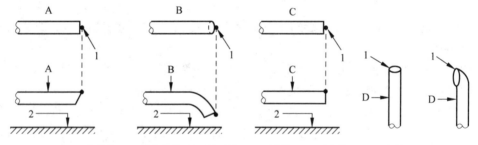

1—参考点；2—道路表面；A—斜面管；B—下弯管；C—平直管；D—垂直管。

图 10-12 排气口参考点

图 10-13 排气噪声测量(传声器朝向排气口)

当排气管两侧都能布置传声器时，传声器应布置在离车辆纵向轴线较远的一侧；当排气管轴线与车身纵向轴线呈 90°时,传声器应布置在距离发动机较远的一侧。

如果车辆配置有两个或两个以上排气口,相互距离不超过 0.3 m,并且连接同一个消声器,则只取一个测量位置。传声器应以最靠近车辆外侧的那个排气管为参考进行布置,如果排气管上下排列,传声器应以靠上的排气管为参考进行布置。

如果车辆配置有多个排气口,且彼此距离超过 0.3 m,或者使用了多个消声器,则应对每个排气口分别加以测量,并以其中声压级最高者作为排气噪声测量值。

图 10-14～图 10-16 所示即为依据上述原则给出的与不同类型车辆排气口位置相应的传声器位置示例。

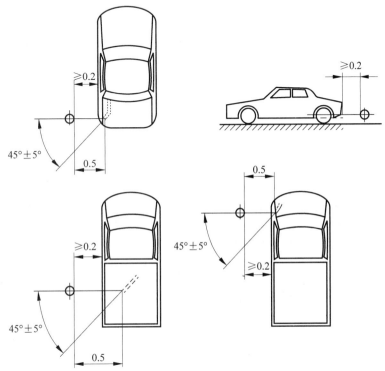

图 10-14 排气口参考点位置不宜布点的四轮车辆
注:图中数据单位为 m。

如图 10-14 和图 10-15 所示,对于那些排气口参考点位置不适宜布点的车辆,由于某些车辆部件(如备胎、油箱、蓄电池等)妨碍了测量点,传声器应安置在距离最近的妨碍部件(包括车身)至少 0.2 m 处,并最大程度地避开妨碍部件,其轴线正对排气口。

如图 10-15 所示,存在多个可测量位置时,取 d_1、d_2 值中较小的一个作为测量位置。

如图 10-16 所示,对于布置垂直排气系统的车辆(如商用车),传声器的位置应与排气管口等高,传声器轴线垂直,方向朝上。将传声器布置在距离图 10-12 所示的排气管参考点(0.5±0.01) m 的位置,但是测量点距离排气管较近一侧的车辆侧面不能小于 0.2 m。另外,为便于在路边实施测量,参考点应选取在车身表面靠外的位置。

(3) 发动机转速目标值的选取。按照表 10-1 选取发动机转速目标值。如果车辆的发动机转速不能达到表 10-1 的要求,则发动机转速目标值应比定置试验时能达到的最高发动机转速低 5%。

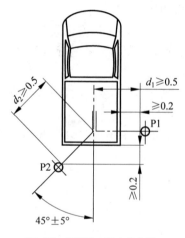

P1,P2—传声器1和2的位置；
d_1,d_2—排气管至P1和P2的距离。

图 10-15 存在多个可测量位置的车辆

注：图中数据单位为 m。

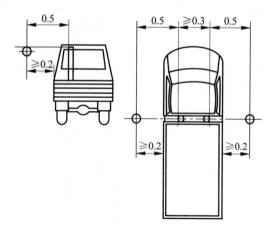

图 10-16 配置垂直排气系统的车辆

注：图中数据单位为 m。

表 10-1 发动机转速目标值

车辆类型	发动机转速目标值 $n/(\text{r/min})$	允许偏差
L6、L7 类车辆	当发动机额定转速 $n_r \leqslant 5000$ 时，取 $n=0.75n_r$； 当发动机额定转速 $n_r > 5000$ 时，取 $n=0.50n_r$	$\pm 5\%$
M、N 类车辆	当发动机额定转速 $n_r \leqslant 5000$ 时，取 $n=0.75n_r$； 当发动机额定转速 $5000 < n_r < 7500$ 时，取 $n=3750$； 当发动机额定转速 $n_r \geqslant 7500$ 时，取 $n=0.50n_r$	

注：(1) L6 类车辆指四轮车辆，其空载质量不超过 350 kg，且最高车速不超过 45 km/h，若使用火花(强制)点火式发动机，其气缸排量不超过 50 mL，或使用其他类型内燃发动机，其最大净输出功率不超过 4 kW，或使用电动机驱动，其最大连续额定功率不超过 4 kW。

(2) L7 类车辆指四轮车辆，其空载质量不超过 400 kg(用于载货的车辆不超过 550 kg)，且其最大连续额定功率不超过 15 kW。

(3) M 类车辆指至少有四个车轮且用于载客的机动车辆。

(4) N 类车辆指至少有四个车轮且用于载货的机动车辆。

(4) 测量开始后，将发动机转速由怠速逐渐增加至发动机转速目标值，并稳定在发动机转速目标值保持不变。然后，迅速松开加速踏板，用精密声级计测量发动机由稳定转速减速至怠速过程中的排气口噪声。在测量过程中，应至少涵盖 1 s 的稳定车速，并包含整个减速过程。

将在整个测量过程中最大的声压级作为测量结果。如果发动机实际转速在多于 1 s 的时间内未超出发动机转速目标值的允许偏差范围，则测试结果有效。

(5) 对于每一个排气口都要重复测量，直到连续出现 3 个读数变化范围在 2 dB(A) 之内为止，并取其算术平均值作为该排气口的最终测量结果。

2. 汽车加速行驶噪声的测量

汽车加速行驶噪声的测量按 GB 1495—2002《汽车加速行驶车外噪声限值及测量方法》

的规定进行。

1) 测量的基本条件

(1) 测量仪器应采用精密声级计。

(2) 测量场地应平坦而空旷,以测试中心为基点,半径为 50 m 的范围内,没有大的声反射物,如建筑物、围墙等。

(3) 测试场地应有规定长度的平直、干燥的沥青路面或混凝土路面。

(4) 背景噪声应比所测车辆噪声至少低 10 dB(A),并保证测量不被偶然的其他声源所干扰。

(5) 测量应在良好的天气条件下进行,风速不超过 5 m/s。为避免风噪声干扰,可采用防风罩,但应注意防风罩对声级计灵敏度的影响。

(6) 声级计附近除测量者外,不应有其他人员。如不可缺少时,则其他人员必须在测量者背后。声源与传声器之间不应有任何人员停留。

(7) 被测车辆应空载,技术状况正常,测量时发动机应处于正常工作温度。

(8) 测量场地及测点位置如图 10-17 所示,传声器应用三脚架固定在离地面高(1.2 ± 0.02)m、距行驶中心线(7.5 ± 0.05)m 的两侧,其参考轴线必须水平并指向行驶中心线。

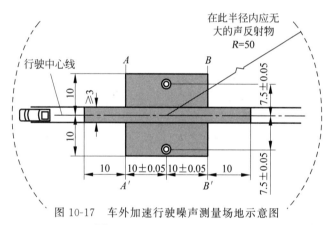

图 10-17　车外加速行驶噪声测量场地示意图

注:尺寸单位为 m;▨ 最小的标准试验路面;◎ 传声器($h=1.2\pm0.02$)。

2) 加速行驶车外噪声的测量方法

(1) 确定汽车的行驶挡位。

① 对于 M_1、N_1 类前进挡位为 4 挡或 4 挡以下的汽车应选用第二挡测量。

② 对于前进挡位为 4 挡以上的 M_1 和 N_1 类车辆,应分别选用第二挡和第三挡进行测量。若选用第二挡测量时,汽车尾端通过 BB' 线时发动机转速超过了额定转速 n_r,则应逐次按 n_r 的 5% 降低接近 AA' 线时发动机的稳定转速 n_A,直至通过 BB' 线的发动机转速不再超过 n_r。若 n_A 降到了怠速,汽车通过 BB' 线的发动机转速仍超过 n_r,则只用第三挡测量。

对于前进挡多于 4 挡并装用额定功率大于 140 kW 的发动机,且比功率大于 75 kW/t 的 M_1 类汽车,若该车用第三挡行驶其尾段通过 BB' 线时的速度大于 61 km/h,则只用第三挡测量。

(2) 按规定条件稳定地到达始端线。接近 AA' 线时的稳定速度取下列速度中的较小值：①50 km/h；②对于 M_1 类和发动机功率不大于 225 kW 的其他各类汽车,对应于 $3/4n_r$ 的车速；③对于 M_1 类以外的且发动机功率大于 225 kW 的各类汽车,对应于 $1/2n_r$ 的车速。

(3) 加速通过测量区。从车辆前端到达始端线(AA'线)开始,立即将加速踏板踩到底并保持不变,使车辆直线加速行驶,当车辆后端到达终端线(BB'线)时,立即松开加速踏板。

(4) 声级测量。测量时使用声级计的 A 计权网络并选择快挡。

① 在汽车每一侧至少应测量 4 次。

② 应测量汽车加速驶过测量区时的最大声级。每一次测得的读数值应减去 1 dB(A) 作为测量结果。

③ 若在汽车同侧连续 4 次测量结果相差不大于 2 dB(A),则认为测量结果有效。

④ 将每一挡位条件下每一侧的 4 次测量结果进行算术平均,然后取两侧平均值中较大的作为中间结果。

(5) 汽车最大噪声级的确定。对于只用一个挡位测量的汽车,直接取中间结果作为最大噪声级；对于采用两个挡位测量的汽车,取两挡中间结果的算术平均值作为最大噪声级。最大噪声级的数值应按有关规定修约到一位小数。

10.3.2 车内噪声检测方法

车内噪声的检测可按照 GB/T 18697—2002《声学　汽车车内噪声测量方法》的规定进行。车内噪声的检测分为验证性试验和检查性试验两种类型。验证性试验所测得的数据用于验证汽车制造厂生产的汽车是否满足有关车内噪声的规定；检查性试验所测得的数据用于检查汽车车内噪声是否在规定的限值之内,以及自从汽车投产以来或在不同批次生产的汽车之间是否出现了明显的变化。

1. 测试量

所用声级计读数应使用"F"时间计权特性。验证性试验和检查性试验中所有测量点的测量值应采用 A 声级,单位为 dB(A)。

在附加的专项测量中,为了在所选择的测量点上进行频谱分析,测量值应该用倍频程或 1/3 倍频程声压级表示；频率范围至少要覆盖 45～11 200 Hz 的频率范围,且应优先采用 1/3 倍频程声压级。如果要分析较强的低频成分,则频谱分析应适当地延伸到 45 Hz 以下。

2. 测量仪器

声级计应该符合 GB/T 3785.1—2023《电声学　声级计　第 1 部分：规范》中对 1 级仪器的要求。为了测量噪声频谱,其滤波器应该满足 GB/T 3241—2010《电声学　倍频程和分数倍频程滤波器》的要求。

在每次测量的开始和结束,都要按照制造厂家的说明书对测量装置的声学性能进行检查,最好用声校准器(如活塞发声器)进行校准。声级计应在有效检定期内。

对于汽车加速试验,特别推荐使用双通道记录装置,能够同时记录噪声和汽车速度信号,可以得到汽车噪声与车速的关系图。

测量装置必须至少覆盖 45～11 200 Hz 的频率范围。汽车行驶速度和发动机转速测量仪器的准确度应为 3%或优于 3%。

3. 声学环境、气象条件及背景噪声

测量地点必须具备如下条件,即从汽车辐射的声音只能通过道路表面的反射成为车内噪声的一部分,而不能通过建筑物、墙壁或汽车外的类似大型物体的反射成为车内噪声。在进行测量的过程中,汽车与这类大型物体之间的距离应该大于 20 m。

汽车外面的气温必须在−5～+35℃范围内,沿着测量路线在约 1.2 m 高度的风速不得超过 5 m/s。其他的气象条件不得影响测量结果。风速和风向对于汽车行驶方向应该在试验报告中加以说明。

对于所有 A 声级测量时,由背景噪声和仪器内部电噪声而确定的测量动态范围下限应该至少低于所测声级 10 dB(A)。在进行频率分析修正时,应该按下式引入修正值 K:

$$K = 10\lg(1-10^{-0.1\Delta L}) \text{ dB(A)}, \quad 当 \Delta L < 10 \text{ dB(A)} 时 \tag{10-4}$$

式中,ΔL(单位为 dB(A))是车内噪声与测量装置本身噪声加上背景噪声频带声压级的差。如果 $K<(-3)$dB(A),即相当于 $\Delta L<3$ dB(A),则以上结果修正无效。

4. 试验道路的条件

汽车车内噪声一般受道路表面结构的粗糙度影响很大,平滑路面可以产生平稳的车内噪声。因此试验路段应该是硬路面,必须尽可能平滑,不得有接缝、凸凹不平或类似的表面结构,否则将会增加汽车内部的声压级。

道路表面必须干燥,不得有雪、污物、石块、树叶等杂物。

5. 车辆条件

1) 发动机和轮胎条件

在测量过程中,发动机的所有运行条件,如燃料、润滑油、点火正时或喷油时间等都应该符合制造厂家的规定。在测量开始前,发动机应该稳定在正常的工作温度范围内,或以中等速度行驶一段路程。

所采用的轮胎应该与制造厂家规定的型号一致,而且型号应该是普遍采用的。轮胎的压力必须符合制造厂家的规定要求。如果车辆备有可选择非公路用特殊轮胎,则应该使用公路用轮胎。

轮胎应较新,花纹无明显磨损,特别是不应有偏磨损现象。轮胎型号和充气压力应该在报告中加以说明。如果认为车轮不平衡可能影响汽车车内噪声,则需对汽车车轮进行静态和动态平衡调校。

如果发动机冷却散热器装有挡风门,测量应在两种条件下进行(打开和关闭),每一组测量的挡风门位置应在试验报告中加以说明,发动机冷却风扇应正常运转。

2) 车辆的载荷

车辆载荷的基本条件应符合 GB/T 3730.2—1996《道路车辆 质量 词汇和代码》中关于载荷的规定。汽车在测试噪声时必须是空载,除驾驶人、测量人员和测试装备外,不得有其他载荷。

只有汽车的标准装备、测试装备和必不可少的人员方可留在车内。在乘用车、货车、牵引车和类似汽车的驾驶室内，人员不得超过 2 人(驾驶人和测量人员)。在公共交通用车且座位在 8 个以上的汽车中，在车内的人员也不得超过 3 人。

3) 开口、窗户、辅助装置、可调节的座椅

开口，如天窗、所有的车窗、进风口及出风口，如有可能都必须关上，只有需要研究它们对汽车内部噪声的影响时才打开。

辅助装置，如刮雨器、暖风装置、风扇以及空调等，在测量试验过程中不得工作。如果研究通风系统或任意辅助装置的噪声对总噪声影响时，则必须在辅助装置工作时重复测试噪声。如果某一辅助装置自动工作，则必须将工作条件在试验报告中加以说明。

可调节的座椅应该调节到水平和垂直的中间位置。如果座椅的靠背也是可调的，则应尽可能使其处于垂直位置。可调节的头枕应该处于中间位置。

4) 车辆运行条件

应该从匀速行驶、全油门加速行驶和车辆定置三种运行条件中选出可以代表被测汽车车内噪声的运行条件。

(1) 匀速行驶。从车速 60 km/h 或最高车速的 40%(取两者较小值)到 120 km/h 或最高车速的 80%(取两者较小值)范围内，至少以等间隔的 5 种车速进行 A 声级测量。

测量按以下两种方法之一进行：①汽车在上述规定的车速范围内慢加速行驶(如 0.1 m/s^2)，加速度应足够小，以测得与稳定车速行驶时的相同声级，在所选择的车速上读取 A 声级数值；②汽车以所选择的车速匀速行驶，读取相应的声级数值，对于每一车速行驶时，测量时间至少 5 s，变速器挡位应处于最高的挡位，使得不必换挡即可覆盖规定的速度范围。

(2) 全油门加速行驶。全油门加速试验步骤如下：

将车速或发动机转速调整到所规定的初始工作状况。

当汽车达到稳定的初始工作状况时，须尽可能快的使油门全开，同时启动记录装置开始记录，直到发动机转速达到(汽车制造厂)规定额定转速的 90% 或达到 120 km/h 车速(取两者较小值)，记录停止。应该防止车轮打滑，它会影响声级的最大值。

初始工作状况需符合下列规定：

变速器应该处于最高的挡位，使得噪声测试尽可能在不超过 120 km/h 的车速下来完成。变速器挡位在噪声测试过程中不得改动。如果当发动机转速为额定转速的 90% 时，最高挡的车速超过 120 km/h，则变速器应该降低一挡。对于 4 挡或 5 挡变速箱，不得低于第 3 挡；对于 3 挡变速箱，不得低于第 2 挡。如果在这种降低挡位情况下，车速仍然超过 120 km/h，则必须采用此挡位在 60~120 km/h 的速度范围内来测试汽车车内噪声。对于自动变速器的汽车，如可能，应该使自动换低挡的装置停止工作。

发动机应有一个最低的初始转速，这样可使发动机转速在测试噪声的过程中连续增加，但初始转速不应低于额定转速的 45%。除非在最低允许挡位下，在额定转速的 90% 时，车速仍超过 120 km/h，在这种情况下，开始时发动机的转速应对应于 60 km/h 的车速。

对于带有自动变速器的汽车，发动机初始转速应该尽可能接近额定转速的 45%，此时所对应的车速不应超过 60 km/h。

对于带有自动变速器的汽车，如果在加速终了(加速终了速度是指发动机额定转速的

90%或120 km/h车速)之前发生换挡,则初始速度应是换挡时速度的50%。

(3) 车辆定置试验。车辆定置试验是指在车辆定置、发动机怠速运行、变速器置于空挡的状态下进行噪声检测。作为辅助的检查性试验,车辆定置噪声检测多用于装用柴油机的商用车和公共汽车。

车辆定置试验按如下步骤进行:①使发动机在低速空转;②将油门尽可能快地完全打开,使发动机加速到高速空转,并在此位置上保持至少5 s。

6. 传声器位置

由于汽车车内噪声级明显与测量位置有关,应该选择能够代表驾驶人和乘员耳旁的车内噪声分布的足够的测点。驾驶人座位是必测的测量点;对于乘用车而言,也可以在后排座位上追加一个测量点。合适的座位和站立位置都应该作为测量点。在测试过程中,除驾驶人位置以外,其他测量点(位置)上均不得有人。

传声器离车厢壁或座椅垫的距离必须大于0.15 m。传声器应以最大灵敏度的方向(具体方向按照制造厂规定。如果声级计的制造厂家未做说明,则传声器最大灵敏度的方向应与其中心方向一致)水平指向测量位置坐着或站立的乘客视线方向。如果不能定义这个方向,则应指向行驶方向。

所采用的传声器在测试噪声过程中必须按一定形式安装,以使其不会受到汽车振动的影响。传声器安装应该能够防止其与汽车之间产生过大(振幅约为20 mm)的相对运动。

1) 座位处的传声器位置

如图10-18所示,传声器的垂直坐标是(无人)座椅的表面与靠背表面的交线以上(0.70±0.05) m处,水平坐标应在座椅的中心面(或对称面)上。

在驾驶人座位上,水平横坐标向右(右置转向盘的汽车则向左)到座位中心面的距离为(0.20±0.02) m。

2) 站立处的传声器位置

垂直坐标应在地板以上(1.6±0.1) m处,水平坐标应在所选测量点站立的位置上。

3) 卧姿的传声器位置

卧姿指处于汽车或货车的卧铺和救护车的担架等状态。传声器须放在(无人)枕头的中部以上(0.15±0.02) m处。

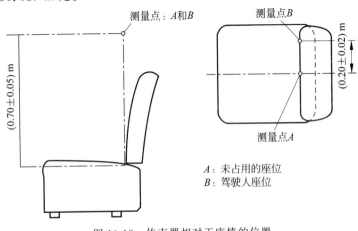

图10-18 传声器相对于座椅的位置

7. 测量步骤

(1) 对于匀速行驶试验,至少要在 5 个车速下记录 A 声级的数值。

(2) 对于油门全开加速试验,应记录在所规定的加速范围内出现的 A 声级最大值,并应在试验报告中加以说明。

(3) 对于定置噪声试验,应记录怠速时 A 声级读数和油门全开过程中最大声级读数,并在试验报告中加以说明。在稳定的高速空转转速时的声级值可作为附加读数。

(4) 对于验证性试验,必须在每一个测量点上,对每一种运转工况至少测量 2 次。如果 A 声级在任何一种运转工况下,两次测量值之差超过 3 dB(A),则必须继续测试,直到两次连续的测量读数差值在 3 dB(A) 范围内为止,这两次测量的平均值便可作为测试结果。该测试结果(两次测量的平均值)将用于得到回归曲线。在试验报告中给出的数值,应该修约到最接近的整数(单位为 dB(A))。

对于检查性试验,在所选择的测量点上,在每一个规定的测试条件下,各进行一次测试便可。不符合一般声级特性的异常读数应予忽略。

(5) 如果所显示的声级计读数有波动,则应该确定读数的平均值。个别很高的峰值可不予考虑。

(6) 匀速行驶时噪声测试的评定方法。声级是汽车速度的函数,该函数可用线性回归曲线加以说明。将此回归曲线绘入同一图中,此图是借助线性刻度表示的 A 声级和车速的关系。为了测定该回归曲线,建议采用最小二乘法。从该回归曲线中,可以得出当速度为 120 km/h 或最大车速的 80% 时(取两者较小值)的 A 声级的数值。如果在此速度或小于此速度下测得的声压级超过上述数值 3 dB(A) 以上,则必须对这些测量数值中的最大值加以说明。

在尽可能接近选择的速度上测量倍频程或 1/3 倍频程谱,使得由频谱的 A 声级在上述规定的回归直线的 2 dB(A) 之内。对应这些频谱的车速,必须在试验报告中加以说明。

(7) 如果存在明显可听见的纯音或具有明显脉冲特征的噪声,则应在试验报告中加以说明。

8. 试验报告

根据实测数据,填写汽车车内噪声测量记录表,详见表 10-2。

表 10-2 汽车车内噪声测量记录表

测量日期			测量地点			路面状况	
天气			气温/℃			风速/(m/s)	
汽车	型号			出厂日期		行驶里程/km	
	额定载客人数或最大总质量/kg			汽车分类			
	轮胎型号			前轮压力/kPa		后轮压力/kPa	
发动机	型式			型号			
	额定功率/kW			额定转速/(r/min)			

续表

变速器	型号		前进挡位数		型式(手动、自动或其他)		
声级计	型号		准确度等级		检定有效日期		
校准器	型号		准确度等级		检定有效日期		
校准值	测量前/dB(A)		测量后/dB(A)		背景噪声/dB(A)		
试验工况	发动机转速/(r/min)或车速/(km/h)	测量点的声压级/dB(A)					
		1	2		3		4
匀速行驶	车速						
加速行驶	初始速度						
	最终速度						
定置试验	怠速工况						
	加速过程						
	稳定高转速时						

10.3.3 汽车喇叭声级检测方法

汽车喇叭声级的测点位置如图10-19所示，传声器朝向汽车，轴线与汽车纵轴线平行。检测时应注意不被偶然的其他声源峰值所干扰。测量次数定在2次以上，并监听喇叭声音是否悦耳。

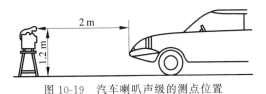

图 10-19　汽车喇叭声级的测点位置

10.4　汽车噪声检测标准

10.4.1　车外噪声标准

1. 汽车定置噪声标准

我国在用车辆处于定置工况下的噪声应根据 GB 16170—1996《汽车定置噪声限值》的规定，不超过表 10-3 所示的限值。

表 10-3　汽车定置噪声限值

车辆类型	燃料种类及其他		噪声限值/dB(A)	
			1998 年 1 月 1 日前出厂的车辆	1998 年 1 月 1 日起出厂的车辆
乘用车	汽油		87	85
微型客车、货车	汽油		90	88
轻型客车、货车、越野车	汽油	$n_r \leqslant 4300$ r/min	94	92
		$n_r > 4300$ r/min	97	95
	柴油		100	98
中型客车、货车、大型客车	汽油		97	95
	柴油		103	101
重型货车	$P \leqslant 147$ kW		101	99
	$P > 147$ kW		105	103

注：(1) P 为发动机额定功率(kW)。
　　(2) n_r 为发动机额定转速(r/min)。

2. 汽车加速行驶噪声标准

汽车加速行驶时，车外最大噪声应根据 GB 1495—2002《汽车加速行驶车外噪声限值及测量方法》的规定，不超过表 10-4 所示的限值。

表 10-4　汽车加速行驶车外噪声限值

汽车分类	噪声限值/dB(A)	
	第一阶段	第二阶段
	2002 年 10 月 1 日—2004 年 12 月 30 日期间生产的汽车	2005 年 1 月 1 日以后生产的汽车
M_1	77	74
M_2(GVM$\leqslant$3.5 t)，或 N_1 (GVM$\leqslant$3.5 t)： GVM$\leqslant$2 t 2 t$<$GVM$\leqslant$3.5 t	78 79	76 77
M_2(3.5 t$<$ GVM$\leqslant$5 t)，或 N_1 (GVM$>$5 t)： $P<150$ kW $P\geqslant 150$ kW	82 85	80 83
N_2(3.5 t$<$ GVM$\leqslant$12 t)，或 N_3 (GVM$>$12 t)： $P<75$ kW 75 kW$\leqslant P<150$ kW $P\geqslant 150$ kW	83 86 88	81 83 84

注：(1) GVM 表示最大总质量(t)。
　　(2) P 表示发动机额定功率(kW)。
　　(3) M_1、M_2(GVM$\leqslant$3.5 t)和 N_1 类汽车装用直喷式柴油机时，其限值增加 1 dB(A)。
　　(4) 对于越野汽车，其 GVM$>$2 t 时：如果 $P<150$ kW，其限值增加 1 dB(A)；如果 $P\geqslant 150$ kW，其限值增加 2 dB(A)。
　　(5) M_1 类汽车，若其变速器前进挡多于 4 个，$P>140$ kW，P/GVM 之比大于 75 kW/t，并且用第三挡测试时其尾端出线的速度大于 61 km/h，则其限值增加 1 dB(A)。

10.4.2 车内噪声标准

1. 客车车内噪声标准

GB/T 25982—2010《客车车内噪声限值及测量方法》规定,各类客车车内噪声声压级的实测值不得超过表 10-5 的规定。

表 10-5　各类客车车内噪声声压级限值

车辆类型		车内噪声声压级限值/dB(A)	
城市客车	前置发动机	驾驶区	86
		乘客区	86
	后(中)置发动机	驾驶区	78
		乘客区	84
其他客车	前置发动机	驾驶区	82
		乘客区	82
	后(中)置发动机	驾驶区	72
		乘客区	76

2. 驾驶人耳旁噪声标准

GB 7258—2017《机动车运行安全技术条件》规定,汽车驾驶人耳旁噪声声级应不大于 90 dB(A)。

10.4.3 汽车喇叭检测标准

从防止噪声对环境污染的角度出发,汽车喇叭声级越低越好。然而从保证行车安全的角度出发,汽车的喇叭必须有一定的响度。为此,GB 7258—2017《机动车运行安全技术条件》对汽车喇叭作出如下要求:

(1) 具有连续发声功能,其工作应可靠;
(2) 在距车前 2 m,离地高 1.2 m 处测量时,喇叭声级的数值应为 90~115 dB(A)。

复习思考题

1. 汽车的主要噪声源有哪些?
2. 汽车噪声的主要评价指标有哪些?
3. 常用的汽车噪声检测仪器有哪些?
4. 简述车内噪声测量方法。

参 考 文 献

[1] 凌永成. 汽车诊断检测技术[M]. 2版. 北京：清华大学出版社，2016.
[2] 凌永成. 汽车电气设备[M]. 4版. 北京：北京大学出版社，2024.
[3] 凌永成. 汽车电子控制技术[M]. 4版. 北京：北京大学出版社，2024.
[4] 凌永成. 智能汽车技术[M]. 北京：机械工业出版社，2023.
[5] 凌永成. 汽车运行材料[M]. 北京：机械工业出版社，2023.
[6] 凌永成. 车载网络技术[M]. 2版. 北京：机械工业出版社，2022.
[7] 凌永成. 汽车空调技术[M]. 2版. 北京：机械工业出版社，2020.
[8] 凌永成. 汽车网络技术[M]. 2版. 北京：清华大学出版社，2019.
[9] 凌永成. 汽车工程概论[M]. 2版. 北京：清华大学出版社，2018.
[10] 凌永成. 汽车维修技术与设备[M]. 2版. 北京：北京大学出版社，2015.
[11] 安相璧. 汽车环境污染检测与控制[M]. 北京：国防工业出版社，2008.
[12] 赵英勋. 汽车检测与诊断技术[M]. 北京：机械工业出版社，2008.
[13] 戴耀辉. 汽车检测与故障诊断[M]. 北京：机械工业出版社，2007.
[14] 周建鹏. 现代汽车性能检测技术[M]. 上海：上海科学技术出版社，2007.
[15] 陈焕江. 汽车检测与诊断[M]. 北京：机械工业出版社，2007.
[16] 董继明. 汽车检测与诊断技术[M]. 北京：机械工业出版社，2006.
[17] 刘仲国. 现代汽车检测与故障诊断[M]. 北京：人民交通出版社，2006.
[18] 方锡邦. 汽车检测技术与设备[M]. 北京：人民交通出版社，2005.
[19] 仇雅莉. 汽车检测诊断技术与设备[M]. 北京：电子工业出版社，2005.
[20] 安相璧. 汽车检测工手册[M]. 北京：电子工业出版社，2005.